“十三五”国家重点图书出版规划项目
智能型新能源汽车关键技术

燃料电池增程式电动汽车动力系统开发

宋 珂 章 桐 李飞强 著

同济大学出版社
TONGJI UNIVERSITY PRESS

图书在版编目(CIP)数据

燃料电池增程式电动汽车动力系统开发/宋珂，章桐，李飞强著. --上海：同济大学出版社，2021.2

ISBN 978-7-5608-9070-8

Ⅰ. ①燃… Ⅱ. ①宋… ②章… ③李… Ⅲ. ①燃料电池—汽车—动力系统—系统开发 Ⅳ. ①U469.72

中国版本图书馆 CIP 数据核字(2020)第 224229 号

燃料电池增程式电动汽车动力系统开发

宋 珂 章 桐 李飞强 著

责任编辑 朱 勇
责任校对 徐春莲
封面设计 陈益平
出版发行 同济大学出版社 www.tongjipress.com.cn
(地址：上海市四平路 1239 号 邮编：200092 电话：021-65985622)
经　　销 全国各地新华书店
印　　刷 常熟市华顺印刷有限公司
开　　本 787mm×1092mm 1/16
印　　张 14.25
字　　数 356000
版　　次 2021 年 2 月第 1 版 2021 年 2 月第 1 次印刷
书　　号 ISBN 978-7-5608-9070-8
定　　价 78.00 元

序

面对汽车工业百年未有之大变局，中国汽车强国之路面临前所未有的机遇与挑战。在清洁环保永续发展的时代背景下，电动化、智能化、共享化是汽车技术变革的强音。中国新能源汽车产业已经建立一定的先发优势和规模优势。其中氢能燃料电池技术得益于其清洁环保、高效率、燃料加注迅速等优点，在可见的未来将是极具应用前景的交通工具电动化能源方式之一。

燃料电池汽车作为我国新能源汽车发展战略中非常重要的一环，在国家政策的支持引领下，相关科研单位和产业企业的精诚合作，通过 20 多年的不懈努力，已经到了全面产业化的前夜。在 2017 年由国家工业和信息化部委托，中国汽车工程学会组织逾 500 名行业专家研究编制的《节能与新能源汽车技术路线图》中，预测 2020 年中国燃料电池汽车保有量将达到 5 000 辆。实际截至 2020 年 11 月，我国燃料电池汽车保有量已经超过 6 000 辆。车用燃料电池技术历经数年发展，在 2020 年 10 月中国汽车工程学会年会上刚刚发布的《节能与新能源汽车技术路线图 2.0》中，集全行业 1000 余名专家智慧，我们再次积极提出随着中国燃料电池汽车商业化的发展，至 2035 年燃料电池市场保有量将达 100 万辆左右，商用车实现氢动力转型。与此同时，全国众多省市积极响应国家推进燃料电池汽车示范应用的政策指导，纷纷推出详尽的氢能燃料电池产业规划。在这蓬勃发展的市场需求背后，是燃料电池汽车动力系统复杂的技术挑战和我国在燃料电池汽车相关专业领域巨大的人才缺口。这就为我们教育工作者和科研工作者提出了命题，如何让更多的相关研究人员、技术人员系统地熟悉并掌握燃料电池汽车动力系统设计方法、流程，将更好地推进车用燃料电池技术市场化进程。

在技术实现方面，无论是燃料电池增程式电动汽车，还是全功率型燃料电池汽车，都采用了燃料电池—动力电池混合型动力系统。可以自豪地讲，这种“电—电”混合型动力系统是中国特色技术路线。目前的燃料电池汽车还不是纯燃料电池的汽车，而是燃料电池与动力电池混合使用，并且其中动力电池的占比还比较大，今后将逐渐减少动力电池的比例，最终转向全功率燃料电池汽车。而正是由于燃料电池和动力电池不同于传统内燃机驱动的物理化学特性以及控制机理，使得燃料电池汽车动力系统开发的技术门槛较高。

针对不同的应用场景，如何系统有序地匹配设计燃料电池—动力电池功率大小、电压高低、容量多少？如何将负载功率需求在两个电源间进行合理分配，从而满足车辆动力性、经济性甚至耐久性、环境适应性的诸多要求？如何对所提出的复合电源能量管理策略进行高效的验证？由同济大学宋珂博士和章桐教授以及清华大学李飞强博士合作撰写的《燃料电池增程式电动汽车动力系统开发》一书结合他们长期从事燃料电池汽车研发的丰富经验，对上述问题进行了系统性的解答，着重介绍了“电—电”混合燃料电池汽车动力系统的开发方法，有着作者独到的见解，并形成了一套完整的理论体系，既有理论深度，又有很强的实用价值。作者深入浅出的介绍，便于相关专业人士的学习理解。市面上针对燃料电池汽车动力系统开发的著述较少，三位作者非常及时地为广大读者提供了一本学习素材，相信读者通过阅读本书，可以对相关开发方法和流程有一个全面的了解把握。

中国科学院院士
“十三五”国家重点研发计划《新能源汽车》重点专项总体专家组组长
清华大学学术委员会副主任
清华大学汽车安全与节能国家重点实验室主任
清华大学教授
欧阳明高
2020 年 11 月

前　言

增程式电动汽车结合了纯电动汽车与混合动力汽车的优点，能够有效提高纯电动汽车一次充电续驶里程，同时降低车辆对化石燃料的依赖度。因其先进的动力系统部件混合度配置以及独特的使用特点，目前成为新能源汽车领域研究的热点。对增程式电动汽车动力系统开发设计的关键技术进行研究，具有重要的现实意义。

本书介绍了增程式电动汽车的结构特点及使用特点，并对增程式电动汽车动力系统部件参数匹配方法及流程进行探索，深入研究键合图理论在增程式电动汽车动力系统建模中的应用，在所建立的动力系统模型基础上设计开发多种面向应用的增程式电动汽车能量管理控制策略，利用离线仿真与硬件在环试验相结合的方法验证评价各能量管理策略的控制效果，最终构建一套完整的增程式电动汽车动力系统设计开发流程及方法，为增程式电动汽车动力系统的设计与开发提供理论支持。

本书共分为 6 章。第 1 章在介绍增程式电动汽车动力系统拓扑结构及其分类的基础上，全面介绍国内外增程式电动汽车的研发现状。第 2 章介绍了增程式电动汽车动力系统参数匹配设计流程及方法，提出了由基于汽车动力学理论的参数静态匹配设计、基于计算机仿真技术的准动态/动态参数匹配校核以及基于计算机仿真技术及优化设计理论的参数优化设计组成的三步骤设计开发流程。第 3 章通过分析用于能量管理控制策略设计的电动汽车动力系统建模的共性需求，对几种常见图形化建模方法进行了比较与分析，并详细介绍了键合图理论在复杂多物理领域系统建模仿真方面应用的优势，构建了燃料电池增程式电动汽车动力系统关键部件模型以及动力系统整体模型。第 4 章详细介绍了多种面向应用的燃料电池增程式电动汽车能量管理控制策略，包括控制思想、建立方法、优化设计方法以及多维度效果评价分析方法，其中还着重介绍了笔者独创的基于损失功率最小的瞬时优化能量管理策略和基于工况识别的多模式切换能量管理策略。第 5 章介绍了基于键合图模型的控制器硬件在环仿真平台搭建过程，并在此基础上介绍了利用硬件在环仿真平台完成所制定能量管理策略的有效性及控制效果验证评价的流程及方法。第 6 章对前面章节内容进行总结与提炼，提出了一套完整的增程式电动汽车动力系统开发流程及方法。

本书由同济大学宋珂、章桐，清华大学李飞强合作撰写。全书由宋珂组织统稿。

本书适合具有一定汽车理论基础的读者阅读参考，可作为高等院校本科生、研究生学习增程式电动汽车动力系统设计开发的参考书，也可供新能源汽车开发相关专业人士学习和参考。

本书在编写过程中力求正确，但由于作者水平有限，书中若有谬误，敬请读者指正。

编者

2020 年 7 月

目　录

第1章 绪 论

增程式电动汽车结合了纯电动汽车与混合动力汽车的优点,能够有效提高纯电动汽车一次充电续驶里程,同时也降低了车辆对化石燃料的依赖度。本章将在介绍增程式电动汽车动力系统拓扑结构及其分类的基础上,全面介绍国内外增程式电动汽车的研发现状。

1.1 增程式电动汽车研发背景

环境污染和能源危机是21世纪人类所面临的两大日益严峻的社会问题。地面机动车辆在二氧化碳排放、石油消耗以及有害颗粒物排放等方面都占有较大的份额。为了缓解这两大社会问题,针对以汽车为主的地面交通工具的革新主要从新型车辆类型、替代燃料技术和先进动力系统结构形式三方面开展工作,如图1-1所示。其中,新型车辆类型是针对不同国际市场个人消费者用车习惯的不同应运而生的适合于当地使用的车辆,例如城市化进程中的中国大城市,汽车拥堵问题严重,灵活便捷的电动自行车数量飞速增长,这样的市场势必为不同于欧美传统汽车市场的车辆产品提供了发展的空间。替代燃料技术领域的发展重点是在现有汽柴油燃料的基础上增加天然气、液化石油气、煤基燃料、生物燃料、电能以及氢燃料的使用比重。在先进动力系统结构形式方面,未来汽车动力系统发展的方向是从目前依赖于汽柴油的内燃机驱动转变为利用电能和电机驱动的结构形式,电驱动化为未来汽车驱动的多样化提供了可能。

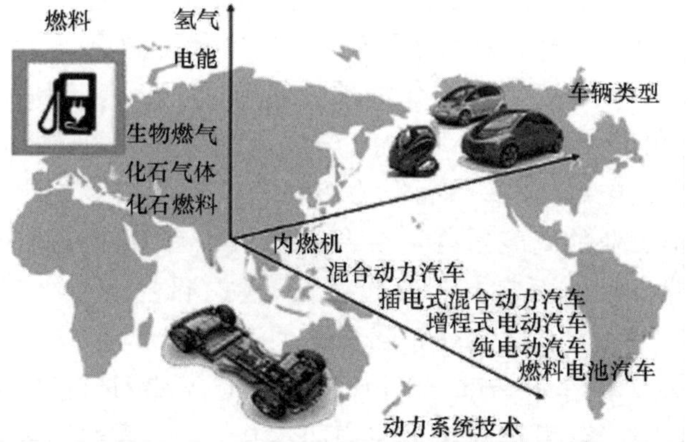

图1-1 地面交通工具相关技术发展路线

按照动力系统结构形式的不同，目前的电动汽车可以分为三大类。

1. **纯电动汽车**(Battery Electric Vehicle,BEV)

纯电动汽车由二次电池(Rechargeable Battery)提供行驶所需能量，并仅由电动机驱动。纯电动汽车的主要优点包括：

(1) 本身不排放污染环境的有害气体。即使按所消耗电量换算为发电厂的排放，由于电厂固定不动，可以对各种有害排放进行集中处理。

(2) 电能可以从多种一次能源获得，解除人们对石油资源日渐枯竭的担心；还可以利用晚间用电低谷时富余的电能充电，使发电设备日夜都能够充分利用，大大提高其经济效益。

(3) 因为是电机驱动，所以车辆运行过程中噪声小。

(4) 如果采用电动轮直接驱动车轮的传动方式，可省略传统电动汽车通常由驱动电机、减速器、差速器和万向传动轴构成的机械传动链，具有传动高效、结构简洁、可利用空间大等突出优点。

尽管纯电动汽车的研究已经取得了很多成果，但是现阶段仍然存在一些阻碍其大规模商业化的不利因素：①鉴于目前的电池技术水平，蓄电池能量密度偏低，导致纯电动汽车一次充电续驶里程短，无法满足用户长距离驾驶需要；②蓄电池价格偏高，致使一辆常规纯电动汽车的性价比远低于同级别的内燃机汽车；③电动汽车用蓄电池快速充电技术也有待进一步提高；④充电等基础设施建设需要巨大的社会成本，同时发达而成熟的传统汽车工业具有发展惯性。

2. **混合动力汽车**(Hybrid Electric Vehicle,HEV)

根据国际电工技术委员会给“混合动力汽车”所下定义：混合动力汽车是指在特定工作条件下，可从两种或两种以上储能器、能量源或能量转换器获取驱动能量，且其中至少有一种可以提供电能的车辆。目前被广泛接受的关于“混合动力汽车”的概念是：在一辆汽车中同时采用内燃机和电机作为动力装置，通过先进的控制系统实现最佳能量分配，达到低能耗、低污染和高度自动化的新型汽车。因为混合动力汽车上仍然需要使用内燃机作为动力装置，从而无法完全摆脱对石化能源的依赖，也无法实现完全意义上的废气污染物“零排放”。从清洁角度来说，混合动力汽车优于传统内燃机汽车；从续驶里程角度来说，混合动力汽车优于纯电动汽车，因而作为传统内燃机汽车到纯电动汽车之间的一种过渡形式，受到全球汽车工业的高度重视。混合动力汽车有多种分类方法，按照动力系统结构形式的不同，现有混合动力汽车主要分为：①串联式混合动力汽车；②并联式混合动力汽车；③混联式混合动力汽车；④Plug-in 混合动力汽车。

(1) 串联式混合动力汽车(Series Hybrid Electric Vehicle)：动力系统中发动机、发电机和电动机以串联形式连接，发动机带动发电机发电，电能通过逆变器给电池充电或直接供给电动机驱动汽车。汽车行驶需求功率较大时，电池可同时给电动机供电以提供更大的功率输出。这是一种以内燃机输出功率为主、蓄电池输出功率为辅的结构形式。串联式混合动力汽车中唯一的驱动动力源是电动机。串联式混合动力汽车的优点是结构简单,控制系统设计相对容易;另外,发动机与驱动部分没有直接的机械连接,从而可以稳定工作在高效率区。其缺点是发动机、发电机和电动机等部件需要配备较大的后备功率以满足动力性要求,布置、安装有一定难度。这一问题理论上可以通过轮毂电机驱动形式来加以改善。此外,由于能量需经由石化燃料热能转换为电能再到机械能的多次转换,致使效率降低。但是因为可以使内燃机工作在高效率区,所以串联式混合动力系统的能量工作效率仍然可以高于传统内燃机汽车。

(2) 并联式混合动力汽车(Parallel Hybrid Electric Vehicle):与串联方式不同,采用发动机和电动机两套独立的动力系统驱动车辆。两套动力系统通过动力耦合装置连接,其中任意一套系统均可以独立驱动车轮。其结构决定了控制的灵活性。通用的控制思想是:车辆在怠速、低速状态下,发动机工作于低效率区,因此关闭发动机,仅以电动机驱动;当车辆高速行驶时,发动机工作于高效率区,这时电动机关闭,仅以发动机驱动汽车;当车辆需求大功率时(爬坡、加速等),发动机和电动机共同工作。基于这种功率叠加的设计思想,并联方式的内燃机和电动机的功率可以选择相对小些。其缺点是结构较复杂,控制较难。

(3) 混联式混合动力汽车(Series-Parallel Hybrid Electric Vehicle):与串联式相比,多了发动机与传动系统的机械连接;与并联式相比,增加了发电机,发动机可以通过发电机发电。混联式一般采用行星齿轮机构作为动力复合装置,日本的丰田 Prius 混合动力汽车就是采用了这种混联式结构。混联式的发动机和电动机可以选择较小的功率,发动机也比较容易控制在高效率区稳定工作,控制策略比较灵活。但缺点是结构复杂,成本较高,同时控制系统也相应更加复杂。

(4) 插电式混合动力汽车(Plug-in Hybrid Electric Vehicle,PHEV):是能够从电网获取并存储电能,用于驱动车辆的混合动力汽车。关于 PHEV 的研究近几年逐渐升温。PHEV 结构上与传统混合动力汽车的最大区别在于增加了一套连接电网的充电装置。通过这套充电装置,PHEV 可以更多地利用电能源,进一步减少对石化能源的依赖。这一改变对于减少运输部门石油消耗、减少有害气体和二氧化碳排放以及提高电力系统的电能使用效率都具有积极的意义。从结构形式来说,PHEV 可以基于以上三种传统混合动力形式。

3. 燃料电池汽车(Fuel Cell Electric Vehicle,FCEV)

燃料电池汽车采用燃料电池作为主要能量源。燃料电池利用氢气和氧气(空气)在催化剂作用下发生催化反应产生电能,具有无污染、只生成水作为排放物等优点。其主要意义在于可以完全取消对石化能源的依赖,改变现有的依赖于内燃机的汽车驱动模式。燃料电池汽车是一种全新的汽车动力系统形式,具有深远的技术意义和社会意义。但是现阶段燃料电池的很多技术还处于研发试验阶段,并且成本很高。此外,燃料电池所需要的氢气,在大规模制备、供应、储存等方面距离产业化还有许多技术问题需要解决。

经过多年的研究、开发及探索，包括商业实践，全球汽车工业对汽车电驱动化这一发展趋势达成了共识，即以纯电动汽车和燃料电池汽车为代表的纯电驱动形式将是未来汽车发展的最终方向。但是目前纯电动汽车的技术瓶颈之一在于电池一次充电续驶里程不足，通常不超过 150km。尽管欧美国家（例如德国）大部分汽车用户每日行驶里程低于 50km，但是对于偶尔的长距离驾驶，目前的纯电动汽车无法满足需要。导致纯电动汽车一次充电续驶里程短的根本原因在于目前常用的化学电池能量密度与汽油、柴油之间存在巨大的差距。图 1-2 为几种常见储能技术的能量密度与功率密度关系，图 1-3 为几种常见蓄电池的能量密度与功率密度关系。虽然混合动力汽车和燃料电池汽车可以提供较长的续驶里程，但是混合动力汽车依然使用石油燃料，排放有害气体，而燃料电池系统价格高昂，并且缺乏加氢站等基础设施，短期内难以实现大规模产业化。

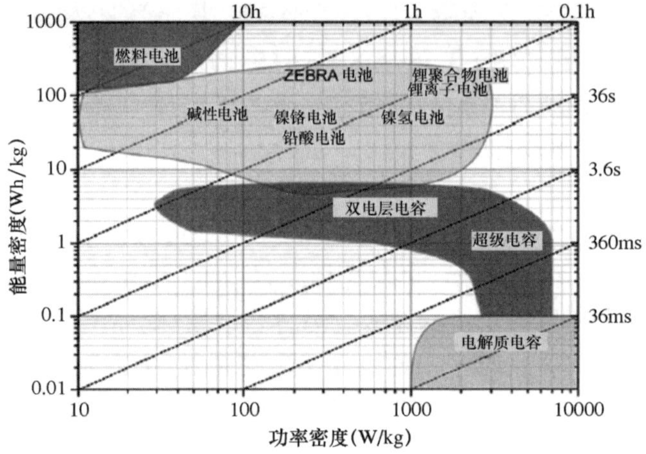

图 1-2　常见储能技术的能量密度与功率密度关系

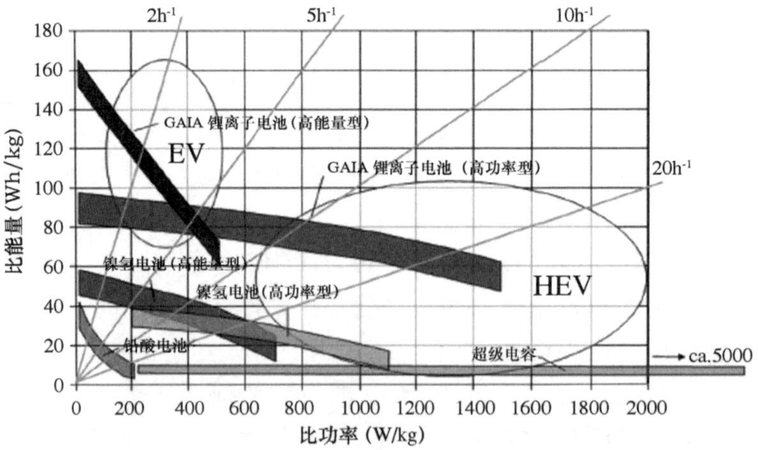

图 1-3　常见蓄电池的能量密度与功率密度关系

正是基于纯电驱动电动汽车关键技术发展现状以及驾驶员日常驾驶习惯，欧美发达国家率先提出了增程式电动汽车(Extended-Range Electric Vehicle，E-REV)的概念。增程式电动汽车是基于蓄电池纯电动汽车发展起来的，其上增加发电装置，即所谓的增程器(Range Extender，RE)。当车辆电力不足时，增程器提供额外的电能满足车辆继续行驶的需要。因为增程式电动汽车的基础是蓄电池纯电动汽车，因而能够仅依靠车载蓄电池行驶，即存在真正意义上的纯电动续驶里程。这种新型电动汽车在日常短距离行驶过程中能够完全利用蓄电池驱动车辆运行，一方面降低温室气体及污染物排放，另一方面充分利用来自电网的电能，减少汽柴油使用量；当驾驶员需要完成中长距离行驶时，增程器可提供相应的电能，从而免去了驾驶员对车载蓄电池电能不足的顾虑。

1.2 增程式电动汽车动力系统拓扑结构及分类研究

目前国际汽车权威机构对增程式电动汽车还未给出明确定义。David Gelman 对增程式电动汽车作如下定义："增程式电动汽车是一种混合动力汽车，是在纯电动汽车的基础上安装一个小型内燃机发电机组，超出动力蓄电池所提供行驶里程之外的运行状态由该发电机组维持。"通用汽车公司的 E. D. Tate 等人给出如下定义："当车载可充电储能系统(Rechargeable Energy Storage System, RESS)能够提供电能时，以纯电动汽车模式运行；同时带有一个仅当 RESS 能量不足时启动发电的附加能量装置的车辆。"从以上定义可以看出，增程式电动汽车的基础是纯电动汽车，增程器是附加的能够发电的辅助能量单元，提供额外续驶里程所需电能。典型的增程式电动汽车动力系统结构如图 1-4 所示，图中单实线代表电气连接，双实线代表机械连接，虚线部分为增程器单元。

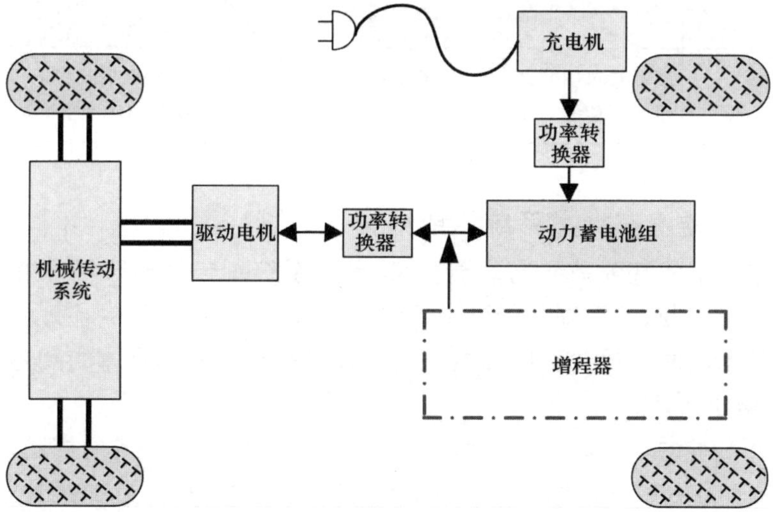

图 1-4 增程式电动汽车动力系统结构示意

结构形式及性能特点与增程式电动汽车相似的插电式混合动力汽车的基础是传统混合动力汽车。增程式电动汽车因为源自纯电动汽车，其纯电驱动部分的动力性能能够独立满足驾驶工况需要，即存在真正意义上的仅靠驱动电机行驶模式。理论上，增程式电动汽车上的增程器可以从动力系统中剥离，不影响车辆以纯电动汽车形式完成通常工况和一定续驶里程的驾驶要求。而插电式混合动力汽车上的内燃机系统工作状态与行驶车速密切关联(以油电混合动力为例)，不能与整车动力系统剥离。一旦剥离，所剩驱动电机或不能满足工况力矩需要(并联式)，或车辆行驶里程将大为缩短(串联式)。

表 1-1 给出了增程式电动汽车与插电式混合动力汽车的主要异同。

表 1-1　增程式电动汽车与插电式混合动力汽车的比较

主要异同	增程式电动汽车	插电式混合动力汽车
产生历史	以纯电动汽车为基础，传统纯电动汽车续驶里程短，增程器能够增加行驶里程	以传统混合动力汽车为基础，目的是增大车载动力电池的容量，从而充分利用夜间便宜电能，同时增加纯电动里程，减少尾气排放
动力系统结构	串联式—电电耦合	(1)串联式—电电耦合； (2)并联式—力矩耦合； (3)混联式—电电/力矩耦合
有否外接充电	有	有
有否纯电动续驶里程	有，>60km	有，20～60km
增程器启动时机与车速的关系	无关	有关
功率混合度	驱动电机额定功率大于增程器额定功率，提供主要能量	内燃机(油电混合为例)额定功率大于驱动电机额定功率，提供主要能量

1.2.1　增程式电动汽车动力系统组成结构

增程式电动汽车的基础是纯电动汽车，其动力系统中与纯电动汽车相同的部分包括电力驱动子系统、主能源子系统和辅助子系统。不同的是，在传统纯电动汽车动力系统中增加了能够额外发电的装置——增程器单元。以下对各部分作具体的阐述说明。

1. 电力驱动子系统

增程式电动汽车的电力驱动子系统与纯电动汽车的该部分结构相同，主要包括整车控制器(Vehicle Management System，VMS)、功率转换器(电机控制器)、驱动电机、机械传动装置和驱动车轮，如图 1-5 所示。整车控制器接受来自驾驶员的加速踏板和制动踏板信号，结合其他关键部件的工作状态，控制功率转换器内功率开关的通断，实现驱动电机

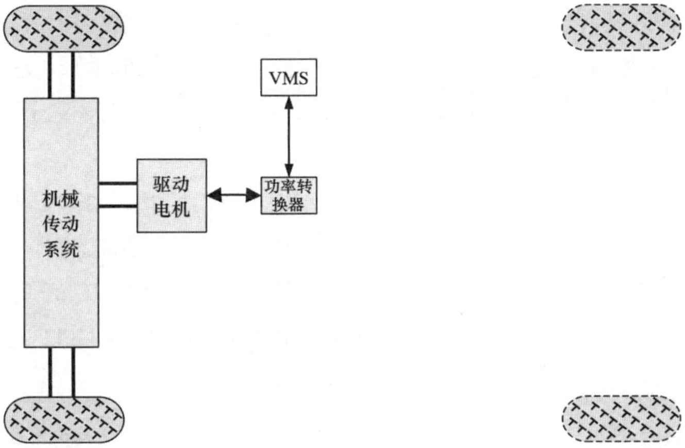

图 1-5 增程式电动汽车电力驱动子系统

与能量源之间的能量传递。驱动电机是增程式电动汽车唯一的动力驱动装置。同时电机的再生制动能力可以将部分车辆动能转化为电能储存到车载储能装置中，因而驱动电机、功率转换器和动力蓄电池组之间是双向能量导通关系。电动机的调速性能优异，能够实现无级调速。增程式电动汽车所用机械传动系统可选择固定速比的减速器和差速器。如果将驱动电机安装在车轮里或紧靠车轮，即构成所谓的轮毂电机或轮边电机，这种传动方式可以进一步缩短从电机到驱动车轮的能量传递路径，提高系统效率。

2. 主能源子系统

增程式电动汽车的主能源子系统由动力蓄电池、电池管理系统(Battery Management System，BMS)和充电机组成，如图 1-6 所示。日常短距离行驶时，增程器可以不参与能量供给，所有能量来源于车载动力蓄电池。增程式电动汽车动力蓄电池的常见类型有铅酸电池、镍氢电池和锂离子电池。锂离子电池的能量密度远高于前两种动力蓄电池，被认为是未来电动汽车动力电池的首选。BMS 同整车控制器协调工作，负责整车高压电的通

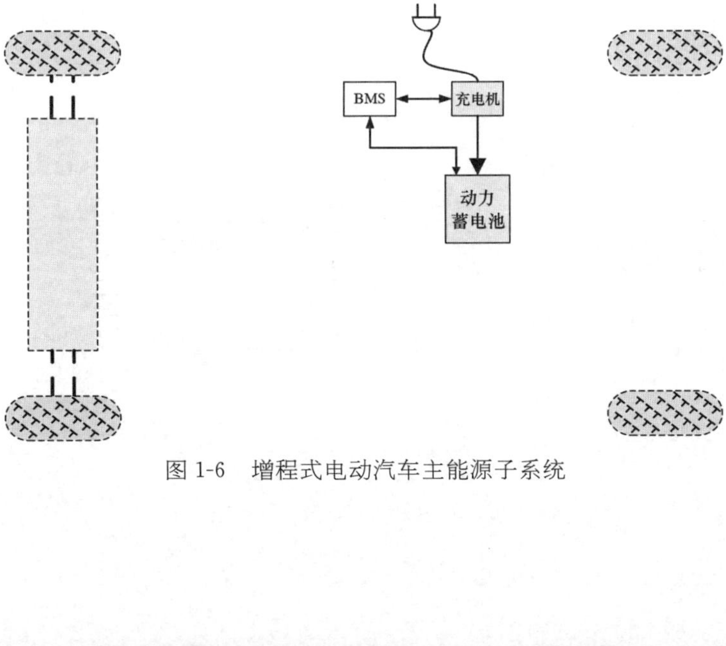

图 1-6 增程式电动汽车主能源子系统

断,估算动力蓄电池组剩余电量(State of Charge,SOC),控制蓄电池放电以及制动能量回收,动力蓄电池组的故障诊断及处理;BMS 同充电机协调工作,向动力蓄电池发出充电使能信号,控制动力蓄电池从外部电网获取电能。

3. 辅助子系统

增程式电动汽车的辅助子系统由辅助电源、电控转向单元和车载空调单元等辅助设备组成,如图 1-7 所示。现有增程式电动汽车上多采用铅酸蓄电池作为辅助能量源,从主能量源获取能量,同时给包括助力转向单元、温度控制单元等在内的各级辅助负载提供能量需求。随着现代电动汽车功能的日益完善,车上电控辅助装置的数量不断增加,对电动汽车整个动力系统功率设计和匹配提出了更高的要求。

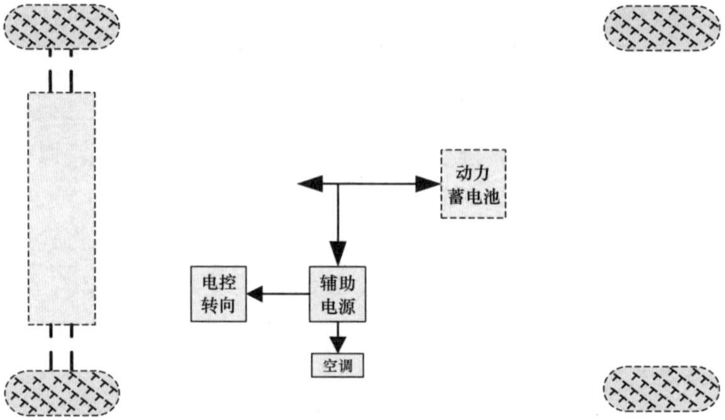

图 1-7 增程式电动汽车辅助子系统

4. 增程器单元

增程器单元(Range Extender,RE)是增程式电动汽车动力系统的重要组成部分,包括辅助能量存储装置、发电装置、增程器控制器(Range Extender Controller),如图 1-8 所示。

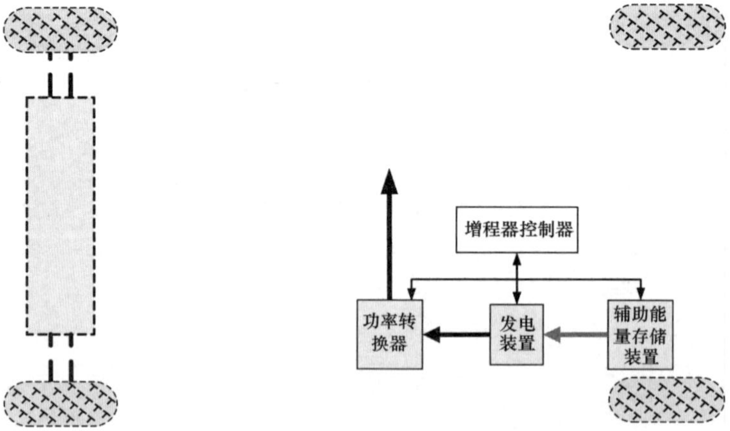

图 1-8 增程式电动汽车增程器单元

根据增程器类型以及安装方式的不同，可以将增程器单元划分为不同种类，下文将作详细的阐述。

1.2.2　按增程器安装方式分类的拓扑构型及特点分析

根据与整车动力系统之间的连接方式，增程器单元可以分为三种类型。

1. *挂车式*

将增程器安装在挂车上，当计划长距离驾驶时，就可以把挂车挂在电动汽车后部，在适当的时候提供能量，满足长距离行驶的需要。而在市区短途行驶时，则可以取下挂车，减轻整车质量，如图 1-9 所示。其优点是增程器输出功率能够根据需要设计得较大，充分满足汽车动力性能的需要。同时挂车上能装载较多的辅助燃料，使得电动汽车续驶里程更长。但缺点是挂车质量较大，装载后会给整车增加较大的附加质量。同时挂车尺寸较大，连接特殊，不便于倒车。另外，很多情况下无法事先判断是否需要长距离行驶，这样就限制了随意驾驶的自由度。

2. *车载式*

这种形式的增程器直接与纯电动汽车的动力系统耦合在一起，结构形式简单，无需对传统 HEV 及 PHEV 的动力系统结构做过多改动。缺点是无论增程器是否参与工作，始终安装在车上，会给整车增加额外的质量负载，降低能量有效利用率。

3. *插拔式*

综合上述两种增程器的优缺点，将增程器做成一个可以方便拆卸的独立单元，如图1-10所示。其结构紧凑，当需要做长距离行驶时，可以十分方便地安装在车上，通过机械及电气接口与整车动力系统相连；当仅在市区短距离行驶时，则可以选择不安装该增程器单元，最大限度地减轻整车质量，减少不必要的能耗。该种形式的增程器需要设计可靠的机械、电气接口，由此带来新的诸如振动噪声(Noise Vibration Harshness，NVH)方面的问题。

图 1-9　挂车式增程器单元

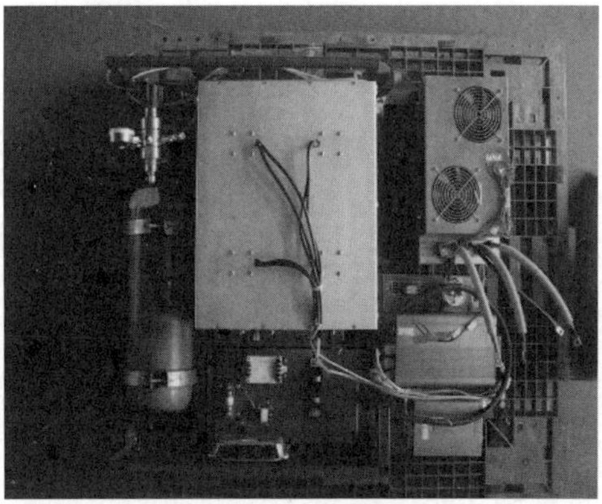

图 1-10　插拔式增程器单元

1.2.3 按增程器发电方式分类的拓扑构型及特点分析

根据发电方式不同，增程器主要有以下三种拓扑结构。

1. **动力蓄电池**

选择大容量蓄电池作为增程器来使用。其结构简单，噪声低，系统效率高，清洁无排放，便于统一标准和规格。但因为依然基于蓄电池技术，因此现阶段存在电池能量密度低、体积密度低、成本较高等不足。此外，动力蓄电池作为增程器使用存在电池配组问题。单体电池性能再优良，质量再好，若同组使用的各单体电池特性不一致或组合封装时初始状态不一致，都会导致电池组整体特性急剧衰退和部分电池的加速损坏。因此，动力蓄电池作为增程器使用时，必须与原车动力蓄电池电气隔离，不应存在串并联使用的情况。未来的蓄电池租赁商业模式以及电池快速更换技术为这种结构形式提供了发展空间。图 1-11为该型增程式电动汽车动力系统结构简图。增程器单元主要由动力蓄电池组、增程器 BMS 和充电机组成，增程器单元与原车动力蓄电池并联在电源母线上。整车控制器根据驾驶员驾驶意图，以及当前车载能源状况，按照预先设定的能量管理策略向增程器 BMS 发出控制指令，由增程器 BMS 来控制电池包内高压继电器的通断。考虑单体电池不一致性可能带来的不良影响，不能同时将原车动力蓄电池和增程器单元接通在车辆电源母线上。可以选择先使用原车动力蓄电池供电，当原车动力蓄电池 SOC 值降至某设定值之后，将原车动力蓄电池从母线上断开，同时接通增程器；或者采用优先使用增程器单元，随后使用原车动力蓄电池的能量策略。

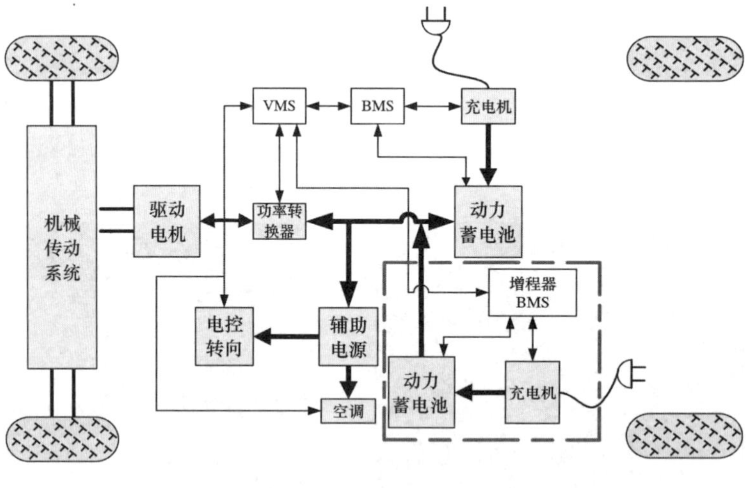

图 1-11　蓄电池型增程器方案

2. **发动机＋发电机**

发动机＋发电机型增程器方案如图 1-12 所示，主要包括油箱、发动机、发电机、功率转换器以及增程器控制器。对于发动机＋发电机方案，可以选择火花点火式发动机、小型燃

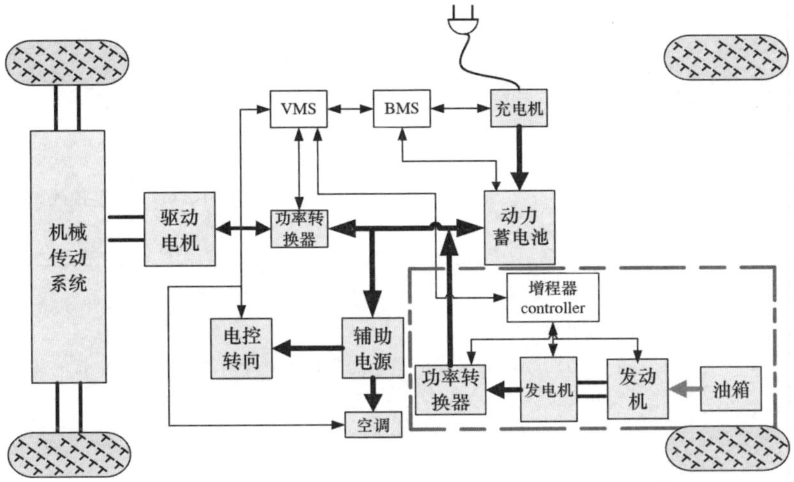

图 1-12 发动机+发电机型增程器方案

气轮机、转子发动机以及斯特林发动机等多种发动机与发电机进行组合。由于压燃式发动机重量和尺寸偏大，同时输出功率较低，因此不适合选作增程器。目前主流的增程器用发动机是 Wankel 转子发动机和四冲程两缸汽油发动机。Wankel 转子发动机突出特点是结构紧凑，具有卓越的 NVH 特性。两缸汽油发动机相对于 Wankel 转子发动机的优点是技术成熟，是被普遍接受的发动机技术；燃油经济性更好；制造成本低(成熟的加工技术、可以使用现有加工设备、全球范围内加工)。选择用作增程器的发动机时需要综合考虑 NVH、价格、组装、效率以及排放等多方面因素。增程器所用发电机一般可以用作快速启动机，安装在发动机曲轴的后端。曲轴箱和发电机壳体可以做成一体化结构，从而构成高度集成的增程器单元。由于增程器的发动机多在几个固定工作点工作，不存在过载、过速、复杂瞬态工作的要求，因此发动机本身的设计可以得到简化。比如曲轴机构和阀门机构的尺寸可以精简，减少发动机的摩擦和重量。滚子轴承的使用可以省略曲轴箱内的润滑油泵和油管。此外，单工作点的特点能够使噪声通过频率和阶数来得到改善。表 1-2 给出几种可以选作增程器的热机特性比较。

表 1-2　　用于增程器的热机特性比较

发动机类型	优点	缺点
两冲程点火式内燃机	· 设计简单； · 重量轻； · 功率重量比高； · 制造成本低	· HC,CO,NO_x 排放相对较高； · 与四冲程点火式内燃机相比，排放控制系统有待进一步开发

续表

发动机类型	优点	缺点
四冲程点火式内燃机	· 设计相对简单； · 设计方法成熟； · 功率密度高； · 排放控制佳	· 部分负载时效率低； · HC,CO,NO_x 排放相对较高
转子发动机	· 结构紧凑，重量轻； · 功率重量比高； · 可使用与四冲程点火式内燃机相同的排放控制	· 效率相对较低； · HC,CO,NO_x 排放相对较高
斯特林发动机	· 效率高； · 排放低； · 噪声低	· 价格高； · 设计复杂； · 功率重量比低； · 散热要求高
小型燃气轮机	· 排放低； · 运作平稳； · 体积小，重量轻； · 功率重量比极高	· 价格高； · 部分负载时效率低； · 瞬态响应差

3. *燃料电池发动机*

燃料电池是能够通过电化学反应将氢气和氧气的化学能直接转化为电能的能量转换装置。它产生电能，而不是存储电能，只要维持燃料供给，就能提供持续的电能。其主要特点是工作噪声低，能量转换效率高，不使用化石燃料，零排放。目前，车用燃料电池主要包括质子交换膜燃料电池(Proton Exchange Membrane Fuel Cell，PEMFC)和固体氧化物燃料电池(Solid Oxide Fuel Cell，SOFC)。

PEMFC 采用固态聚合物膜作为电解质，铂金属(Pt)作为催化剂，纯氢作为燃料，氧气或空气作为氧化剂。放电工作原理是阳极侧的氢气在催化剂作用下氧化变成氢离子，放出的电子经外电路到达阴极，氢离子穿过质子交换膜与阴极侧的氧气及电子发生还原反应生成水，如图 1-13 所示。与其他类型燃料电池相比，PEMFC 具有工作温度低(60℃～100℃)、启动快的优势，但是铂金属催化剂是稀有金属，矿产储量小，不能人工合成，因而价格高昂。

SOFC 采用以陶瓷材料为载体的氧化钇、氧化锆为电解质，氧气或空气作为氧化剂。SOFC 工作温度很高，通常为 1000℃，在此高温下，燃料能够迅速氧化达到热力学平衡，从而不需要使用贵金属催化剂。同时，高温工作使得 SOFC 对燃料纯度要求降低，除了使用纯度相对较低的氢气作为燃料之外，还可以选择其他碳氢化合物燃料，如煤化气、天然气等。放电工作原理是氧分子(O_2)在阴极侧获得电子被还原成氧离子(O^{2-}),氧离子在电解质两侧电位差和浓度差驱动下穿过电解质跃迁到阳极侧与燃料发生氧化反应,生成水,同时释放电子(e^-),释放的电子通过外电路向负载供电,如图 1-14 所示。

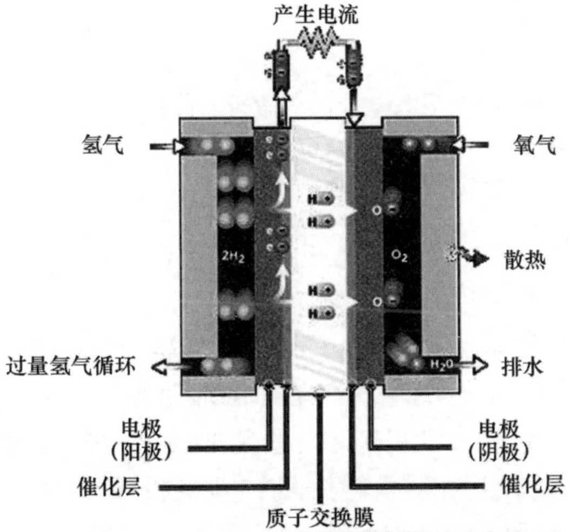

图 1-13　PEMFC 工作原理示意

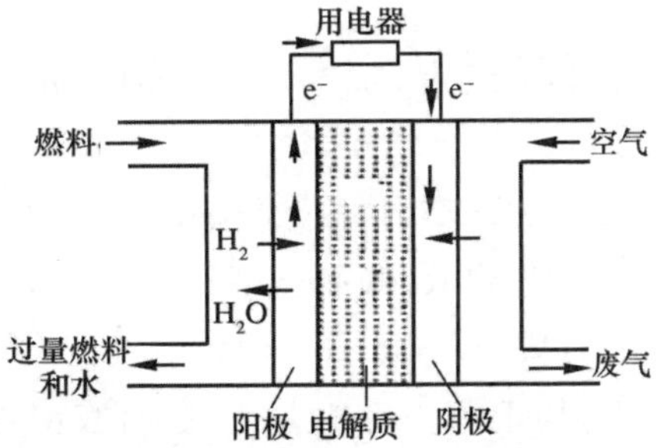

图 1-14　SOFC 工作原理示意

燃料电池型增程器单元主要由储氢系统、燃料电池发动机系统、功率转换器以及增程器控制器组成(图 1-15),具有效率高、噪声低、可以不使用化石燃料、零排放等显著优点。同时燃料电池动力系统本身代表了未来汽车发展的方向。但受限于目前的技术水平,燃料电池系统成本较高,加氢站等基础设施有待完善。增程式电动汽车是以动力蓄电池为主要能量源的电动汽车,动力蓄电池设计需满足车辆行驶时峰值功率需求,因此可以选取

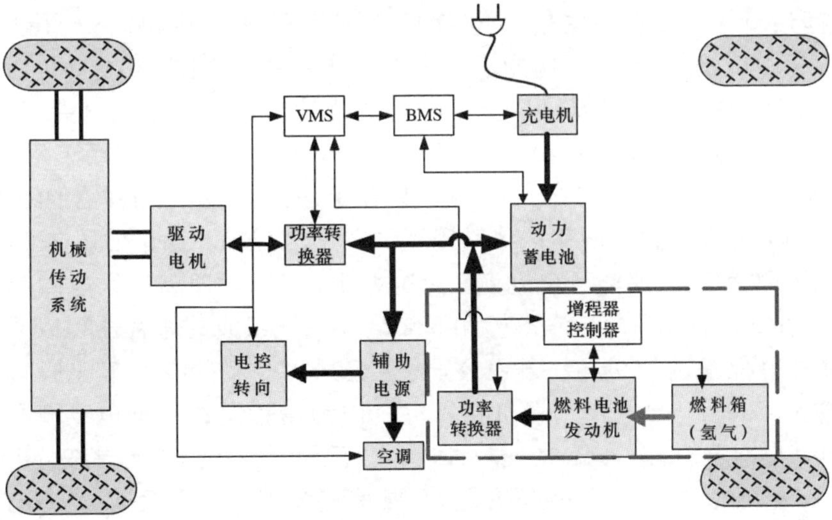

图 1-15　燃料电池型增程器方案

功率较小的燃料电池增程器，从而降低动力系统成本。随着燃料电池技术和大规模制氢技术的不断发展，有望降低燃料电池系统的使用成本，提高其实用性。

1.3 国内外增程式电动汽车研发现状

增程式电动汽车动力系统开发是一项复杂的系统工程，所涉及的技术面广、技术难点多。本节旨在对本书所涉及的主要相关技术研究现状作以下归纳总结。

1.3.1 增程式电动汽车/增程器研究现状

1. 北美

Range Extender 概念在电动汽车上的应用最早由 W. Anderson(1989)和 S. Lapp 等人提出。当时的 Range Extender 是指能够给铅酸蓄电池电动汽车提供辅助能量的铝空气燃料电池。W. Anderson (1990)介绍了基于 Chrysler T115 平台改装的带增程器的微型电动汽车，其车载主要能量源为铅酸电池，同时加装由小型内燃机和发电机组成的 5kW 增程器单元。这一内燃机加发电机的增程器单元可以使用压缩天然气(Compressed Nature Gas, CNG)、液化石油气(Liquid Petroleum Gas, LPG)及甲醇等替代燃料，内燃机以恒定转速工作。增程器输出的电能可直接驱动电机，或给蓄电池充电。当空调等附加用电设备持续工作时，该电动汽车在 SAE J227 C 循环工况下的续驶里程超过 100 英里。Thomas Gage(1997)介绍了一种用于纯电动汽车的小型挂车式增程器单元。该方案将一台两缸 45kW 小型内燃机和一台 20kW 感应电机集成在挂车里，驾驶员可选择是否使用挂车。加装挂车增程器后，行驶过程中如果动力蓄电池电量不足，增程器随即启动给蓄电池充电。根据设计要求，增程器输出电量必须满足行驶负载的需要，并且安装方便。David Gelman(1993)等人使用不同的热机来制作增程器，包括两缸发动机、四缸发动机、燃气轮机、转子发动机以及斯特林发动机，并对这几种热机进行比较研究，分析各自的优缺点。德尔福公司的 Jean Botti(2005)等人将 SOFC 燃料电池系统用于增程器，研制出 5kW 和 10kW 的 SOFC 增程器单元。仿真结果显示，安装 SOFC 增程器的纯电动汽车，在 FTP-75 和 Japan 1015 测试工况下的续驶里程均超过 700km。通用公司在 2007 年底特律车展上展出了带增程器的锂离子电动汽车 Chevrolet Volt。锂离子供电的纯电动模式下该车可以行驶 64km，随后 1.4L 发动机和 53kW 发电机组成的增程器可以给车辆提供电力，使总的续驶里程超过 500km。通用公司已经在 2011 年对该车实现量产。Matt Van Wieringen 等人(2008)研制了用内燃机和发电机作为增程器的小型电动汽车。250CC 四冲程内燃机可以使用汽油和压缩氢气两种燃料。测试结果显示，如果按 60km/h 巡航速度行驶，纯电动行驶里程 53km，增程器增加续驶里程 334km。克莱斯勒公司在 2008 年底特律车展上展出的概念电动汽车 ecoVoyager，以一个小功率燃料电池发动机作为增程器，该车装有 16kW·h 锂离子电池，纯电动续驶里程为 60km，燃料电池增程器使总的续驶里程达到480km。

2012年,菲斯克发布了一款名为Fisker Karma的增程式豪华运动汽车。该车型的动力系统包括一个20.1kW·h的锂离子电池和一个2.0L的发动机。在EPA工况下,其纯电模式续航里程为51km,增程模式下续航里程为370km。

2016年,通用公司开发了第二代Chevrdet Volt,其驱动系统为第二代Voltec。在EPA工况下,第二代Chevrdet Volt的纯电动模式续航里程为85km,增程器增程模式续航里程为680km。

2. 欧洲

菲亚特公司于2001年介绍了一款以7kW压缩天然气燃料电池为增程器的电动汽车,纯电动模式续驶里程40km,增程器增程模式续驶里程达到140km,最高车速100km/h。PSA公司也于2001年、2002年推出以5.5kW燃料电池作为增程器的电动汽车,续驶里程达到200～300km。与燃料电池汽车不同的是,这些燃料电池增程器的功率相对较小,并不是E-REV的主要动力源,而主要为蓄电池充电。雷诺公司于2002年推出电动汽车Kangoo Elect'Road,这是一款带增程器的插电式电动汽车。由镍镉(NiCd)蓄电池提供电能的纯电动模式行驶里程为60～100km,三缸发动机加发电机组成的5.5kW增程器装置启动后,能使续驶里程达到200km。N. Schofield, H. T. Yap, C. M. Bingham(2005)等人将出租车改装成带增程器的电动汽车,采用ZEBRA电池作为动力蓄电池,而使用PEM燃料电池作增程器给蓄电池供电。戴姆勒-奔驰公司在2008年底特律汽车展上展出了带增程器的电动汽车BlueZero E-Cell Plus。该车使用17.5kW·h锂离子蓄电池作为主要动力源,纯电动行驶里程达到100km,蓄电池电力耗尽之后,由1L涡轮增压发动机和50kW发电机组成的增程器启动发电,使总的续驶里程达到600km。欧宝公司在2009年日内瓦车展上展出的电动汽车Ampera使用一个由涡轮增压发动机和发电机组成的增程器,该车纯电动续驶里程为60km,总续驶里程达到500km,最高车速160km/h,百公里加速时间为9s。瑞士的Mindset公司正在研制的E-REV带有一个可以插拔的增程器,该输出功率为17kW的增程器由一个两缸发动机和发电机组成。长距离行驶时驾驶员可以把增程器安装到汽车动力系统中,为蓄电池充电;而在短距离行驶情况下可以不安装增程器,仅以纯电动模式行驶,这样可以充分降低整车质量,提高能量利用率。奥迪公司在2010年日内瓦车展上展出了增程式电动汽车Audi A1 E-Tron。该款增程式电动汽车纯电动续驶里程为50km,254CC的转子发动机和发电机组成的增程器能够提供峰值功率15kW的电能,从而使车辆总的续驶里程达到250km。此外,AVL公司和GETRAG公司分别各自开发出由内燃机和发电机组成的小型增程器单元。其中,AVL公司的增程器采用转子发动机和永磁同步电机,输出功率15kW。GETRAG公司的增程器单元不仅包括一个两缸发动机和一个发电机,同时还包括一个驱动电动机。通常情况下,汽车仅由驱动电动机驱动,按纯电动模式运行。当蓄电池电量不足时,发动机带动发电机给蓄电池充电。另外,根据需要,发动机也可以通过一个两挡变速机构直接与驱动电机机械连接,联合向车辆提供驱动力矩。

2013 年，宝马公司在全球同步发布了首款纯电动汽车宝马 i3，其动力电池容量为 60A·h。这款车型可以选择搭载一个 0.647L 排量的双缸发动机，这个小型发动机并不参与驱动车辆，仅是在电池电量不足时与发电机配合为电池充电。在 EPA 工况下，该车型的纯电动续航里程可以达到 130km，搭载增程器后，其续航里程可达 240km。2016 年，宝马公司发布了搭载电池容量为 94A·h 的 2017 版 i3，其电池总能量达到了 33kW·h。电池性能的提升使其纯电动续航里程在 EPA 工况下达到了 156km，增程器增程模式下续航里程达到了 290km。

德国马勒公司基于奥迪 A1 打造了一款包括一个 14kW·h 动力电池和一个汽油发动机增程器的增程式电动汽车样车。测试表明，该款增程式电动汽车纯电动模式下续驶里程超过 60km，增程模式下最高达到 500km 续航里程的设计目标，最高车速 145km/h，并且可以稳定保持最高车速 120km/h。

3. 亚洲

日本 Osaka 大学的 Koji Imai(2008)等人开发了输出功率为 11kW 的内燃机加发电机型挂车式增程器加装在纯电动汽车上。2016 年 11 月，日产公司上市了 Note e-Power，是第一款使用名为 e-Power 动力系统的增程式电动汽车，该款车上市后在日本得到了大卖。动力系统采用最大功率 58kW、最大扭矩为 103N·m 的三缸 1.2L 排量发动机，拥有 80 个单元的 1.47kW·h 的动力电池组。发电机和牵引电机的最大功率分别为 66kW 和 80kW，牵引电机最大可输出 254N·m 的扭矩。

奇瑞公司在 2011 年上海国际车展上展出了 M1-EREV 增程式电动概念汽车。该车在纯电动汽车的基础上搭载 15kW 转子发动机加发电机组成的增程器，纯电动续驶里程 80km，总的续驶里程可达 350km。同济大学的宋珂、章桐(2011)等人开发了可插拔燃料电池增程式微型电动汽车，在四轮轮毂电机驱动纯电动汽车基础上搭载 5kW 燃料电池增程器，使整车续驶里程大幅度增加。此外，国内的客车制造企业，如塞恩斯、宇通、大金龙等对增程式电动公交车也开始开展相关研究。

2015 年，广州汽车集团推出了以传祺 GA5 为原型研发的增程式电动汽车 GA5 REV，这款车配备了 13kW·h 的磷酸铁锂电池，可提供 80km 的纯电行驶里程。发动机采用小排量的 1.0L 四缸，驱动电机采用峰值功率可达 94kW，最大扭矩 225N·m 的永磁同步电机。当电池电量低于 15%时会启动增程器，使得整车可以最大行驶里程超过 600km。

2017 年上海国际车展上，正道集团旗下三款增程式电动车轿车正道 H600、五座 SUV 正道 K550、七座 SUV 正道 K750 首次在国内亮相。综合续航里程超过 1000km，有利于消除用户的里程焦虑。

2018 年汽车之家创始人李想发布了增程式中大型 SUV 电动汽车，这款由新造车势力研发的车型名为理想智造 ONE。这款车型相比其他增程式电动汽车的最大特点就是配备了 40.5kW·h 的超高容量电池，其增程式混合动力系统，由 1.2T 的增程器和双电机组合而成。其最大功率 240kW,最大扭矩 530N·m,百公里加速时间为 6.5s。在纯电模式下,其续驶里程达到 180km,快充模式下可在 30 分钟内充电 80%;在增程模式下,综合工况续驶里程能够达到 800km。

增程式技术同样被广泛应用于商用车领域。2017 年,金一新能源集团生产的增程式城市大巴,在纯电动动力系统的基础上加装了增程器,最大行驶里程可达 800km。2019 年 12 月,广汽客车生产的 GZ6922 油电增程式公交车在惠州投放运行。公交车内配备 25 组电池,采用了高效的 APU 系统,减少排放 65%,综合节油率达到 60%。

2018 年,吉利商用车在广州车展上展出了旗下远程品牌的最新款车型——RE500 增程式轻卡。吉利远程 RE500 增程式轻卡定位为一款城市物流车型,搭载的是 e-GAPF 动力系统,该系主要以高效率增程器为核心。配备了额定/最大功率为 50/100kW 的永磁同步电机以及 60L 的油箱和 25.9kW·h 的镍锰钴三元电池。该车还提供 6.6kW 的车载充电机,因此该车拥有两种补充能源的方式:充电和加油。通过增加这种 e-GAPF 增程器,该车综合续驶里程可达 500km,具有节能、环保,以及经济性的显著特点,能够解决用户对于新能源汽车的行驶里程焦虑,并带来更优惠的运营成本。

在 2018 年 5 月 25 日,国家发改委办公厅向各地方政府下发的《汽车产业投资管理规定(征求意见稿)》,将插电式混合动力和增程式进行区分,前者归为燃油汽车,而后者归为新能源汽车。

2019 年 12 月 3 日,工业和信息化部发布了《新能源汽车产业发展规划(2021—2035 年)》征求意见稿,首次将增程式电动汽车列入"三纵"。

1.3.2 关键技术研究现状

1. 动力系统参数匹配设计研究现状

国内外科研机构以及汽车企业对增程式电动汽车的研究均处于探索研究阶段,针对增程式电动汽车动力系统参数匹配设计(驱动电机、动力蓄电池、增程器关键参数)的研究报道很少。现有文献有些是将原有纯电动汽车改装成增程式电动汽车,研究其动力性与经济性,并未给出增程式电动汽车动力系统参数正向设计方法。而关键零部件厂商往往从自身角度出发,把增程器作为一个独立的系统对象来看待,针对不同发动机类型增程器噪声振动、尾气排放、热管理、功率输出等性能进行比较研究,通常不考虑动力系统其他关键零部件的设计。鉴于纯电动汽车和串联式混合动力汽车在结构形式上与增程式电动汽车相似,因而可以借鉴其他学者在以上两类汽车动力系统参数匹配设计方面的研究成果。

增程式电动汽车驱动电机参数设计主要包括电机峰值功率和额定功率、电机最高转速和额定转速以及电机最大转矩。对于电机峰值功率的确定方法,不同学者之间存在差异。同济大学周苏等人将最高车速、爬坡性能、静止起步加速性能对应电机功率三者中的最大值作为电机峰值功率。Xiaogang Wu 等人提出以某一较高车速下爬行一定坡度长坡时车辆所需功率作为驱动电机峰值功率,然后在不同工况下校核电机峰值功率是否满足工况加速要求。负海涛等人将满足爬坡性能要求的电机最大转矩和最大爬坡车速的乘积作为电机峰值功率,随后使用该功率对加速性能指标进行校验。

增程式电动汽车动力蓄电池作为主要能量源,设计时主要考虑两方面特性:最大充放电功率和容量,其中最大放电功率满足车辆动力性要求,容量满足车辆能够以纯蓄电池供电模式行驶一定距离。周苏提出蓄电池最大放电功率需要满足母线负载功率需要,而一定放电深度下的电池容量应该能保证一定的纯电续驶里程,通过联立求解满足功率要求和能量要求约束条件的电池容量不等式来设计电池容量,同时计算求得电池最大放电倍率。Dong T 等人指出蓄电池是增程式电动汽车主要能量源,应该在较低 SOC 情况下仍然能够满足母线负载功率需求。Xiaogang Wu 等人指出,蓄电池最大充电功率决定了增程器发电功率的大小,并且认为蓄电池合理的放电深度(Depth of Discharge,DoD)是75%。程伟等人指出,插电式串联混合动力汽车蓄电池最大充电功率必须考虑增程器工作时车辆制动工况,即增程器输出功率与回馈制动功率都由蓄电池吸收。

鉴于增程器使用场景的灵活性与多样性,目前并没有统一的方法和标准用于确定增程器输出功率大小。Fraidl G K 等人指出,如果使增程器输出功率等于母线负载最大功率需求,将使增程器的体积、重量及成本增加,建议采用车辆以最高车速行驶时所需功率作为增程器额定功率,同时为确保极端情况下不出现功率不足的现象,利用 GPS 等信息对车辆负载需求功率作出预测,适时调整增程器功率输出大小,但并未给出具体的策略实现方法。Dong Tingting,Zhao Fuquan 指出,增程器额定功率可以按照满足以下两个条件来设计:①满足巡航车速下车辆需求功率,确保蓄电池 SOC 处于电量保持状态(Charge-Sustaining);②满足典型工况下车辆需求功率,确保蓄电池 SOC 处于电量保持状态。Xiaogang Wu 等人提出一种基于工况仿真结果来设计增程器额定功率的方法。但是以上设计基于仿真模型仿真结果来完成,并没有给出各部件参数的解析计算方法,无法获得各部件关键参数的极限值。周苏、李飞鸿等人采用巡航车速下驱动电机功率作为增程器额定功率的匹配方法,可以满足增程器设计要求,增程效果明显。周苏、牛继高等人选择保证车辆按某一车速匀速行驶时车辆所需功率作为增程器的净输出功率,并使增程器始终工作在其特性 MAP 图对应的高效、低排放区域。

综上所述,增程式电动汽车动力系统部件参数匹配设计的研究重点目前在于针对动力性、经济性的电机及传动系统、动力蓄电池以及增程器参数设计。其中,蓄电池的参数设计方法比较明确,而电机参数(主要是峰值功率、额定转速、峰值转速、最高转矩)的设计方法差异较大,同时未深入研究各参数配置对电动汽车动力性、经济性的影响。由于实际工作状态复杂多变,需要综合考虑工况功率需求、蓄电池状态、增程器工作性能等诸多因素,因而目前没有统一的增程器功率参数设计方法,国内外学者多处于探索阶段。

2. 动力系统建模及仿真研究现状

Powell B K 等人建立了内燃机增程式电动汽车动力系统关键部件动态模型。发动机建模时考虑节气阀质量流量、流出歧管的质量流量、发动机制动效应等；蓄电池建模时考虑欧姆内阻和极化内阻来描述电池端电压。使用励磁电流、发电机转速以及电压三者间的关系方程来描述三相同步电机输出电流值。Dong Tingting，Zhao Fuquan 等人在 PSAT(Power System Analysis Toolbox)软件中搭建了内燃机加发电机型增程式电动汽车动力系统模型，但是仅介绍了内燃机加发电机构成的增程器模型和动力蓄电池模型。其中内燃机采用发动机功率与比燃料消耗率曲线来模拟，发电机采用电机转矩/转速/效率 MAP 图来模拟；动力蓄电池采用带两个 RC 回路的等效电路模型来进行模拟。Song Ke，Zhang Jing 等人在 ADVISOR 软件环境中建立了某插拔式燃料电池增程式电动汽车动力系统模型，用于增程式电动汽车能量策略的开发以及动力性经济性评价。其中蓄电池模型采用经典的内阻模型，燃料电池采用功率/效率关系曲线来模拟，电机模型是基于电机转速/转矩/效率三者关系 MAP 图建立的 Look-up 查表模型。周苏、牛继高采用 Cruise/Simulink 联合仿真技术对内燃机增程式电动汽车动力性经济性进行研究。其中利用 Cruise 丰富的动力系统模型库建立动力系统模型，而在 Simulink 中建立该车的能量策略模型。

与此同时，众多学者对纯电动汽车、混合动力汽车的建模仿真技术做了大量的理论与实践工作。David Wenzhong Gao 指出，电动汽车是复杂的机电一体化系统，传统的基于试验和样机的开发方法费用高昂，时间周期长，而使用计算机仿真模型将缩短开发周期，提高开发效率；基于 Matlab/Simulink 的 ADVISOR 软件和 PSAT 软件主要采用稳态试验数据查表的方法建立部件模型库，从而无法进行更深入的系统动态特性仿真；键合图(Powen Bond Graph Method)中的因果设定规则能够用于推导系统动力学方程，该方法适用于电动汽车建模仿真。C. C. Chan 介绍了用于电动汽车、混合动力汽车能量管理研究的模型种类，并重点指出图形化建模方法，例如键合图法能够使用更直观的方式建立复杂的电动汽车模型。该方法的缺点在于使用者需要事先学习一套建模规则。

键合图在电动汽车及混合动力汽车动力系统建模中的应用研究主要包括系统部件建模及动力系统整体建模两方面。其中，廖连莹、王仲范等人利用键合图在电机物理简化模型的基础上建立了电动汽车永磁无刷直流电机模型。但电机的机电转化特性采用转化系数固定的回转器 GY 模拟，未考虑实际过程中电磁转矩及反电动势与电机转速的关系。同时该电机模型无法反映电机效率特性。Karnopp 建立了 Daniell 电池的键合图模型，从而将键合图拓展到电化学领域。赵兴福利用键合图建立包含散热系统的蓄电池模型，基于该模型推导了蓄电池状态方程，但未考虑电池内阻随电池电荷状态(SOC)变化而变化的特性。Thoma J 等人建立了铅酸电池的键合图模型，考虑恒温以及温度变化两种不同状态，但未考虑电池模块与周围环境之间的热交换问题。赵兴福等人使用键合图建立了镍锌电池的电化学模型以及热传导模型，二者可以很好地结合，充分体现了键合图在多物理领域复杂系统建模中的优势。宋珂等人采用了一种与以往基于等效电路模型建模方法不同的新方法，直接将电池的电化学转换过程以及热传递现象用等效的键合图基本图元来表示。Y. H. Hung 等人使用键合图建立了 PEMFC 动态模型，用于分析质子交换膜燃料电池动态特性，开发对应的燃料电池控制器，燃料电池键合图模型考虑了流体动力学、热传导以及电化学反应等多物理领域间的相互作用。Saisset R 等人指出，PEM 燃料电池是由多学科领域交叉的复杂系统，键合图利用功率流将各部分十分方便地统一起来，建立的键合图模型考虑了燃料电池电化学反应过程以及热交换过程。

在动力系统整体建模方面，Y. H. Hung 等人建立了燃料电池与蓄电池构成的混合动力助动车的动力系统键合图模型，但仅给出了动力蓄电池和燃料电池的简化模型，其中 BLDC 电机的键合图模型论述详细，但同样无法反映电机效率特性。Filippa M 等人建立了某混合动力电动汽车动力系统台架简化键合图模型，并利用该键合图模型推导系统的控制方程，最后的试验结果验证了利用键合图模型能够十分方便地建立复杂系统变量之间的数学关系，适用于系统动态特性分析与控制策略的设计。Lozano J 等人利用键合图能够方便建立不同物理领域系统模型的特点，建立了考虑电力、磁力以及机械多物理范畴的火车传动系统模型，并利用键合图模型修改方便的特点，对几种不同电机类型的驱动方法进行了比较研究。高海鸥、王仲范等人建立了丰田 Prius 混合动力汽车驱动系统简化键合图模型，包括发动机、发电机、电动机、行星齿轮机构、主减速器和差速器、车轮以及车身，利用该键合图模型推导系统状态方程，研究了 Prius 驱动系统动态特性。

目前，将键合图应用到电动汽车动力系统关键部件以及系统建模仿真方面的研究还较少。国内外学者建立的关键部件模型多处于探索阶段，所建立的电机模型仅部分反映机电转换特性，而未考虑电机部件的能量损耗(例如铁损等)，无法用于系统效率分析；所建立的燃料电池模型侧重描述内部电化学反应，未考虑车用环境下的氢气消耗量问题。但已有的应用实例都从方法论的角度表现出键合图理论的优越性，比如适合多物理领域复杂系统建模、模型修改方便、能够推导复杂系统状态方程等。

3. 增程式电动汽车能量管理策略研究现状

目前国内外针对增程式电动汽车的能量管理策略研究还处于起步阶段。其中，出现最多的是恒温器能量管理策略，其主要规则是使用蓄电池中的电能，设定一定的蓄电池 SOC 上下限值，SOC 到达下限值后增程器开启，以恒功率输出；当 SOC 到达上限时，增程器关闭。该策略的主要优点是规则简单可靠，增程器能够工作在设定的高效率及低排放区域。但不足在于，增程器产生的电能存在多次充放的现象，即从化学能转换为电能，随后再由电能转化为机械能，由此带来能量损失，降低了系统效率。

Dong Tingting，Zhao Fuquan 等人在内燃机增程式电动汽车上采用经典遗传算法(Genetic Algorithm，GA)优化设计的恒温器能量管理策略(Thermostat Strategy)，当 SOC 降至蓄电池 SOC 下限 SOC_l 时，增程器开启后输出恒定功率，直至蓄电池达到 SOC 上限

SOC_h 时关闭增程器。但在优化计算时仅针对 NEDC 工况进行优化，理论上所获得的优化参数并不适用于其他工况。周苏、牛继高等人使用恒温器能量管理策略控制内燃机增程器输出恒定功率，当增程器输出功率无法满足负载需要时，蓄电池提供辅助功率。宋珂等人在某型燃料电池增程式电动汽车上采用恒温器能量管理策略，并对 SOC 上下限等关键参数进行优化，但也仅针对 NEDC 工况进行控制参数优化。Ping Hu 等人采用三种不同类型的改良恒温器能量管理策略，提出三种不同的内燃机增程器工作策略，即：增程器工作在某一较高功率输出点；增程器在三个工作点之间转换；增程器按照设定的工作点曲线工作。比较结果发现，三种策略的纯电动续驶里程差异不大，第二种策略的二氧化碳排放和燃油消耗量要优于其他两种策略，但电能消耗量最高。

长期以来，因为能量管理策略是混合动力汽车关键技术之一，国内外学者在这方面已经做了大量的工作，可以为增程式电动汽车能量管理策略的设计提供参考。这些混合动力汽车能量管理策略归纳起来可以分为两大类：基于规则的能量管理策略和基于优化方法的能量管理策略，具体分类如图 1-16 所示。

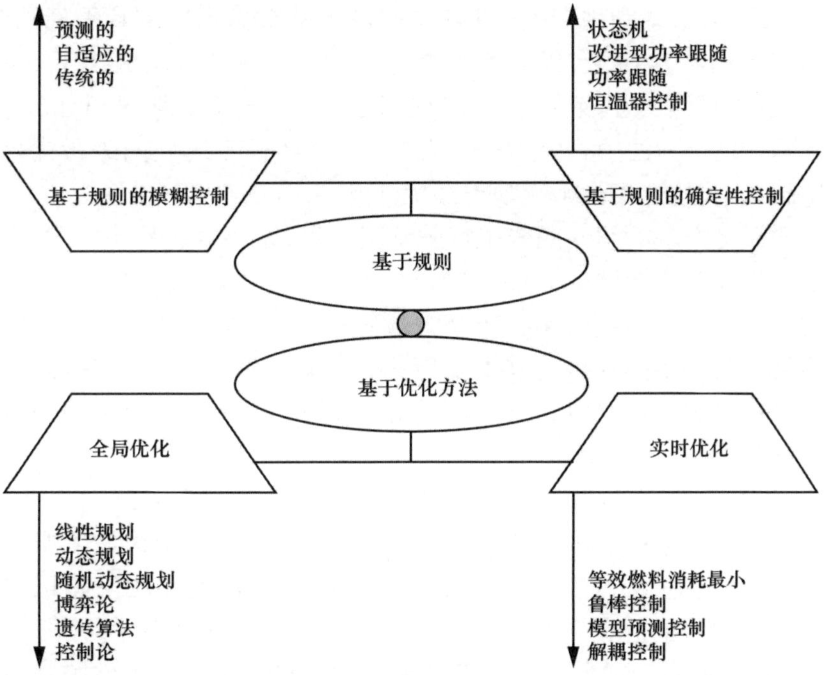

图 1-16 混合动力能量管理策略方法分类

其中，基于规则的能量管理策略来源于直觉和经验，通常不需要预先知道对未来的运行工况。基于规则的能量管理策略又可以进一步分为静态逻辑门限策略(Deterministic Rule-Based Method)和模糊规则策略(Fuzzy Rule-Based Methods)。静态逻辑门限策略简单实用，为现有混合动力汽车广泛使用，但是无法实现需求功率在不同能量源之间的优化分配,不能充分发挥动力系统的动力性与经济性。模糊规则策略的主要优点在于策略的稳健性,即控制规则的输入是一个范围,而非某一精确的数值点;同时模糊规则的参数能够十分方便地根据需要进行调整;不足的是,模糊规则控制参数的建立多利用经验,对其进行的优化往往针对特定工况,优化所得控制参数对其他工况的控制效果将降低。

基于优化方法的能量管理策略往往通过计算一个表征燃油消耗或排放的成本函数的最小值来确定功率变换器的最优转矩和最优传动比。如果优化过程针对一个确定的工况,则可以找到全局最优解(Global Optimization)。但寻找全局最优解的前提是预先知晓行驶工况信息。如果定义一个瞬时成本函数,那么便可以设计实时优化(Real-Time Optimization)能量控制策略。E. D. Tate 和 Boyd(1998)将燃料效率的优化问题转化为一个非线性凸函数优化问题,最终用大量的线性规划来近似求解。动态规划(Dynamic Programming,DP)是解决动态最优化问题的强有力工具,它能够很方便地处理寻优过程中出现的约束问题和非线性问题,因此,DP 在混合动力汽车功率最优分配问题上具有很强的适用性。Lin 等人将 DP 技术运用到混合动力卡车能量管理问题中,在一个行驶工况中使得成本函数最小化,并利用 DP 方法获取的最优解来指导制定基于规则的控制策略。但是动态规划方法的不足在于,需要预先知道行驶工况信息,无法用于实际车辆使用。Lin C C 等人从随机的观点出发,将能量管理问题表述为一个无限维(Infinite-Horizon)随机动态优化问题。在该方法中,能量管理策略在一个随机工况族内进行优化。为了获得一个时不变控制策略,构造了一个无限维最优问题,并用随机 DP 求解。

考虑到全局最优方法必须使用未来行驶工况信息,无法直接用于实时操作,因而引入综合考虑燃料消耗和蓄电池储能元件能量变化的瞬时成本函数,即构建出能够用于实际车辆运行的实时优化能量控制策略。所谓等效能量消耗,是将当前蓄电池能量变化消耗的电能等效为将来时刻由内燃机给其充电所需燃料量。因为部件的使用情况未知,所以计算等效燃料消耗量的一个有效的方法是采用部件平均效率(如电池平均充电效率、发电机平均功率效率等)。

除此之外,一些改进的能量管理策略也不断出现。Pisu 等人提出一种解耦控制策略,在确保驾驶员功率需求和满足 SOC 条件情况下获得更好的驾驶性能。通过引入的解耦方法,控制器输出包括三部分:第一部分通过最小燃料消耗法来满足驾驶员功率需求;第二部分用于控制电池 SOC;第三部分使用一个增益调度无限维空间(Gain Scheduled Infinite Horizon)线性二次型调整器来控制驾驶性能。优化控制中考虑换挡平顺性、振动等问题,具有一定创新性,但是该策略还处于初级阶段。舒红等人将动态规划与模型预测控制结合起来,将动态规划得到的 SOC 变化曲线作为模型预测控制策略中的参考 SOC 曲线,同时利用从 GPS/GIS 获取的未来行驶信息对理论 SOC 参考轨迹进行修正。仿真结果表明,该控制方法得到的经济性控制效果与全局优化控制策略的控制效果接近。

4. 硬件在环仿真试验技术研究现状

硬件在环(Hardware-in-the-Loop)仿真试验技术是从纯粹的软件仿真技术演化而来的一种先进开发手段。电动汽车及混合动力汽车上的控制器以及控制策略日益复杂，完全依靠实物试验开发方法能够获得最真实的测试结果，但是会耗费更多的资金和时间。而单纯依靠软件模型仿真往往又无法获得足够的可信度。由此应运而生的是将部分实际被控对象或系统部件用计算机实时仿真模型来代替，而控制系统采用实物(即硬件)，通过一定的I/O软硬件设备将实时仿真模型与控制器实物连接成为一个硬件在环仿真系统，通过该系统对控制系统的可靠性、控制策略的有效性以及控制效果进行验证评估。

对国内外90余篇硬件在环技术在汽车开发中进行应用的相关学术论文进行统计分析发现，该技术的应用主要集中在动力系统电控单元开发、车辆牵引力控制策略验证、混合动力汽车能量管理控制策略验证、车载通信协议验证等方面。其中，主流硬件在环技术的软硬件平台包括：德国dSPACE公司开发的dSPACE系统，德国ETAS公司开发的Labcar系统，美国MathWorks公司开发的针对硬件在环技术的xPC软件包，以及美国NI公司开发的LabVIEW RT系统。这些国外先进硬件在环仿真软硬件平台能够提供较高的精度和系统可靠性，但是价格高昂。

在以上提到的面向汽车开发的硬件在环软硬件技术平台中，通用架构是在Matlab/Simulink以及AMESim，Cruise，Dymola等软件建模环境中搭建仿真模型，然后编译下载到对应的仿真模拟器中，同时在上位机中利用专门的GUI(Graphic User Interface)软件建立观测界面，完成仿真试验的启停操作及试验数据显示记录。

利用键合图模型进行硬件在环仿真试验的途径有两条：其一是首先搭建系统键合图模型，然后从键合图模型出发推导系统的状态方程，利用状态方程在通用建模软件中建立仿真模型(例如Matlab/Simulink)，最后利用通用软件中的仿真模型来建立硬件在环仿真系统；其二是直接基于键合图模型(软件环境)建立硬件在环仿真系统。第一种方法增加了模型转换中间环节，适合于没有第二种方法架构条件的情况。第二种方法直接方便，充分利用了键合图建模理论的优点。目前公开应用的直接基于键合图模型的硬件在环仿真平台较少，其代表有荷兰Controllab公司开发的20-sim、20-sim 4C软硬件平台以及Dymola软件提供的Bond Graph Library模型库。这些软硬件平台提供了直接从键合图模型到代码编译、下载、运行以及观测这一完整的硬件在环试验环境，这样就为充分利用键合图建模理论方法的高效、直观、多物理领域统一建模等优点提供了可能。荷兰Twente大学Jan F. Broenik教授团队在直接基于键合图模型硬件在环仿真技术方面进行了探索研究，但多局限于小的嵌入式演示系统，未应用于电动汽车动力系统这样相对复杂的机电一体化系统。在我国，键合图理论的研究工作主要集中在机械系统动力学建模仿真，未见应用于硬件在环仿真试验。

5．动力系统开发流程及方法研究现状

增程式电动汽车作为目前电动汽车领域研究的新热点，有关其动力系统开发流程及方法论方面的公开文献较少。现有文献多针对增程式电动汽车动力系统开发过程中的某一关键部件或某一技术环节进行研究，例如对动力系统参数选型与匹配设计、增程器选型与设计开发或能量管理策略设计等进行研究，但并未给出增程式电动汽车动力系统完整的通用开发流程及方法。Leon Zhou，Jeff Waldner，Zuoming Dong 等人将增程式电动汽车的整个开发流程分为车辆性能需求分析，基于模型的选型匹配验证，基于模型在环(Model-in-Loop)、软件在环(Software-in-Loop)以及硬件在环的设计验证三部分。

在传统混合动力汽车、燃料电池汽车以及纯电动汽车动力系统开发方面，国内外相关科研机构和整车厂做了大量的工作。整车厂往往从自身所熟悉的传统汽车开发方法出发，形成具有自身核心技术的开发流程及方法，相关公开发表的文献较少。而科研机构一般关注电动汽车动力系统中某一部件或关键技术点的研究工作，关于动力总成本身的开发流程和方法报道较少。Beste F 等人指出，传统汽车动力系统开发是基于确定的部件完成操作策略的优化，而电驱动汽车动力系统开发流程或与此相反，即在电驱动动力总成设计初期增加一个概念设计环节(Configuration Phase)，从一开始就结合电动汽车的运行策略(Operation Strategies)来设计各关键部件的参数。同济大学钱劲等人提出一种动力系统集成设计方法，即首先根据整车设计要求制定动力系统方案，包括初步的系统部件选型、参数匹配、系统运行控制功能及策略，然后在备选零件库中挑选接近设计值的零部件进行匹配集成，然后完成零部件的布置设计及校验，最终获得产品设计方案，整个流程如图 1-17 所示。但提出的这种顺序的设计方法未强调各个环节之间可能存在的设计反复，同时未给出台架试验及实车试验在整个开发过程中所处位置，以及它们与其他开发环节之间的关系。

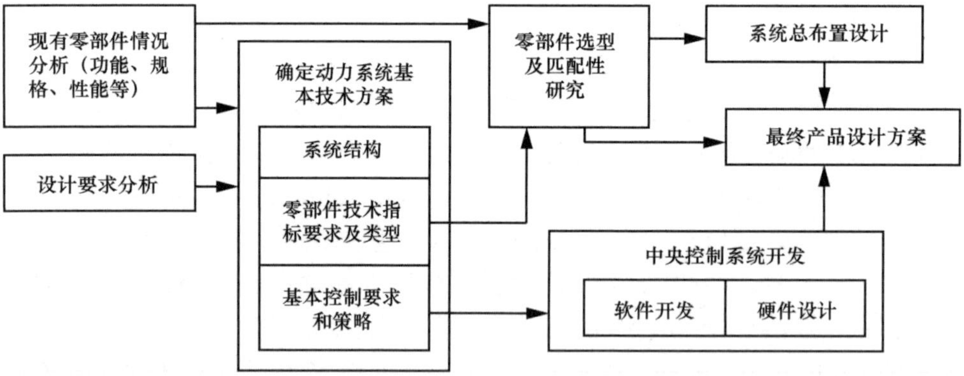

图 1-17　燃料电池汽车动力系统集成设计流程

1.4 增程式电动汽车研究的意义

近年来，增程式电动汽车迅速成为电动汽车领域的研究热点，主要原因有：①增程器作为车载发电装置能够克服蓄电池纯电动汽车一次充电续驶里程短的不足，同时汽油或氢气的补给速度远快于蓄电池充电速度，燃料补给更加快速。②城市用户的每日驾车行驶里程通常不超过 60km，完全可以将增程式电动汽车的纯电动续驶里程设计为满足用户日常短距离需要，从而减少蓄电池用量，降低成本。③因为是以动力蓄电池作为主要能量源，所以可以选取较小功率的增程器。对燃料电池增程式电动汽车而言，这样有利于降低车辆制造成本，促进其商业化。同时增程式电动汽车大多数时间仅用蓄电池提供能量，增程器可以不工作，对内燃机加发电机型增程式电动汽车而言，这样可以进一步降低对石油资源的依赖，减少二氧化碳排放。

为紧跟国际电动汽车领域研发新动向，在某燃料电池增程式电动汽车动力系统开发项目的支持下，我们编写了本书。其主要目的在于介绍增程式电动汽车动力系统的结构特点，对增程式电动汽车动力系统部件参数匹配方法及流程进行探索，较深入地介绍键合图理论在增程式电动汽车动力系统建模中的应用，在所建立的动力系统模型基础上设计开发多种面向应用的增程式电动汽车能量管理策略，利用离线仿真与硬件在环试验相结合的方法验证评价各能量管理策略的控制效果，最终构建一套完整的增程式电动汽车动力系统设计开发流程及方法，为增程式电动汽车动力系统的设计与开发提供理论支持。

第 2 章　增程式电动汽车动力系统参数匹配设计方法研究

动力系统部件参数匹配设计是增程式电动汽车动力系统开发过程中的首要技术环节，部件参数设计匹配是否合理将直接决定整车开发要求能否达标。增程式电动汽车不同于纯电动汽车和传统混合动力汽车的动力系统结构特点，决定了其设计过程不仅需要考虑纯电动汽车基础部分各主要部件参数匹配，而且需要综合考虑增程器技术参数与整车动力系统部分的合理结合。本章对包括动力蓄电池、驱动电机及传动系、增程器单元等关键部件在内的增程式电动汽车动力系统参数匹配设计流程及方法进行深入研究，完成所研究燃料电池增程式电动汽车动力系统主要部件参数匹配设计，验证所提出方法的有效性与可行性。

2.1　增程式电动汽车动力系统参数匹配设计流程及方法

通过综合考虑技术水平、成本、使用工况等方面的因素选定增程式纯电驱动电动汽车动力系统类型后，才能对动力系统所包含的关键零部件参数进行匹配。只有对动力系统各关键部件参数进行合理的设计匹配，才能最终获得期望的汽车性能(最高车速、爬坡性能、加速性能、纯电动续驶里程等)。

增程式电动汽车动力系统参数匹配的目的是通过合理的计算与分析，确定动力系统各主要部件的关键参数，使得车辆达到预先设定的动力性及经济性指标。随着现代汽车设计理论及设计技术的不断发展，增程式电动汽车动力系统参数匹配设计可以分为以下几个步骤：①基于汽车动力学理论的部件参数静态匹配；②基于计算机仿真技术的准动态、动态参数匹配校核；③基于计算机仿真技术及优化设计理论的部件参数优化设计。按照设计步骤，设计对象的精度和性能得到不断提升，但是所需工作量及设计方法的难度也不断增加。其中，步骤①和步骤②是增程式电动汽车动力系统参数匹配设计的基本流程，步骤③可由设计者根据实际需要进行取舍。

2.1.1　基于汽车动力学理论的部件参数静态匹配

基于汽车动力学理论的部件参数匹配主要依据汽车理论中驱动力与阻力平衡、驱动功率与阻力功率平衡两个动力学平衡关系来确定动力系统主要部件的参数大小，以满足加速性、爬坡性、最高车速等动力性要求，公式(2-1)、公式(2-2)为驱动力阻力平衡公式和驱动功率阻力功率平衡公式，使用的是牛顿第二定律的基本公式，没有考虑动力蓄电池、燃料电池等的电化学、热动力学响应问题，因而认为这部分工作是静态匹配。与传统内燃机汽车所不同的是，增程式电动汽车增加了电机、动力蓄电池、功率转换器等电气设备，因而除考虑传统部件之间的功率平衡、力平衡关系之外，还必须考虑各电气设备之间的电压平衡、电流平衡关系。

$$m\frac{\mathrm{d}v}{\mathrm{d}t}=F_{\mathrm{t}}-F_{\mathrm{r}}-F_{\mathrm{W}}-F_{\mathrm{g}} \tag{2-1}$$

$$P=\frac{1}{\eta_{\mathrm{T}}}\left(\frac{mgf\cos\alpha}{3\,600}v_{\mathrm{a}}+\frac{mg\sin\alpha}{3\,600}v_{\mathrm{a}}+\frac{C_{\mathrm{D}}A}{76\,140}v_{\mathrm{a}}^{3}+\frac{\delta mv_{\mathrm{a}}}{3\,600}\cdot\frac{\mathrm{d}v}{\mathrm{d}t}\right) \tag{2-2}$$

式中，F_{t} 为驱动力(N)；F_{r} 为滚动阻力(N)；F_{w} 为空气阻力(N)；F_{g} 为坡道阻力(N)；P 为电机输出功率(kW)；η_{T} 为从电动机输出轴至驱动车轮的机械传动效率；m 为整车质量(kg)；g 为重力加速度(N · m/kg)；f 为滚动阻力系数；α 为车辆行驶坡度角；v_{a} 为车速(km/h)；C_{D} 为空气阻力系数；A 为迎风面积(m^2)；δ 为汽车旋转质量转换系数，$\delta>1$；$\frac{\mathrm{d}v}{\mathrm{d}t}$为汽车加速度($\mathrm{m/s^2}$)。

对于增程式电动汽车来说，汽车性能指标除了通常的最高行驶车速、加速时间以及爬坡性能以外，还需要保证一定的纯电动续驶里程(动力蓄电池满充后，增程器首次开启前车辆按纯电动模式所能行驶的里程数)。纯电动续驶里程的多少，决定了增程式电动汽车零排放能力以及替代车载化石燃料的能力。

2.1.2　基于计算机仿真技术的准动态、动态参数匹配校核

基于汽车动力学理论的动力系统静态参数计算为增程式电动汽车满足一定的动力性要求选定了部件参数。但是局限性在于：工况运行情况下动力系统各部件之间的相互作用关系无法获知；未考虑控制策略和控制参数对系统性能的影响；未考虑某些部件的动态响应特点，如电机动态效率、动力蓄电池电流电压动态特性、燃料电池电化学及热动力学响应特性等。因此，可能存在匹配不当的情况。

例如：匹配设计电机需求功率 P_{motor} 由动力蓄电池 P_{battery} 和燃料电池增程器 $P_{\mathrm{RE\_fuelcell}}$ 共同提供，见公式(2-3)。如果动力蓄电池和燃料电池增程器分别能够按照设计要求输出功率，电机便能够以功率 P_{motor} 驱动车辆运行(如加速行驶)。但在实际情况下，因为燃料电池增程器在某些情况下动态响应比较缓慢，会出现实际输出功率小于期望功率的情况，如果此时动力蓄电池无法提供功率缺口，那么电机实际工作功率将小于期望功率，见公式(2-4)、公式(2-5)，最终导致期望动力性能无法满足。

$$P_{\mathrm{motor}}=P_{\mathrm{battery}}+P_{\mathrm{RE\_fuelcell}} \tag{2-3}$$

$$P_{\mathrm{RE\_fuelcell\_ist}}<P_{\mathrm{RE\_fuelcell}} \tag{2-4}$$

$$P_{\mathrm{motor\_ist}}<P_{\mathrm{motor}} \tag{2-5}$$

鉴于静态匹配存在的不足,在增程式电动汽车动力系统开发过程中,有必要在动力系统关键部件参数匹配设计的时候考虑某些部件的动态响应特性,主要是具有电化学特性的部件,对可能出现的功率输出迟滞、动态特性波动进行参数修正。目前有效的方法是借助计算机软件建模仿真,目的是在仿真软件环境下搭建整车动力系统模型(包括其他关键总成),然后选取典型运行工况,通过典型工况仿真结果来评价前阶段所选动力系统部件参数能否使车辆获得预期的各项性能。仿真软件这一工具使开发者能对不同的参数方案的效果做出迅速的评价,并且这种评价既可以是针对某个单一部件的,也可以是针对系统总成的。如果校核结果满足设计要求,则进入下一步设计阶段;否则,须重新设计相关部件及总成参数。计算机仿真技术主要由车辆参数、动力系统部件、仿真工况、仿真软件、操作者和仿真结果六部分组成,如图 2-1 所示。其中,车辆参数包含待开发车辆的基本参数设置,动力系统部件定义动力系统关键组成部件及参数值,确定部件及总成的参数后,选定仿真工况。仿真软件平台指电动汽车开发仿真工程软件,硬件平台即使用的计算机或工作站。仿真软硬件平台是电动汽车仿真开发执行的载体。操作者是仿真开发行为的执行者,负责输入变量的调整以及有针对性地设定研究对象和仿真结果输出。通过对最终仿真结果的分析,可以对电动汽车、混合动力汽车的动力系统拓扑结构进行评价,验证各部件参数设计是否能满足动力性、经济性开发目标的要求。与此同时,借助计算机软件仿真平台可以对不同的控制策略进行开发和评估。

目前常用的电动汽车动力系统设计仿真软件有:ADVISOR(Advanced Vehicle Simulator), AMESim, Autonomie, AVL-Cruise, Dymola, PSAT(Powertrain System Analysis Toolkit),GT-Power,CarSim 等。传统的仿真软件是建立基于数学方程(状态方程、传递函数等)的仿真模型。这种方法有两个比较大的制约:①需要预先列写系统的数学方程;②对于复杂的数学方程,在软件中搭建模型框图非常复杂(如 Matlab/Simulink),并且模型修改相当繁琐,往往“牵一发而动全身”。

现代动力学系统建模仿真软件技术发展的趋势是零部件模型模块化,利用模块(模型)组装的方式更快地建立准确的系统模型。在单一软件平台环境下建立所有部件的精确模型往往工作量较大(有时还需要通过大量的物理实验获取必要的模型参数),因而可以利用通用接口定义连接不同软件平台下的零部件模型,充分发挥其各自的优势,快速建立精确的动力系统或整车模型。该方法的突出优点是:①打破各软件平台之间的限制,使模块化模型通用性提高;②动力系统建模速度快,并且能够根据需要选择不同精度的模型,以调整仿真计算所需时间;③实现某些在单一软件平台下无法实现的仿真研究,例如以往道路工况模拟仿真都是针对直线行驶的工况,忽略弯道行驶对汽车燃油经济性的影响。如果将 Autonomie 中建立的动力系统模型与 CarSim 中建立的车辆动力学模块进行联合仿真,CarSim 的车辆转向控制功能使车辆按直线或曲线运行,从而研究弯道行驶对汽车燃油经济性的影响。Autonomie 多软件联合仿真如图 2-2 所示。

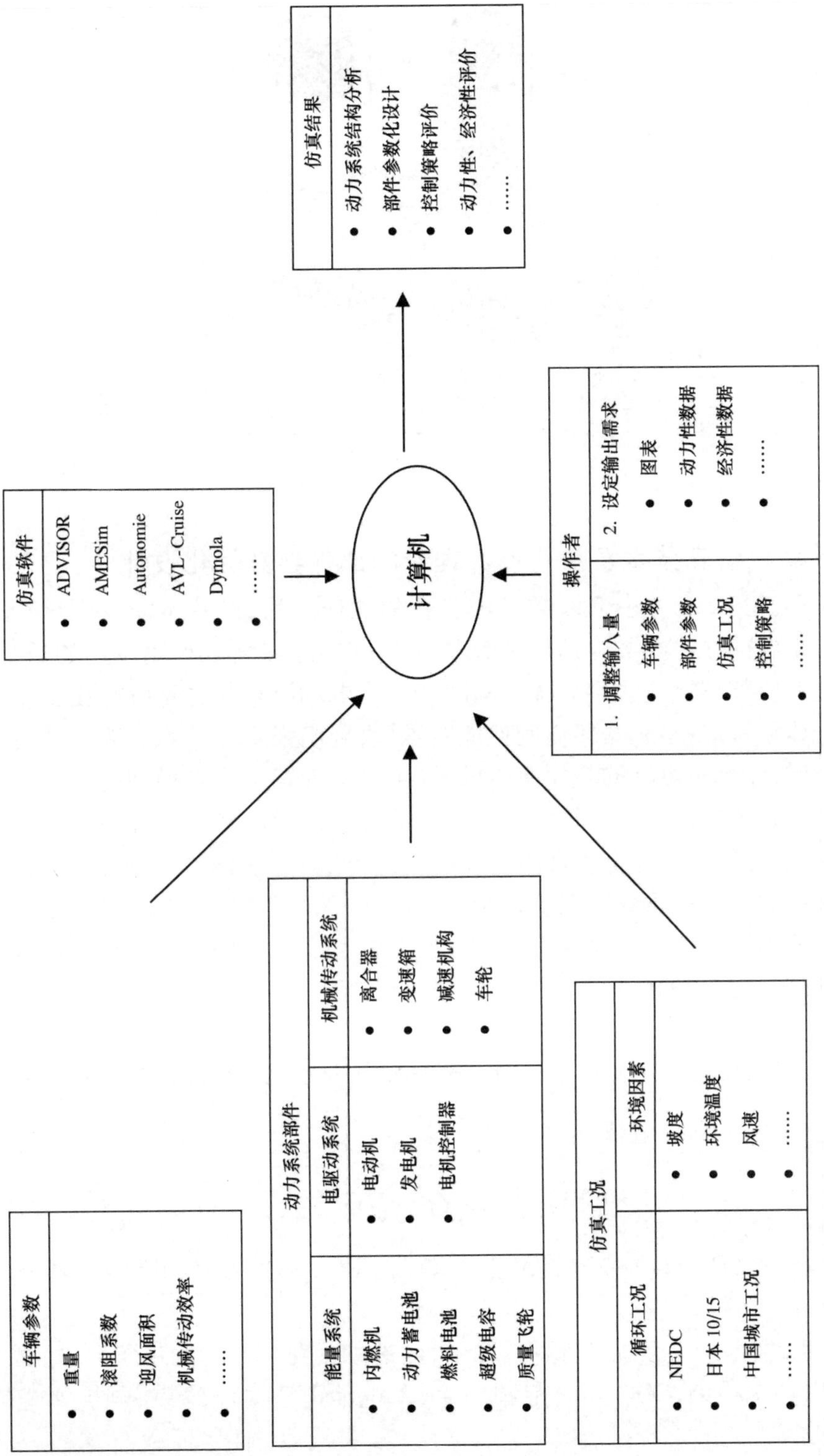

图 2-1　计算机仿真技术组成

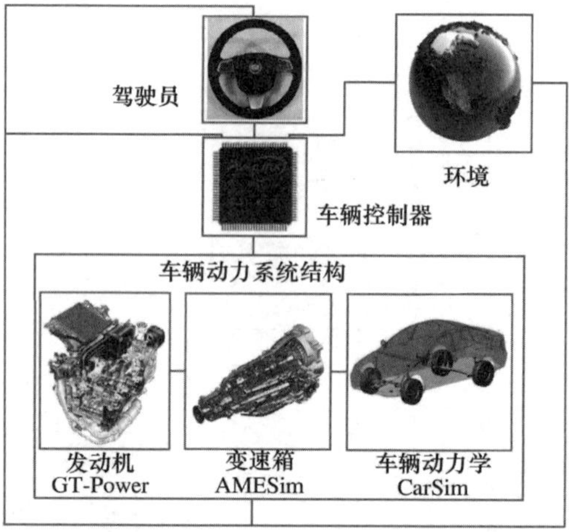

图 2-2 Autonomie 多软件联合仿真

2.1.3 基于计算机仿真技术及优化设计理论的部件参数优化设计

通过 2.1.1 小节和 2.1.2 小节参数匹配步骤的操作之后，已基本能确定增程式电动汽车动力系统各主要部件的参数。这时的元件参数虽然能够满足车辆设计的目标要求，但是并不一定能够使整车性能达到最优。同时增程式电动汽车动力系统是由多个部件组成的复杂机电一体化系统，各元器件之间性能各异，表现出强耦合关系。为了使各部件能够更好地协调工作，发挥出更好的整体集成效果，可以在计算机仿真模型的基础上借助优化设计算法对动力系统部件参数进行优化设计。动力系统参数优化设计不仅与动力系统元件的参数有关，而且取决于能量管理策略和车辆运行工况。故从严格意义上讲，动力系统参数优化必须针对特定的能量管理策略和车辆运行工况来进行。本书对动力系统部件参数优化设计问题不展开讨论，而将在第 4 章燃料电池增程式电动汽车能量管理策略研究中针对能量管理策略参数优化设计问题做详细的探讨。动力系统优化设计主要内容包括：

(1) 确定优化目标函数，如以满足动力性要求作为前提，以燃油消耗量最小为优化目标构建目标函数：

$$\min E = \int_0^t \frac{P_{\text{eng}}(t)}{\eta_{\text{eng}}(P_{\text{eng}}(t))} \mathrm{d}t \tag{2-6}$$

式中，E 为燃油消耗量；$P_{\text{eng}}(t)$为发动机输出功率；$\eta_{\text{neg}}(P_{\text{eng}}(t))$为发动机输出功率 $j\eta_{\text{eng}}$ 在 $P_{\text{eng}}(t)$时的效率。

(2) 约束条件，根据动力系统各部件实际特性，选取优化问题的约束条件，如功率平衡约束、发动机输出功率约束、SOC 变化范围约束、蓄电池电压电流约束、电机转矩转速约束等。

(3) 选定能量管理策略和运行工况。

(4) 建立计算机仿真模型(车辆模型、策略模型、工况模型等),确定优化设计变量,编制优化求解算法。

通常,动力系统参数优化设计流程如图 2-3 所示。

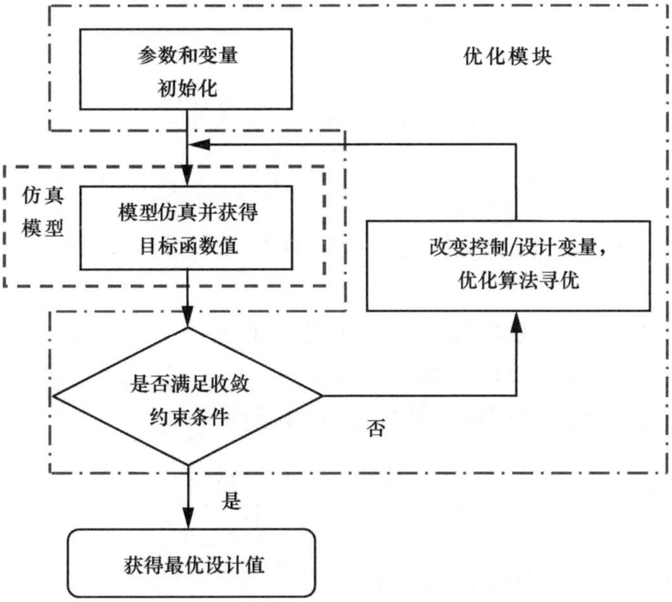

图 2-3 动力系统参数优化设计流程

2.2 基于汽车动力学理论的增程式电动汽车动力系统参数静态匹配

增程式电动汽车参数初步匹配的原则是针对给定的车型、目标工况和基本控制策略,在保证整车动力性要求和纯电动行驶里程的情况下,以燃油经济性为设计目标,同时使系统成本尽量小。对于各种不同拓扑结构的增程式纯电驱动电动汽车动力系统,可以认为,纯电动汽车基础部分的电机、动力蓄电池、变速箱/减速器的设计方法是完全相同的。而对于不同形式的增程器单元(蓄电池型、内燃机+发电机型、燃料电池发动机型),需要根据各自输入输出特性来进行合理匹配设计。

2.2.1 驱动电机及传动系参数设计

图 2-4 给出典型的电动汽车用驱动电机的转速/转矩特性曲线。转速低于额定转速 N_e 时,电机具有恒转矩特性;位于 N_e 和最高转速 N_{max} 之间时,电机具有恒功率特性。定义 N_{max} 和 N_e 之比为电机扩大恒功率区系数 k。以此特性为基础,电动机设计选取时考虑的主要参数包括峰值功率、额定功率、峰值转矩、额定转速、最高转速等。

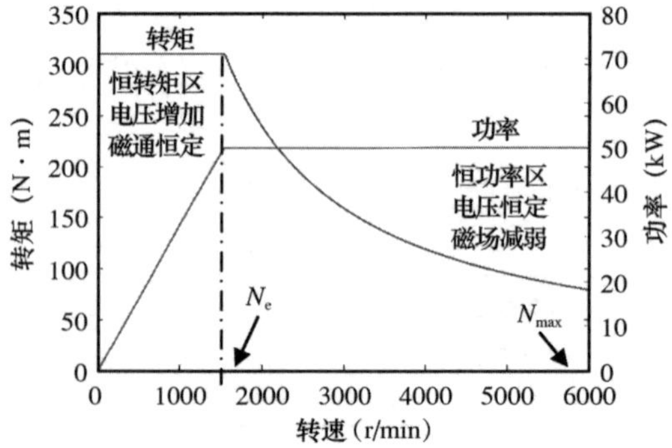

图 2-4　典型电机转速/转矩特性曲线

鉴于扩大恒功率区系数 k 对整车动力性能具有重要影响，同时国内外相关研究报道较少，以下对其进行深入研究探讨。

2.2.1.1　电机扩大恒功率区系数对整车动力性能的影响

1. 满足车辆加速性能要求的电机功率求取

由汽车驱动阻力平衡公式可将爬坡坡度角表示为

$$\alpha=\arcsin\frac{D-f_{\rm r}\sqrt{1-D^2+f_{\rm r}^2}}{1+f_{\rm f}^2} \tag{2-7}$$

其中，$f_{\rm r}$ 为滚动阻力系数，动力因数 D 表示为

$$D=\frac{F_{\rm t}-F_{\rm w}}{Mg}=\frac{\dfrac{T_{\max}i_0 i_{\rm g}\eta_{\rm t}}{r_{\rm d}}-0.5\rho C_{\rm D}Av^2}{Mg} \tag{2-8}$$

式中，$F_{\rm t}$ 为驱动轮上的驱动力(N)；$F_{\rm w}$ 为空气阻力(N)；v 为车速(m/s)；M 为车辆质量(kg)；i_0、$i_{\rm g}$ 分别为主减速比和变速器传动比；$\eta_{\rm T}$ 为电机输出轴到驱动轮之间传动系的机械传动效率；$r_{\rm d}$ 为驱动轮半径(m)；ρ 为空气密度$(\rm N\cdot s^2\cdot m^{-4})$；$C_{\rm D}$ 为空气阻力系数；A 为迎风面积$(\rm m^2)$。

由电机特性和 k 系数定义可将电机峰值转矩 $T_{\max}$ 表示为

$$T_{\max}=\frac{30P_{\rm m}\cdot k}{\pi N_{\max}} \tag{2-9}$$

式中，$P_{\rm m}$ 为电机驱动功率(W)。

由公式(2-7)～公式(2-9)可知，坡度角 α 是电机系数的函数。

从静止加速到某一较高车速 $v_{\rm f}$(m/s)所需时间 $t_{\rm a}$(s)可以表示为

$$t_{\rm a}=\int_0^{v_{\rm e}}\frac{M\delta\,{\rm d}v}{\dfrac{P_{\rm m}\eta_{\rm T}}{v_{\rm e}}-Mgf_{\rm r}-0.5\rho C_{\rm D}Av^2}+\int_{v_{\rm e}}^{v_{\rm f}}\frac{M\delta\,{\rm d}v}{\dfrac{P_{\rm m}\eta_{\rm T}}{v}-Mgf_{\rm r}-0.5\rho C_{\rm D}Av^2} \tag{2-10}$$

式中，δ 为旋转质量转换系数，v_e 为电机额定转速所对应的车速(m/s)：

$$v_e=\frac{N_e}{i_0 i_g}\frac{2\pi}{60}r_d \tag{2-11}$$

公式(2-10)是 P_m 和 v_e 的超越方程，对于某给定加速时间 t_a，可以确定满足加速性能约束条件的 P_m 和 v_e。要获得公式(2-10)的解析解非常困难，通常用数值解法求解。Ehsani M 等人给出近似公式(2-12)用来计算车辆加速运动时所需电机驱动功率。

$$P_t=\frac{M\delta}{2t_a}(v_f^2+v_e^2)+\frac{2}{3}Mgf_r v_f+\frac{1}{5}\rho C_D A v_f^3 \tag{2-12}$$

Ehsani M 等人假设车辆速度和加速时间之间是二次幂关系公式(2-13)，代入滚动阻力和空气阻力平均消耗公式(2-14)求得公式(2-12)中后面两项，即克服滚动阻力和空气阻力所需功率。本书研究发现，利用数值解法求解公式(2-10)获得的加速所需电机功率值 P_m 大于公式(2-12)计算得出的电机功率值 P_t。假设 $k=4$，利用表 2-1 中给出的性能指标代入公式(2-12)求得电机功率为 87.82kW(79.046kW/0.9)，用 Matlab 的 quad 和 fzero 函数求解公式(2-10)得到的电机功率为88.159kW。二者的差异在于实际车辆速度和加速时间之间更接近三次幂函数关系[公式(2-15)]，其中 a_1, a_2, a_3, a_4 为常系数，由整车参数和加速性能要求决定。

$$v=v_f\sqrt{\frac{t}{t_a}},\ t=\frac{t_a}{v_f^2}v^2 \tag{2-13}$$

$$\bar{P}_r=\frac{1}{t_a}\int_0^{t_a}(Mgf_r v+0.5\rho C_D A v^3)\mathrm{d}t \tag{2-14}$$

$$t=\frac{t_a}{v_f^2}(a_1 v^3+a_2 v^2+a_3 v+a_4) \tag{2-15}$$

$$t=\frac{10}{100^2}(6.68\times10^{-3}v^3-0.2847v^2+60.91v+17.51) \tag{2-16}$$

表 2-1　　计算时所用车辆参数值

$t_a=10$s	$M=1500$kg	$f_r=0.012$
$C_D=0.3$	$A=2$m^2	$\delta=1.1$
$v_{max}=150$km/h	$v_f=100$km/h	$N_{max}=6000$r/min
$\rho=1.2258$N·s^2·m^{-4}	$r_d=0.2768$m (165/60 R14)	$\eta_T=0.9$
$i_0 i_g=4.17$		

由公式(2-16)求得电机功率为 88.159kW，其他参数同表 2-1 条件下的车辆加速时间和车速关系，如图 2-5 所示。其中，方形点线表示用数值方法获取的数据点（车速、加速时间），实线为三次幂函数拟合曲线，点圆线表示 Ehsani M 等人推荐的车速/加速度二次幂函数关系。从图中可以明显看出，三次幂函数关系能更好地反映实际车速与加速时间之间的关系。

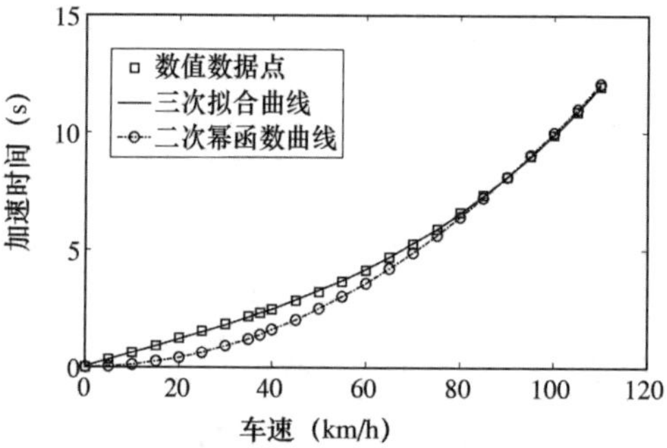

图 2-5　车速与加速时间关系

2. 电机最高转速 N_{max} 和车辆 0～100km/h 加速时间要求一定时，k 系数对所需电机驱动功率及车辆动力性能的影响

假设车辆 0～100km/h 加速时间要求是 10s，电机最高转速对应最高车速 v_{max}，可由不同的 k 系数和表 2-1 中参数求得对应额定车速 v_e，然后利用公式(2-9)和公式(2-10)求得所需电机驱动功率 P_m 和峰值转矩 T_m，结果见表 2-2。图 2-6 是不同 k 值对应的电机转速/转矩特性曲线。图 2-7 是由表 2-2 中结果绘制得到的电机转速/功率包络线以及车辆行驶阻力功率曲线。从中可以看出，电机最高转速一定时（即传动系速比确定），存在一条满足一定 0～100km/h 加速时间要求的电机转速/功率包络线。位于该包络线上方的点，0～100km/h加速时间比设定值短；位于该包络线下方的点，0～100km/h加速时间比设定值长。落于该包络线上的点，0～100km/h 加速时间相同。随 k 系数增大，所需电机峰值功率减小，但电机功率上升速率加快，对应的电机峰值转矩增大，车辆爬坡能力提高，低速区段加速能力增强，高速区段加速能力减弱。当 $k>5$ 后，这种所需电机功率降低的趋势不再明显，而峰值转矩增加的趋势依旧。

表 2-2　10s 加速时间要求下不同 k 值所需的电机峰值功率和峰值转矩

k	2	3	4	5	6	7	8
N_e(r/min)	3000	2000	1500	1200	1000	857	750
P_m(kW)	117.4	95.1	87.5	84	82.2	81.1	80.4
T_m(N·m)	374	453.9	556.9	668.8	784.9	903.6	1023.4

3. 电机驱动功率 P_m 和最高转速 N_{max} 一定时，k 系数对车辆动力性能的影响

由公式(2-9)和 k 系数定义得到不同 k 系数情况下电机转速/转矩特性曲线（假设电机驱动功率 60kW，其他参数同表 2-1），如图 2-8 所示。图 2-9 给出了 $k=2$ 和 $k=8$ 两种情况下的车速/电机功率特性曲线与车辆行驶阻力功率曲线的关系。从中可以看出，电机驱动功率和最高转速一定时，k 系数越大的电机额定转速越低，电机功率上升速率越快，从而电机对应峰值转矩更大，后备功率充足，有利于增强车辆的加速性能和爬坡能力。

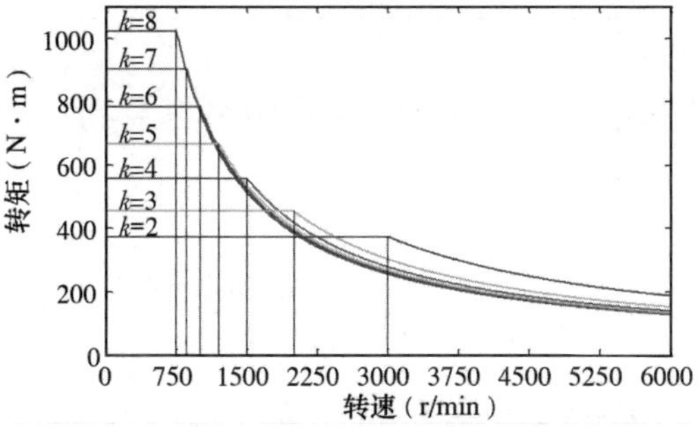

图 2-6　不同 k 值电机的转速/转矩特性曲线

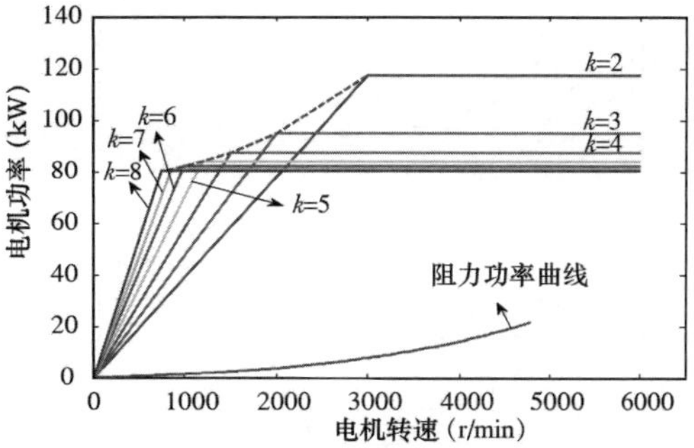

图 2-7　不同 k 系数下电机转速/功率包络线

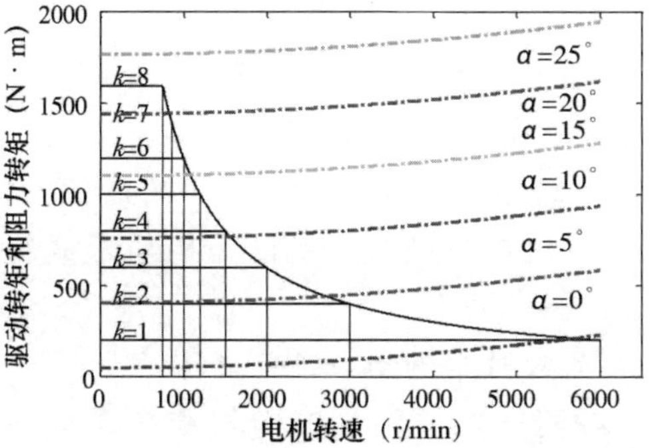

图 2-8　不同 k 系数电机转速/转矩特性曲线

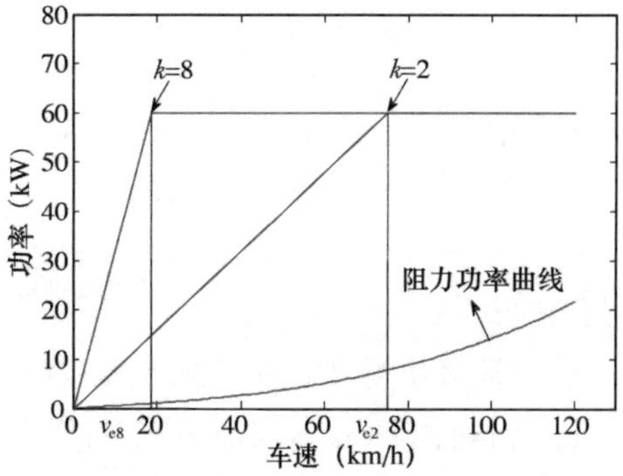

图 2-9　相同 N_{max} 不同 k 系数车速/电机功率特性曲线

为了详细说明 k 系数变化对车辆加速性能的影响，用数值方法分段求解公式(2-10)，得到 0～100km/h 加速过程中恒转矩段和恒功率段所需要的时间，如表 2-3 和图 2-10 所示。随 k 系数增加，恒转矩区和恒功率区加速时间呈现相反的变化趋势。其中恒转矩区加速时间逐渐减小，恒功率区加速时间逐渐增大，当 k 系数大于某个值时（例子中 $k>4$），各自变化的趋势均趋缓，并且因 t_1 变化趋势大于 t_2，车辆总的加速时间随 k 增加而减小，加速性能提高。

表 2-3　　不同 k 系数情况下 0～100km/h 加速时间

k 系数	2	3	4	5	6	7	8	备注
v_e(m/s)	20.833	13.899	10.417	8.333	6.944	5.952	5.208	
t_1(s)	10.65	4.6	2.56	1.63	1.12	0.82	0.63	恒转矩区加速时间
t_2(s)	4.48	7.46	8.47	8.93	9.18	9.32	9.42	恒功率区加速时间
t_a(s)	15.13	12.06	11.03	10.56	10.3	10.14	10.05	总加速时间（0～100km/h P_m=60kW）

由以上分析可知，匹配较大的扩大恒功率区系数 k 可以选择较小功率的电机来满足加速、爬坡性能要求（电机功率小，但恒转矩区峰值转矩更大，高转矩区域范围更广），降低

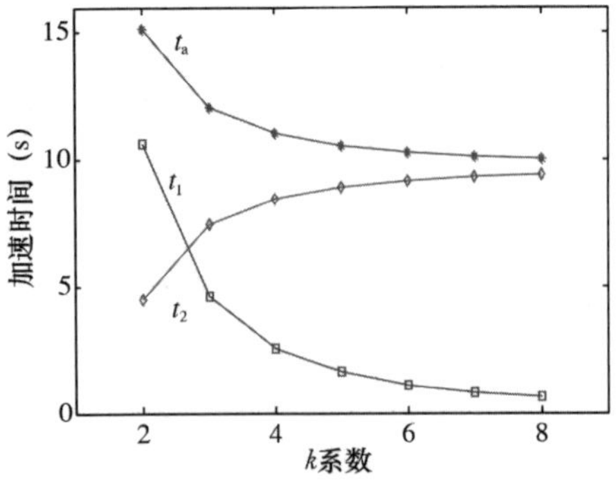

图 2-10　k 系数对加速时间的影响

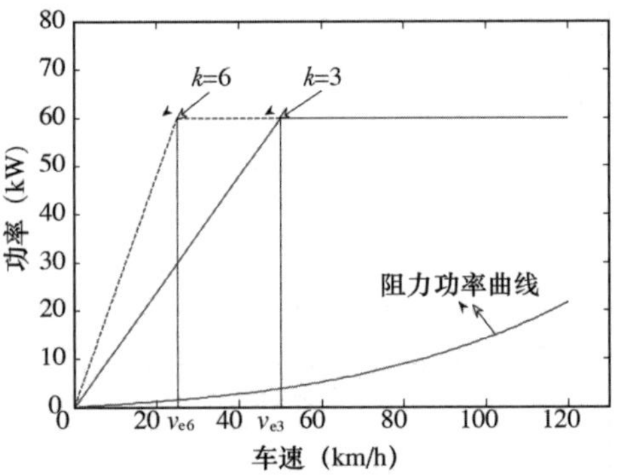

图 2-11　相同 N_e 不同 k 系数车速/电机功率特性曲线

车载电池等能量源的功率等级和尺寸大小，简化动力系统结构，节约制造成本。而对于给定功率大小的电机，较大的 k 系数同样可以得到更大的电机峰值转矩和更广的低速高转矩区域，提高车辆加速和爬坡能力。需要指出的是，以上两种情况均在限定电机最高转速的情况下进行讨论。

4. 电机驱动功率 P_m 和额定转速 N_e 一定时，k 系数对车辆动力性能的影响

电机输出峰值转矩增大需要电机具有更高的支撑能力，同时要求电机和电子设备能承受更大的通过电流，从而增加了硅钢片尺寸和传导损耗。为了减小电机峰值转矩过大带来的不利影响，同时保证电机有较大的扩大恒功率区，可以在保持额定转速不变的情况下，选择高速电机，即提高电机最高转速 N_{max}。N_{max}扩大后对电机峰值功率和低速区电机转矩无影响，但传动系减速比 $i_0 i_g$ 增大，增大对电机转矩的放大能力，从而提高车辆加速性能和爬坡能力。图 2-11 是电机驱动功率＝60kW，额定转速 2 000r/min，其他参数同表 2-1条件下车速与电机功率关系图。从中可以看出，随 k 系数的增加，系统通过提高传动系速比的方式来放大电机转矩输出，令电机恒功率区域前移，得到与图 2-9 类似的效果，从而提高车辆动力性能。

k 系数的大小可以通过电机类型和控制策略来加以选取与设计。一般，感应异步电机通过弱磁作用后 k 值能达到 3～5；Brushless Direct Current Motor(BLDCM)永磁无刷直流电机和永磁同步电机 Permanent Magnet Synchronous Motor(PMSM)由于存在永磁体，通常 $k<2$，通过相绕组解耦处理后，k 系数能够达到 4；开关磁阻电机因为结构简单并且没有转子导体，一般 k 系数能达到 6～8。

2.2.1.2 驱动电机与传动系参数匹配流程及方法

电机参数的匹配选择是一个多变量问题，往往从已有参数出发，利用车辆性能约束条件求解其余参数量，且可分为传动系速比已知或未知两种情况。图 2-12 是电机各主要参数匹配选择的正向设计流程，其中 v_{max} 为车辆最高设计速度，t_a 为车辆从静止起步加速到某设计车速所需要的加速时间，α_{max} 为设计的最大爬坡坡度角。

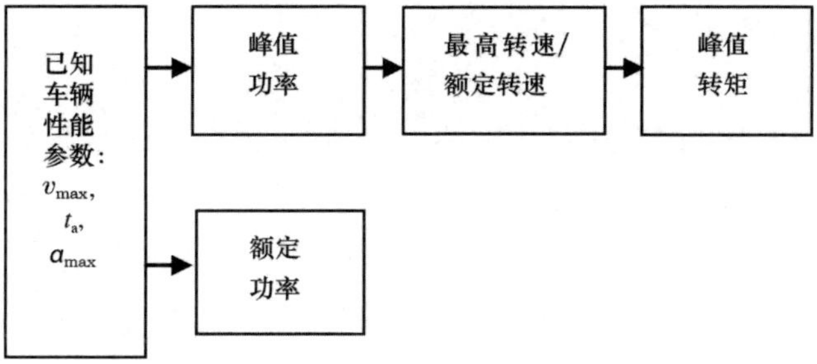

图 2-12　电机各主要参数正向匹配流程

1. 已知 v_{max} 和 t_a，某车速下最大爬坡角度 α_{max}，传动系速比 $i_0 i_g$

1）电机峰值功率

增程式电动汽车的动力系统基础是纯电动汽车，车辆行驶所需全部驱动力仅由驱动电机提供。驱动电机的驱动力需要与车辆行驶阻力平衡，同时驱动电机的驱动功率与车辆行驶的阻力功率相平衡。电机峰值功率必须大于或者等于车辆在各设定工况目标下行驶所需要的最大功率。

取平直路面上最高车速匀速行驶时所需功率 P_1、某给定车速 v_a 匀速爬行上 α 角度坡度所需功率 P_2 以及满足 t_a 加速要求所需功率 P_3 三者间的最大值为电机峰值功率 P_{m_max}。

$$P_1=\frac{1}{\eta_T}(Mgf_r v_{max}+0.5\rho C_D A v_{max}^3) \tag{2-17}$$

$$P_2=\frac{1}{\eta_T}(Mgf_r\cos\alpha_{max}v_a+Mgf_r\sin\alpha_{max}v_a+0.5\rho C_D A v_a^3) \tag{2-18}$$

根据所选电机类型初步确定扩大恒功率区系数 k，假设电机最高转速对应最高车速，可得电机额定转速对应的车速，代入公式(2-10)中求得 P_3。一般轿车满足加速性能要求所需功率比 P_1 和 P_2 大。

$$P_{m\_max}=\max(P_1,P_2,P_3) \tag{2-19}$$

2）电机额定功率

可以根据最高车速匀速行驶时所对应的电机功率或某一较低车速下克服较小坡道坡度持续匀速行驶所需电机功率来确定电机额定功率 P_{m_e}。

$$P_{m\_e}\geqslant P_1 \tag{2-20}$$

$$P_{m\_e}\geqslant P_4=\frac{1}{\eta_T}(Mgf_r\cos\alpha_g v_g+Mg\sin\alpha_g v_g+0.5\rho C_D A v_g^3) \tag{2-21}$$

式中，v_g 为设定的较低爬坡速度(m/s)；α_g 为设定的较小坡度角；P_4 为该行驶状况下所需功率(W)。

3）电机最高转速、额定转速

已知最高车速和传动系速比，可以利用公式(2-11)和电机扩大恒功率区系数定义求得电机最高转速和额定转速。

4）电机峰值转矩

确定电机峰值功率和额定转速后，由公式(2-9)求得电机峰值转矩。

2. 已知 v_{max} 和 t_a 某车速下最大爬坡角度 α_{max}，传动系速比 $i_0 i_g$ 未知

1）电机峰值功率

方法同上。

2）电机额定功率

方法同上。

3）电机最高转速、额定转速

由电机类型和设定的 k 系数可以初步选定 N_{max}。并且由前面的分析可知，较大的 N_{max} 有利于降低电机启动转矩对电机支撑能力的要求。电机最高转速对应最高车速，由公式(2-11)求得车辆减速比 $i_0 i_g$。根据 k 系数定义，求得电机额定转速。

4）电机峰值转矩

方法同上。

2.2.2 动力蓄电池参数设计

不同于混合动力汽车，增程式电动汽车的动力蓄电池在动力系统能量管理过程中不是对负载功率起“削峰填谷”的作用，而是从功率和能量容量两方面起主导作用：纯电动模式时负载所需功率唯一来源；存储能量应保证车辆以纯电动模式行驶一定距离(一定运行工况下)。当然，在增程器输出功率大于负载需求以及车辆制动时，动力蓄电池吸收多余功率。动力蓄电池主要的设计参数包括电压等级、最大充放电功率以及蓄电池组容量。

蓄电池组电压 U_B 等级高，有利于降低母线电流，保护动力电池(考虑最大允许充电电流的限制)，也有利于降低电机电流，提高电机效率。但是电机控制器内部功率电子器件的耐压等级必须相应提高，同时为获得高电压，需要串联更多的单体电池，带来成本、一致性、电安全性方面的问题。实际选取整车母线电压等级时需综合考虑以上问题，并结合国家标准《电动汽车用驱动电机系统　第 1 部分：技术条件》(GB/T 18488.1—2015)对电动汽车用电机及控制器的相应要求来完成。

动力蓄电池最大放电功率 P_{B_dis} 必须能够独立满足电机峰值功率需求：

$$P_{B\_dis} \geqslant \frac{P_{m\_max}}{\eta_m \eta_{mc}} \tag{2-22}$$

式中，η_m 为电机工作效率；η_{mc} 为电机控制器工作效率。

动力蓄电池充电只可能存在以下三种情况：

(1) 车辆静止状态充电。由车载充电机或增程器单独给动力蓄电池充电，或车载充电机和增程器共同给动力蓄电池充电。充电机或增程器单独充电时的输出功率不能大于电池最大充电功率，二者共同充电时输出功率之和不能大于动力蓄电池最大充电功率。功率关系如下：

$$P_{\text{charger}} \leqslant P_{\text{B\_ch}} + P_{\text{Aux}} \tag{2-23}$$

$$P_{\text{RE}} \leqslant P_{\text{B\_ch}} + P_{\text{Aux}} \tag{2-24}$$

$$P_{\text{charger}} + P_{\text{RE}} \leqslant P_{\text{B\_ch}} + P_{\text{Aux}} \tag{2-25}$$

式中，P_{Aux} 为非驱动负载功率，如果实际值较小，可以忽略。

(2) 车辆低速行驶状态。该状态下，如果增程器开启，增程器输出功率在满足电机驱动负载需求之外，还能给动力蓄电池充电。

$$P_{\text{RE}} - P_{\text{Aux}} - \frac{P_{\text{m}}}{\eta_{\text{m}}\eta_{\text{mc}}} \leqslant P_{\text{B\_ch}} \tag{2-26}$$

(3) 车辆制动状态。制动状态时电机回馈制动功率与增程器输出功率之和不得大于蓄电池最大充电功率与非驱动负载功率之和。

$$P_{\text{RE}} + P_{\text{Reg}} \leqslant P_{\text{B\_ch}} + P_{\text{Aux}} \tag{2-27}$$

式中，P_{charger} 为充电机输出功率；$P_{\text{B\_ch}}$ 为动力蓄电池最大允许充电功率；P_{m} 为电机驱动负载所需功率；P_{Aux} 为非驱动负载功率；P_{RE} 为增程器输出功率；P_{Reg} 为电机回馈制动功率。

动力电池类型选定后，电池组最大允许充电电流 $I_{\text{B\_ch}}$ 通常由电池类型和制造生产工艺决定。动力电池最大充电能力可以用电流的形式表示：

$$I_{\text{RE}} + I_{\text{Reg}} \leqslant I_{\text{B\_ch}} \tag{2-28}$$

实际动力系统能量管理控制过程中，控制策略必须保证各种能量源实时产生的充电电流不得大于动力电池允许的最大充电电流。

动力蓄电池容量可以根据纯电动续驶里程来计算。

$$\begin{aligned} E \geqslant \frac{Pt}{\Delta SOC} &= \frac{1}{3600\eta_{\text{T}}\eta_{\text{m}}\eta_{\text{mc}}\Delta SOC}\left(mgf + \frac{C_{\text{D}}Av_{\text{a}}^2}{21.15}\right)\cdot v_{\text{a}}\frac{S}{v_{\text{a}}} \\ &= \frac{1}{3600\eta_{\text{T}}\eta_{\text{m}}\eta_{\text{mc}}\Delta SOC}\left(mgf + \frac{C_{\text{D}}Av_{\text{a}}^2}{21.15}\right)\cdot S \end{aligned} \tag{2-29}$$

式中，E 为动力蓄电池需提供的能量（kW·h）；P 为汽车以速度 v_{a}（km/h）行驶时所需功率（kW）；S 为设定的纯电动续驶里程（km）；η_{m} 为电动机效率；η_{mc} 为电机控制器效率；ΔSOC 为电池放电深度。

选取较大的纯电动续驶里程能降低市区排放和日常使用成本，但是动力电池成本增加。纯电动续驶里程可根据目标地区用户日常驾驶习惯统计数据来决定：应确保一定运行工况下市内出行的往返里程（30～60km）。

2.2.3 增程器参数匹配

如前面 1.2.3 小节所述，按发电方式分类，增程器主要有动力蓄电池型、发动机＋发电机型和燃料电池发动机型三种。因各自特性不同，在参数匹配时存在差异。

2.2.3.1 动力蓄电池型

在对这一类型的增程器进行参数匹配时，主要考虑增程器蓄电池电压等级、最大放电功率、增程器蓄电池容量。这种类型的增程器可理解为在原来纯电动汽车上附加的动力蓄电池，当原车动力蓄电池 SOC 低于门限值之后，原来的动力蓄电池从动力母线断开，增程器蓄电池加入母线提供电能。或者根据实际驾驶需要，也可以优先使用增程器蓄电池中的电能驱动车辆，待增程器蓄电池 SOC 低于设定值之后再使用原车动力蓄电池。鉴于以上的功能和工作策略，增程器蓄电池电压等级应确保与电机及其控制器电压、原车动力蓄电池电压一致。

$$U_{RE}=U_{B}=U_{motor} \tag{2-30}$$

增程器蓄电池使用的同时，原车动力蓄电池从整车母线上断开，增程器蓄电池不给原车动力蓄电池充电，因此增程器蓄电池放电功率需满足车辆负载功率需求：

$$U_{RE}=\frac{P_{m}}{\eta_{m}\eta_{mc}}+P_{Aux} \tag{2-31}$$

根据车辆在增程阶段的使用策略，如始终保持车辆动力性能，或增程阶段车辆限功率运行，可确定增程器蓄电池最大放电功率：

$$P_{RE\_max}=\frac{P_{m\_max}}{\eta_{m}\eta_{mc}}+P_{Aux} \quad 或 \quad P_{RE\_max}=\frac{P_{m_{limited}}}{\eta_{m}\eta_{mc}}+P_{Aux} \tag{2-32}$$

增程器蓄电池容量大小决定了增加续驶里程的长短。根据设定的增加续驶里程 S_{ext_range}，由公式(2-28)可计算增程器蓄电池容量 E_{RE}：

$$E_{RE}\geqslant\frac{1}{3600\eta_{T}\eta_{m}\eta_{mc}\Delta SOC}\left(mgf+\frac{C_{D}AV_{n}^{2}}{21.15}\right)\cdot S_{ext\_range} \tag{2-33}$$

2.2.3.2 发动机＋发电机型

此处主要讨论常用内燃机加发电机构成增程器的情况。因为增程式电动汽车通常都是以纯电动模式运行，故选择较小功率的内燃机增程器能够提高车辆排放，降低燃油消耗。内燃机加发电机型增程器参数匹配主要考虑发动机和发电机的额定功率、峰值功率、转速范围和转矩范围。

1. 发电机

内燃机加发电机型增程器额定功率设计需要考虑两方面功率：车辆以某种典型的包

含启动-停止模式工况行驶时所需平均功率 P_{cyc_avg}；当车辆恒定以某一较高车速做长距离行驶时(例如在城际高速公路上以巡航车速行驶)，增程器必须能够向车辆提供所需功率 P_{v_cruise}。研究表明，一般 P_{cyc_avg} 小于 P_{v_cruise}，而较高车速匀速行驶时所需功率 P_{v_cruise} 同时也能满足车辆以某较低车速爬坡行驶，如表 2-4 所示。

表 2-4　不同行驶循环中的典型数据

循环行驶工况	最高车速(km/h)	平均车速(km/h)	平均功率(含再生制动)(kW)	平均功率(无再生制动)(kW)
FTP 75　市区循环	86.4	27.9	3.76	4.97
FTP 75　高速公路循环	97.7	79.6	12.6	14.1
US06　循环	128	77.4	18.3	23.0
ECE-1　循环	120	49.8	7.89	9.32

因此，选择车辆以某一较高车速匀速行驶时所需功率作为发电机额定功率：

$$P_{gen\_e}=\frac{P_{v\_cruise}}{\eta_m\eta_{mc}}+P_{Aux} \tag{2-34}$$

发电机的峰值功率 P_{gen_max} 可以比额定功率稍大，以便降低系统成本。也可以兼顾动力蓄电池最大充电能力的限制，使发电机峰值功率与动力蓄电池最大充电功率 P_{ch_max} 相等：

$$P_{gen\_max}\leqslant P_{ch\_max}=U_m\cdot aC_B \tag{2-35}$$

式中，U_m 为母线电压；aC_B 为动力蓄电池允许的最大充电倍率。

如果考虑发电机具有快速启动发动机的功能，则发电机峰值转矩 T_{gen_max} 应满足：

$$T_{gen\_max}\geqslant\sum T_i+J\dot{\omega} \tag{2-36}$$

式中，$\sum T_i$ 为发动机启动所需克服的阻力矩之和，包括缸内气体压缩阻力矩、活塞摩擦阻力矩、活塞往复运动惯性力矩等；J 为发动机、发电机等效到曲轴上的转动惯量；$\dot{\omega}$ 为曲轴角加速度。

确定发电机额定功率后，选取合适的发电机，使得功率输出工作点位于转矩/转速高效率区。

2. 内燃机

内燃机与发电机是串联结构形式，因此内燃机额定(峰值)功率与发电机的额定(峰值)功率相等(考虑发电机效率 η_{gen})：

$$P_{e\_e}=\frac{P_{gen\_e}}{\eta_{gen}}$$
$$P_{e\_max}=\frac{P_{gen\_max}}{\eta_{gen}} \tag{2-37}$$

为提高燃油经济性，发动机可在一定转速范围内缓慢跟随车辆功率需求，即存在转速上、下限 η_{e_max} 和 η_{e_min}。内燃机额定转矩和峰值转矩可按公式(2-38)计算：

$$T_{e\_e}\geqslant 9550\,\frac{P_{e\_e}}{n_{e\_max}}$$
$$T_{e\_max}\geqslant 9550\,\frac{P_{e\_max}}{n_{e\_max}} \tag{2-38}$$

为了获得较好的燃油经济性，应将内燃机工作点(转矩/转速)控制在燃油消耗经济区内。

2.2.3.3 燃料电池发动机型

与内燃机型增程器相比，燃料电池发动机作为增程器使用的突出优点是排放污染小、振动噪声特性好、能量转化效率高。而燃料电池堆输出端电压随燃料电池堆输出电流的变化会在一个较大的电压范围内波动，对整个系统的电压稳定是不利的。因此，通常在燃料电池堆后端串接一个 DC/DC 稳压装置，以便燃料电池增程器输出电压能够保持稳定，与母线电压一致。该型增程器设计参数主要包括增程器额定功率、峰值功率以及燃料电池发动机额定功率、峰值功率、氢罐容积(氢气质量)。

1. 增程器系统

与内燃机型增程器功率设计方法类似，可以选择车辆以某一较高车速匀速行驶时所需功率 P_{v_cruise} 作为增程器额定功率 P_{RE_e}。需注意的是，对于燃料电池堆的辅助系统位于 DC/DC 变换器后端的动力系统结构，为保证蓄电池 SOC 较低状况下车辆仍然能够保持一定的动力性，设计增程器额定功率 P_{RE_e} 时需要考虑燃料电池堆辅助系统消耗功率：

$$P_{RE\_e}=\frac{P_{v\_cruise}}{\eta_m\eta_{mc}}+P_{Aux} \tag{2-39}$$

$$P_{Aux}=P_{ee\_Aux}+P_{fc\_Aux} \tag{2-40}$$

式中，P_{Aux} 为非驱动负载消耗功率；P_{ee_Aux} 为辅助用电器功率；P_{fc_Aux} 为燃料电池堆辅助系统功率。

同样的，增程器的峰值功率 P_{RE_max} 可以比额定功率稍大，以便降低系统成本。也可以兼顾动力蓄电池最大充电能力的限制，使峰值功率与动力蓄电池最大充电功率 P_{ch_max} 相等：

$$P_{RE\_max}\leqslant P_{ch\_max}=U_m\cdot aC_B \tag{2-41}$$

2. 燃料电池发动机

确定了增程器额定功率、峰值功率之后，设计燃料电池发动机的额定功率和峰值功率还需要考虑 DC/DC 变化器工作效率，如公式(2-42)、公式(2-43)所示。

$$P_{fc\_e}=\frac{P_{RE\_e}}{\eta_{DCDC\_avg}} \tag{2-42}$$

$$P_{fc\_max}=\frac{P_{RE\_max}}{\eta_{DCDC\_avg}} \tag{2-43}$$

式中，P_{fc_e} 为燃料电池堆额定功率；P_{fc_max} 为燃料电池堆峰值功率；η_{DCDC_avg} 为 DC/DC 变换器平均工作效率。

在实际使用过程中，应尽量保持燃料电池发动机工作在高效率区。

3. 氢罐容积

设燃料电池堆输出功率为 P_{fc_e}，对应燃料电池堆效率为 η_{fc}，则燃料电池堆产生功率 P_{fc_e} 所需氢气消耗量为

$$m_{fc\_p}=\frac{P_{fc\_e}}{\eta_{fc}q_{fc\_low}} \tag{2-44}$$

式中，m_{fc_p} 为功率 P_{fc_e}(W)对应的氢气消耗量(g/s)；η_{fc} 为功率 P_{fc_e} 对应的燃料电池堆效率；q_{fc_low} 为氢气低热值，约为 120 000J/g。

车辆以某给定车速 v_a(km/h)匀速行驶时(假设此时仅由燃料电池堆提供功率)单位时间氢气消耗量(g/s)可表示为

$$m_{fc\_p\_V_n}=\frac{1}{\eta_{fc}q_{fc\_low}\eta_{DCDC\_avg}}\left[\frac{1}{\eta_T\eta_m\eta_{mc}}\left(mgf+\frac{C_DAv_a^2}{21.15}\right)\frac{v_a}{3.6}+P_{Aux}\right] \tag{2-45}$$

车辆以某给定车速 v_a(km/h)匀速行驶增程里程 S_{ext_range}(km)所需氢气总量(g)可以表示为

$$M_H=m_{fc\_p\_V_n}\cdot t=m_{fc\_p\_V_n}\frac{S_{ext\_range}}{v_a}\cdot 3\,600 \tag{2-46}$$

设氢罐容积为 $V(m^3)$，由理想气体公式得车辆运行前后氢罐提供的氢气质量(g)为

$$M_{H\_tank}=\frac{m_H\cdot V}{R}\left(\frac{P_1}{Z_1T_1}-\frac{P_2}{Z_2T_2}\right) \tag{2-47}$$

式中，m_H 为氢气摩尔质量，取 2.016 g/mol；R 为理想气体常数，取 8.314 J/(mol · K)；P_1 为初始压强(Pa)；P_2 为终了压强(Pa)；T_1 为初始温度(K)；T_2 为终了温度(K)；Z_1 为初始压缩系数；Z_2 为终了压缩系数。

压缩系数由表 2-5 插值得到。

表 2-5　　氢气压缩系数

P(bar) \ T(K)	248.15	273.15	298.15	323.15	348.15
1.0133	1.001	1.001	1.001	1.001	1.001
10.1325	1.007	1.006	1.006	1.006	1.006
30.3975	1.0199	1.019	1.0182	1.0173	1.0166
50.6625	1.0334	1.0319	1.0303	1.0288	1.0274
101.325	1.0688	1.0649	1.0613	1.0579	1.0548
151.9875	1.1056	1.099	1.0929	1.0875	1.0825
202.65	1.1435	1.1338	1.1252	1.1175	1.1106
253.3125	1.1823	1.1693	1.1579	1.1479	1.1389
303.975	1.2218	1.2053	1.1909	1.1783	1.1673
354.6375	1.2619	1.2415	1.2241	1.2091	1.1958
405.3	1.3022	1.278	1.2574	1.2398	1.2243

令 $M_H = M_{H\_tank}$，联立公式(2-45)～公式(2-47)可求得氢罐容积 V。

2.2.4 某型燃料电池增程式电动汽车动力系统参数设计实例

以某型燃料电池增程式电动汽车为例，验证上述增程式电动汽车动力系统参数匹配方法的可行性与正确性。

2.2.4.1 整车性能要求及结构选型

1. 整车性能要求

本书研究的增程式电动汽车主要应用场所为大型场馆、公园、社区以及市区低速工况，因而对车辆最高车速、加速性能以及爬坡性能的要求较低，对经济性和排放的要求较高。整车设计参数和整车动力性能要求分别见表 2-6 和表 2-7。

表 2-6　　整车设计参数

设计参数	数值	设计参数	数值
整备质量	1160kg	风阻系数	0.35
半载质量	1600kg	迎风面积	2.8m^2
满载质量	2040kg	滚阻系数	0.01
轮胎半径	0.269m	增程模式	>75km(20km/h 匀速)
纯电动续驶里程	>25km(20km/h 匀速，ΔSOC)		

表 2-7 整车动力性能设计要求

动力性能指标	数值
最高车速	>40km/h
最大爬坡度	10km/h 车速爬坡度大于 10%(满载)
加速能力	0～30km/h 加速时间小于 10s
巡航车速	30km/h

2. 整车结构选型

本书研究的增程式电动汽车基本结构形式为四轮轮毂电机驱动的纯电动汽车,其上加装燃料电池发动机型增程器。动力系统方案如图 2-13 所示。

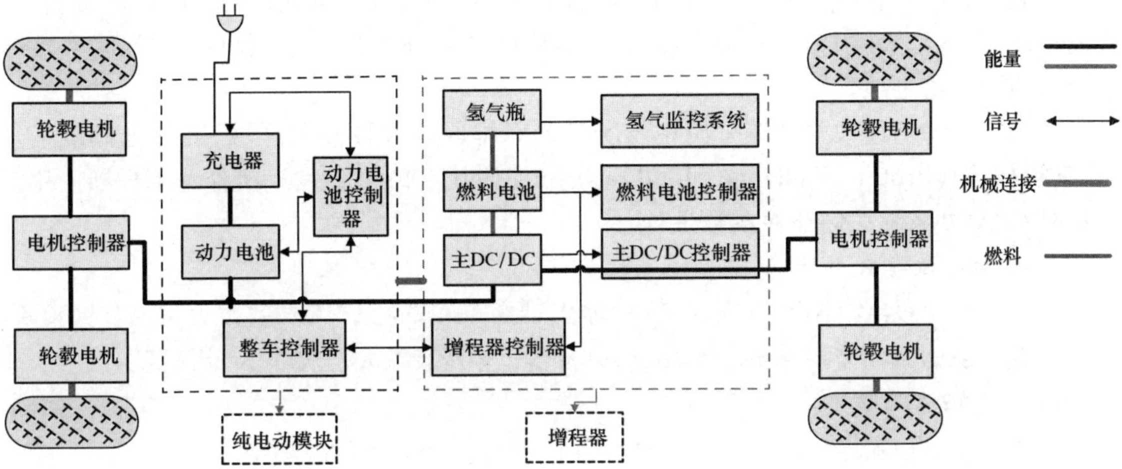

图 2-13 动力系统方案

轮毂电机安装在电动汽车的轮毂中,直接驱动电动汽车的驱动轮。这种驱动方式的动力输出由机械连接改为电气连接,通过电机线控技术,实现从零到电机最高转速的无级变速。同时省去了传统的诸如离合器、变速箱等机械传动部件,使得传动系统结构大大简化,提高了系统效率。另外,因为各个电机独立可控,所以可以实现更为高级精确的车辆动力学控制。本书所选电机类型为永磁同步电机(PMSM),与其他电动汽车常用电机相比,PMSM 的突出优点是:

(1) 电机由高能永磁材料励磁,对于给定的功率,电机质量和体积能够大大减小,功率密度高。

(2) 电机发热主要集中在定子上,易于采取措施散热。

(3) 永磁励磁不受制造缺陷、过热或机械损坏的限制,因而可靠性较高。

(4) 转子电磁时间常数小,动态性能好。

PMSM 的缺点在于高温情况下可能引起永磁体退磁;为了获得换相信号,通常需要安装转子位置传感器;弱磁调速较困难。

动力蓄电池作为增程式电动汽车的主要动力源,对其主要要求如下:

(1) 足够高的功率密度,以尽量小的体积满足整车行驶过程中对功率的需求。

(2) 足够高的能量密度,以尽量小的体积满足整车对纯电续驶里程的要求。

(3) 足够长的循环寿命,以保证在整车的使用时限内动力蓄电池都能正常的工作。

(4) 足够的安全可靠性。动力蓄电池应干燥、洁净,电解质不会渗漏,不会引起自燃,在发生碰撞事故时不会对乘员造成损害。

(5) 能够接受的成本,不应过大的提高整车的成本。

(6) 自放电率低,能长期存放;适应较高的充电速率,以减少充电时间。

(7) 环境污染小,废旧电池能够方便地回收处理或再生处理。

磷酸铁锂($LiFePO_4$)电池具有工作电压高、比能量大、体积小、质量轻、循环寿命长、自放电率低、无记忆效应、无污染等优点,并且结构稳定安全性高,因此本书拟选择磷酸铁锂电池作为动力蓄电池。

本书研究的增程式电动汽车使用场所多为对排放要求较高的区域,因此选择质子交换膜燃料电池(Proton Exchange Membrane Fuel Cell,PEMEC)发动机作为增程器使用。

2.2.4.2 动力系统关键部件参数设计

1. 驱动电机参数设计

因为选择轮毂电机驱动方案,将电机输出轴至车轮的机械传动效率近似看作100%,并可以看作是动力性能指标 v_{max},t_a,α_{max},以及传动系速比 $i_0 i_g$ 已知的设计情况。

1) 电机峰值功率

由公式(2-17)求得车辆以最高车速匀速行驶时所需电机输出功率为

$$P_1 = \frac{1}{\eta_T}\left(\frac{mgf\cos\alpha}{3600}v_{max} + \frac{C_D A}{76140}v_{max}^3\right)$$

$$= \left(\frac{1600\times 9.8\times 0.01}{3600}\times 40 + \frac{0.35\times 2.8}{76140}\times 40^3\right) = 2.566(kW)$$

由公式(2-18)求得车辆以10km/h车速爬10%的坡道时所需电机输出功率为

$$P_2 = \frac{1}{\eta_T}\left(\frac{mgf\cos\alpha}{3600}v_g + \frac{mg\sin\alpha}{3600}v_g + \frac{C_D A}{76140}v_g^3\right)$$

$$= \frac{1600\times 9.8\times 0.01\times 0.995}{3600}\times 10 + \frac{1600\times 9.8\times 0.0995}{3600}\times 10 + \frac{0.35\times 2.8}{76140}\times 10^3$$

$$= 4.78(kW)$$

根据所选电机类型(永磁同步电机)初步确定电机扩大恒功率区系数 k 为3,假设车辆最高车速对应电机最高转速,可得电机额定转速对应的车速为

$$v_b = \frac{v_{max}}{k} = \frac{40}{3} = 13.3(km/h)$$

由公式(2-12)求得车辆在10s内车速从0加速到30km/h所需电机输出功率为

$$P_3=\frac{\delta m}{2t_a}(v_f^2+v_b^2)+\frac{2}{3}mgfv_f+\frac{1}{5}\rho_a C_D A v_f^3$$
$$=\frac{1.05\times1600}{2\times9}(8.33^2+3.69^2)+\frac{2}{3}\times1600\times9.8\times0.01\times8.33$$
$$+\frac{1}{5}\times1.225\times0.35\times2.8\times8.33^3\approx8.756(\text{kW})$$

取 P_1,P_2,P_3 的最大值为电机峰值输出功率，即

$$P_{m\_max\_total}=\max\{P_1,P_2,P_3\}=8.756(\text{kW})$$

则单个电机峰值功率为

$$P_{m\_max}\geqslant\frac{P_{m\_max\_total}}{4}\approx2.2(\text{kW})$$

2）电机额定功率

选取最高车速匀速行驶时的车辆所需功率作为电机额定功率，故：

$$P_{m\_e\_total}=P_1$$

单个永磁同步直流电机额定功率为

$$P_{m\_e}\geqslant\frac{P_{m\_e\_total}}{4}\approx0.64(\text{kW})$$

3）电机最高转速、额定转速

设定电机最高转速对应车辆最高车速，并且对于轮毂电机传动方式，车辆传动速比 $i_0 i_g=1$，则由公式(2-11)得：

$$N_{max}\geqslant\frac{v_{max}\times30\times i_g i_0}{\pi r_d}=\frac{11.11\times30\times1}{\pi\times0.269}\approx395(\text{r/min})$$

由设定的电机扩大恒功率区系数得：

$$N_e=\frac{N_{max}}{k}=\frac{395}{3}\approx132(\text{r/min})$$

4）电机峰值转矩

确定电机峰值功率和额定转速后，由电机转矩、转速及输出功率关系求得峰值转矩为

$$T_{max}=\frac{30\times P_{m\_max}}{\pi\times n_e}=\frac{30\times2200}{\pi\times132}\approx160(\text{N}\cdot\text{m})$$

考虑车辆以一定车速驶上最大坡度坡道时工况需求，对电机峰值转矩进行校核：

$$F_{tmax}=mgf\cos\alpha_{max}+mg\sin\alpha_{max}+\frac{C_D A v_g^2}{21.15}$$
$$=1600\times9.8\times0.01\times0.995+1600\times9.8\times0.0995+\frac{0.35\times2.8\times10^2}{21.15}$$
$$=1720.8(\text{N})$$

$$T_{max\_total}\geqslant\frac{F_{tmax}\times r}{i_g i_0\eta_T}=\frac{1720.8\times0.269}{1\times1}\approx463(\text{N}\cdot\text{m})$$

则单个电机转矩需要满足：

$$T_{max} \geqslant \frac{T_{max\_total}}{4} \approx 115.8(\text{N}\cdot\text{m})$$

综合考虑系统效率及国内车用驱动电机研制单位的技术和工艺水平等因素，最终确定驱动电机技术参数方案如表 2-8 所示。

表 2-8　　驱动电机技术参数

电机初始匹配参数（单个电机）		电机最终确定参数（单个电机）	
峰值功率 P_{m_max}	2.2kW	峰值功率 P_{m_max}	2.5kW
额定功率 P_e	0.64kW	额定功率 P_e	0.8kW
最高转速 n_{max}	395r/min	最高转速 n_{max}	580r/min
额定转速 n_e	132r/min	额定转速 n_e	159r/min
扩大恒功率区系数 k	3	扩大恒功率区系数 k	3.65
峰值转矩 T_{max}	160N·m	峰值转矩 T_{max}	165N·m

从表 2-8 可以看出，最后确定的电机扩大恒功率区系数 k 有所提高。根据前面 2.2.1.1小节的分析，在电机功率一定的情况下，k 增大能提高车辆加速能力和爬坡能力。

2. *动力蓄电池参数设计*

动力蓄电池是增程式电动汽车的主要动力源，在纯电动模式下甚至是车辆的唯一动力来源。从系统层面来说，设计的根本是实时满足车辆对功率、能量及电压等级的需求。

1) 功率需求

确定好电机峰值功率后，可以通过以下公式计算所需蓄电池个数：

$$P_{B\_dis} \geqslant \frac{P_{m\_max}}{\eta_m \eta_{mc}} \tag{2-48}$$

$$n = \frac{P_{m\_max}}{P_{bmax}\eta_m \eta_{mc}} \tag{2-49}$$

式中，n 为电池数量，P_{m_max} 为电机峰值功率，P_{B_dis} 为蓄电池组最大放电功率，P_{bmax} 为单体电池最大放电功率，η_m 为电机效率，η_{mc} 为电机控制器效率。

实际选取上海某公司生产的 40Ah 磷酸铁锂电池，其单体电池最大放电倍率可达 5C，3C 放电可持续 20s，允许放电电压为 2.5～3.6V，计算单体电池最大放电功率为（此处取单体电池电压中间值 3.2V 计算）

$$P_{bmax1} = U \cdot I = 3.2 \times 40 \times 3 = 384(\text{W})$$

$$P_{bmax2} = U \cdot I = 3.2 \times 40 \times 5 = 640(\text{W})$$

使用仿真方法测试该车辆在 UDDS_40，ECE_40，HWFET_40，10km/h，20km/h，30km/h 工况下（UDDS_40，ECE_40，HWFET_40 是限定最高车速 40km/h 将原来的 UDDS，ECE，HWFET 工况等比例缩放得到的新工况）的实际电机与电机控制器整体效率如表 2-9 所示。

表 2-9　　**不同工况下电机/电机控制器平均效率**

电机/控制器效率 \ 工况	UDDS_40	ECE_40	HWFET_40	10km/h	20km/h	30km/h
$\eta_{motor/controller\_avg}$	49.53%	62.96%	73.7%	61.09%	75.54%	75%

根据工况测试结果，取电机及控制器最低平均效率 49.53% 代入公式(2-49)，求得电池数量为

$$n_{max}=\frac{P_{m\_max}}{P_{bmax1}\eta_m\eta_{mc}}=\frac{8.717\times1000}{384\times0.4953}\approx46(块)$$

$$n_{min}=\frac{P_{m\_max}}{P_{bmax2}\eta_m\eta_{mc}}=\frac{8.717\times1000}{640\times0.4953}\approx28(块)$$

考虑一定的功率余量，实际取单体电池数为 40 块。此外，实际车辆运行过程中应通过控制策略控制蓄电池的实际充电电流小于蓄电池最大允许充电电流。

2）母线电压等级

40 块电池串联母线电压值为

$$U_{bus}=U_{cell}\times n_1=3.2\times40=128(V)$$

如前面章节所述，母线电压选取还需综合考虑电机工作电压以及相应国标的要求。实际电机额定工作电压 120V，欠压保护值 90V，对照国家标准《电动汽车用电机及其控制器　第 1 部分：技术条件》(GB 18488.1—2006)中对电源电压等级的要求，如选取电源母线电压值为 120V，则电池数量 n_2 为

$$n_2=\frac{U_{bus}}{U_{cell}}=\frac{120}{3.2}\approx38(块)$$

兼顾系统对功率及母线电压等级的要求，实际选取 2 块某公司生产的单体容量 40Ah、额定电压 64V 的电池包串联。其中每块电池包由 20 片单体容量为 40Ah、额定电压为 3.2V 的单体电池串联而成。

3）电量校核

该增程式电动汽车设计指标要求以 20km/h 车速匀速行驶的纯电动续驶里程不低于 25km。蓄电池可用放电深度 0.65，匀速 20km/h 行驶时电机及电机控制器整体效率 $\eta_m\eta_{mc}\approx0.76$，由公式(2-29)得：

$$E\geqslant\frac{P_t}{\Delta SOC}=\frac{1}{3600\eta_T\eta_m\eta_{mc}\Delta SOC}\left(mgf+\frac{C_DAv_a^2}{21.15}\right)\cdot v_a\frac{S}{v_a}$$

$$=\frac{1}{3600\times0.76\times0.65}\left(1600\times9.8\times0.01+\frac{0.35\times2.8\times20^2}{21.15}\right)\times25$$

$$\approx2.5(kW\cdot h)$$

初步匹配的电池组所能提供的电能为

$$E_B=U_{bus}\times C_B\times\Delta SOC=128\times40\times0.65=3.328(kW\cdot h)>2.5(kW\cdot h)$$

故所选择电池组容量满足纯电动续驶里程的需要。

3. 燃料电池增程器参数设计

1) 功率设计

选取车辆以巡航车速行驶时燃料电池增程器所应提供的功率作为其额定功率，同时所选动力系统结构为燃料电池堆辅助系统位于 DC/DC 变换器后端，则需考虑燃料电池辅助系统功率：

$$
\begin{aligned}
P_{\mathrm{RE_e}} &= \frac{P_{\mathrm{v_{cruise}}}}{\eta_{\mathrm{m}}\eta_{\mathrm{mc}}} + P_{\mathrm{Aus}} \\
&= \frac{v_{\mathrm{cruise}}}{3600\eta_{\mathrm{T}}\eta_{\mathrm{m}}\eta_{\mathrm{mc}}}\left(mgf + \frac{C_{\mathrm{D}}Av_{\mathrm{cruise}}^2}{21.15}\right) + P_{\mathrm{ee\_Aux}} + P_{\mathrm{fc\_Aux}} \\
&= \frac{30}{3600\times 0.756}\left(1600\times 9.8\times 0.01 + \frac{0.35\times 2.8\times 30^2}{21.15}\right) + 0.5 + 1 \\
&\approx 3.69(\mathrm{kW})
\end{aligned}
$$

设定 DC/DC 变换器平均效率为 0.94，得燃料电池发动机额定功率为

$$
P_{\mathrm{fc\_e}} = \frac{P_{\mathrm{RE\_e}}}{\eta_{\mathrm{dcdc\_avg}}} = \frac{3.69}{0.94} \approx 3.93(\mathrm{kW})
$$

综合考虑系统效率以及燃料电池发动机供应商产品规格，实际选取某型额定功率为 6kW，峰值功率为 6.5kW 的燃料电池发动机。较高的燃料电池增程器功率可以在满足电机驱动功率需求之外利用富余的功率给动力蓄电池充电，同时在蓄电池低 SOC 状况下始终使车辆保持较好的动力性。

2) 氢罐容积

增程续驶里程设计目标为车辆 20km/h 匀速行驶时不低于 75km。假设增程行驶阶段仅由燃料电池增程器提供电力，由公式(2-45)求得车辆 20km/h 匀速行驶时燃料电池堆氢气消耗量为

$$
\begin{aligned}
m_{\mathrm{fc\_p\_v_n}} &= \frac{1}{\eta_{\mathrm{fc}}q_{\mathrm{fc\_low}}\eta_{\mathrm{DCDC\_avg}}}\left[\frac{1}{\eta_{\mathrm{T}}\eta_{\mathrm{m}}\eta_{\mathrm{mc}}}\left(mgf + \frac{C_{\mathrm{D}}Av_{\mathrm{n}}^2}{21.15}\right)\frac{v_{\mathrm{n}}}{3.6} + P_{\mathrm{Aux}}\right] \\
&= \frac{1}{0.59292\times 120000\times 0.94}\left[\frac{1}{1\times 0.76}\left(1600\times 9.8\times 0.01 + \frac{0.35\times 2.8\times 20^2}{21.15}\right)\frac{20}{3.6} + 200 + 268\right] \\
&\approx 0.0262(\mathrm{g/s})
\end{aligned}
$$

其中，设用电器辅助功率 $P_{\mathrm{ee\_Aux}} = 200\mathrm{W}$，燃料电池堆辅助系统功率 $P_{\mathrm{fc\_Aux}} = 268\mathrm{W}$ 和燃料电池堆效率 $\eta_{\mathrm{fc}} = 59.292\%$ 由本书附录中表 C-2 和表 C-1 插值求得。

由公式(2-49)得续驶 75km 所需氢气总量为

$$
M_{\mathrm{H}} = m_{\mathrm{fc\_p\_V_n}}\cdot t = m_{\mathrm{fc\_p\_V_n}}\frac{S_{\mathrm{ext\_range}}}{v_{\mathrm{n}}}\times 3600 = 0.0262\times\frac{75}{20}\times 3600 = 353.17(\mathrm{g})
$$

设初始温度 293K，压强 35MPa，终了温度 313K，压强 2MPa，压缩系数分别为 $Z_1 = 1.2239$，$Z_2 = 1.0123$。将所得参数代入公式(2-47)，得氢罐容积：

$$V \geqslant \frac{M_{\mathrm{H\_tank}} \cdot R}{m_{\mathrm{H}}\left(\dfrac{P_1}{Z_1 T_1} - \dfrac{P_2}{Z_2 T_2}\right)} = \frac{353.17 \times 8.314}{2.016 \times \left(\dfrac{35 \times 10^6}{1.2239 \times 293} - \dfrac{2 \times 10^6}{1.012 \times 313}\right)} = 0.0169(\mathrm{m}^3) = 16.9(\mathrm{L})$$

以上计算以匀速 20km/h 增程 75km 为设计目标，考虑不同工况对增程里程的要求，实际设计氢罐容积为 26L。

2.3　基于计算机仿真技术的增程式电动汽车动力系统准动态参数匹配校核

2.3.1　基于 ADVISOR 的增程式电动汽车动力系统建模

ADVISOR(Advanced Vehicle Simulator)是由美国国家可再生能源试验室(National Renewable Energy Laboratory)开发的基于 Matlab/Simulink 环境的混合动力汽车性能仿真分析软件。该软件采用前后向仿真相结合的仿真结构，首先采用后向仿真方法，按照与实际车辆功率流向相反的方向(即后向路径)，根据循环工况对驱动功率、转速的需求，从车轮模块出发，在考虑各个部件的工作效率和功率限制的前提下，计算出当前部件对上一级部件的请求转矩和转速值，逐级向后传递，直至发动机模块和蓄电池模块计算出它们各自所能提供的实际功率为止。在完成后向仿真计算之后，ADVISOR 随即采用前向仿真方法，从发动机模块和蓄电池模块出发，按照实际车辆功率流动的方向(即前向路径)，计算出当前部件能提供给下一级部件的实际车速和转矩，逐级向前传递，直至车轮模块，最后计算得到实际车速。ADVISOR 环境由用户可视化 GUI 界面(Graphical User Interface)、Simulink 仿真模型、Matlab 的 m 脚本文件三部分组成，如图 2-14 所示。其中，Simulink 仿真模型是对各部件以及由部件搭建而成的整车结构的数学描述，是仿真计算的核心部分；m 脚本文件用于定义车辆结构、部件参数等数据信息；GUI 界面在仿真模型和各种脚本文件之间起联系作用，便于用户选择车辆参数和仿真功能。

利用该软件可以研究电动汽车、混合动力汽车(内燃机型、燃料电池型)部件之间的相互作用，以及部件参数对车辆动力性、经济性的影响。自该软件发布以来，众多科研院所、汽车公司使用它进行了相关领域的大量研究，充分证明了该软件的准确性和实用性。不过，该软件建模时所使用的数据是试验室条件下各个部件的稳态测试数据(steady-state data)，无法反应部件之间微小时间步长下的动态关系，因而仅可看作准动态仿真。

本书所研究燃料电池型增程式电动汽车主要由底盘与车体、轮毂电机及电机控制器、动力蓄电池及电池管理系统、燃料电池增程器及辅助系统、整车控制器、操作显示仪表及 CAN 通信网络、车载充电器组成。基于 ADVISOR 软件中的燃料电池汽车模型进行二次开发，建立了燃料电池型增程式电动汽车整车模型如图 2-15 所示。以下对各关键部件的建模过程作详细介绍。

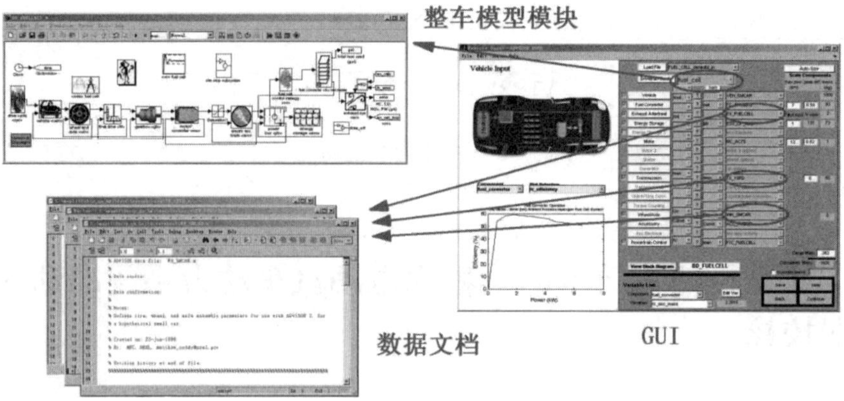

图 2-14　ADVISOR 结构框图

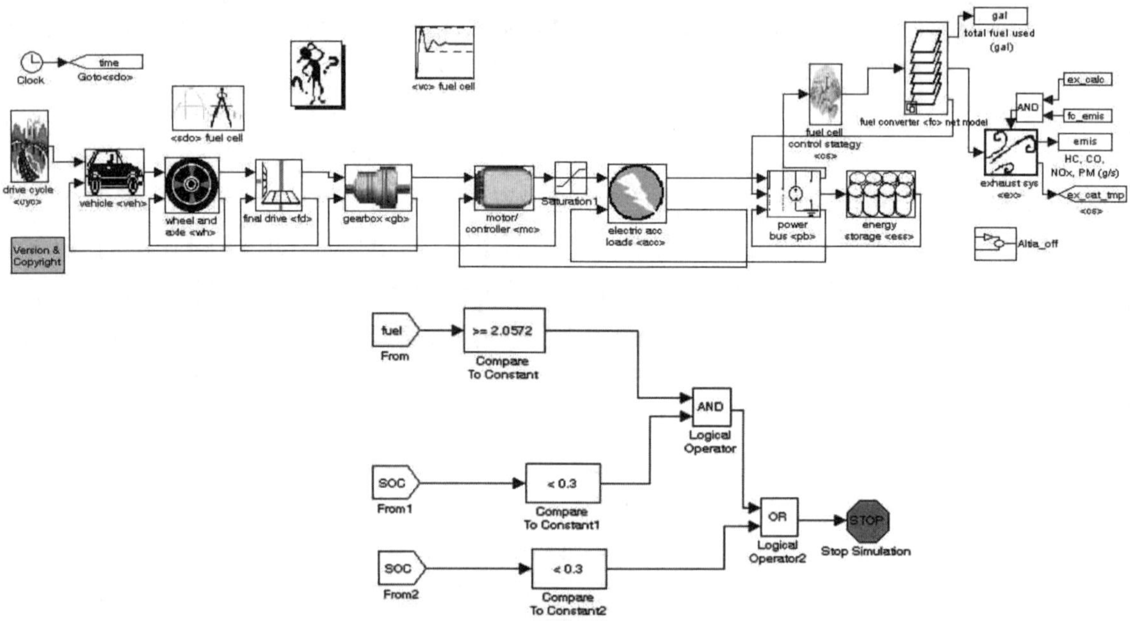

图 2-15　基于 ADVISOR 的燃料电池型增程式电动汽车整车模型

2.3.1.1　整车参数模块

按照表 2-8 的整车参数在 ADVISOR 中修改整车质量、风阻系数、迎风面积、风阻系数等。

2.3.1.2　变速箱/主减速器模块

所设计增程式电动汽车为四轮轮毂电机直接驱动形式，不使用减速机构，因而将变速箱/主减速器模块中的传动速比设为 $i_0=1$，$i_g=1$。

2.3.1.3　驱动电机/电机控制器模块

ADVISOR 软件中电机模型主要利用电机试验数据通过查表方式将系统的转矩、转速请求最终以需求功率形式传递到功率总线(后向仿真),并根据功率总线实际提供的电功率计算出电机可以输出的转矩和转速(前向仿真),模型框图如图 2-16 所示。

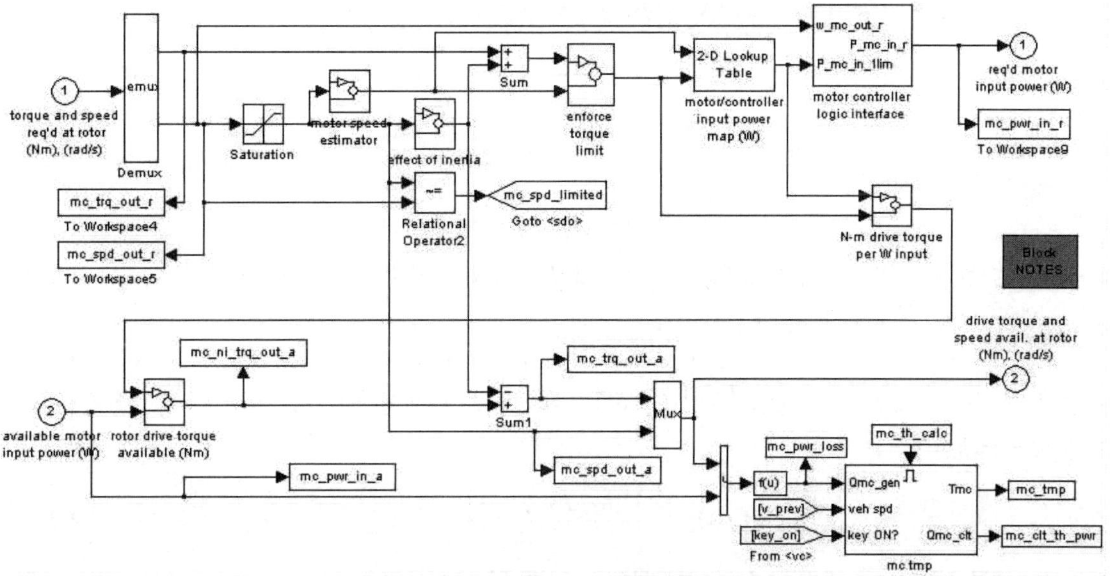

图 2-16　ADVISOR 中电机模型框图

左侧输入为变速箱/减速器所需转矩和转速值。“motor speed estimator”和“enforce torque limit”两模块的作用分别是根据所选电机外特性曲线将需求转速和转矩控制在合理范围之内。“motor/controller input power map”模块是通过转速、转矩输入查电机效率表来计算输入电机的需求功率值。电机转速/转矩外特性数据和电机效率表需要预先通过试验获取,然后在定义电机特性的 m 文件中进行修改。“motor controller logic interface”根据电机控制器母线电压和允许最大电流值将查表获得的电机需求输入功率值进行限制,求得实际电机/电机控制器需求输入功率 mc_pwr_in_r 向后传递。查表所得功率值随后用于在“N-m drive torque per W input”模块中计算所选电机单位功率能提供的转矩值(Nm/W)。该单位功率转矩值与实际母线所能提供的功率(available motor input power)相乘求得实际电机能够提供的转矩。本书所用电机转速/转矩外特性曲线及电机效率表见附录 A。

2.3.1.4　动力蓄电池模块

目前有很多可供借鉴参考的电池模型,本书选取所需参数较少的 Rint 模型。Rint 模型只考虑内阻引起的能量损失,将电池抽象为一个理想的开路电压源 V_{oc} 与一个内阻 R_{int} 串联的等效电路结构,如图 2-17 所示。

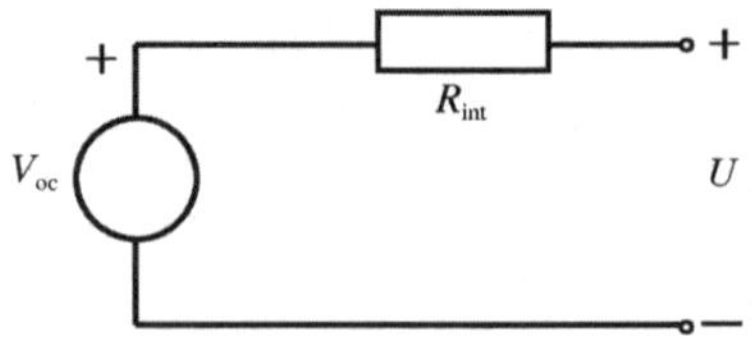

图 2-17 Rint 电池模型等效电路

其电压特性如下：

$$U = V_{oc} - I \cdot R \tag{2-50}$$

式中，U 为端电压(V)；V_{oc}为理想开路电压源(V)；R 为等效内阻(Ω)；I 为电池组放电电流(A)。等式两边同乘以电流 I，得：

$$U \cdot I = V_{oc} \cdot I - I^2 \cdot R \tag{2-51}$$

其中，$U \cdot I$ 即为电池组的输出功率 P(W)，带入上式后求解一元二次方程，选择较小的解作为蓄电池放电电流：

$$I = \frac{V_{oc} - \sqrt{V_{oc}^2 - 4P \cdot R}}{2R} \tag{2-52}$$

在 ADVISOR 中实现的 Rint 电池模型如图 2-18 所示。

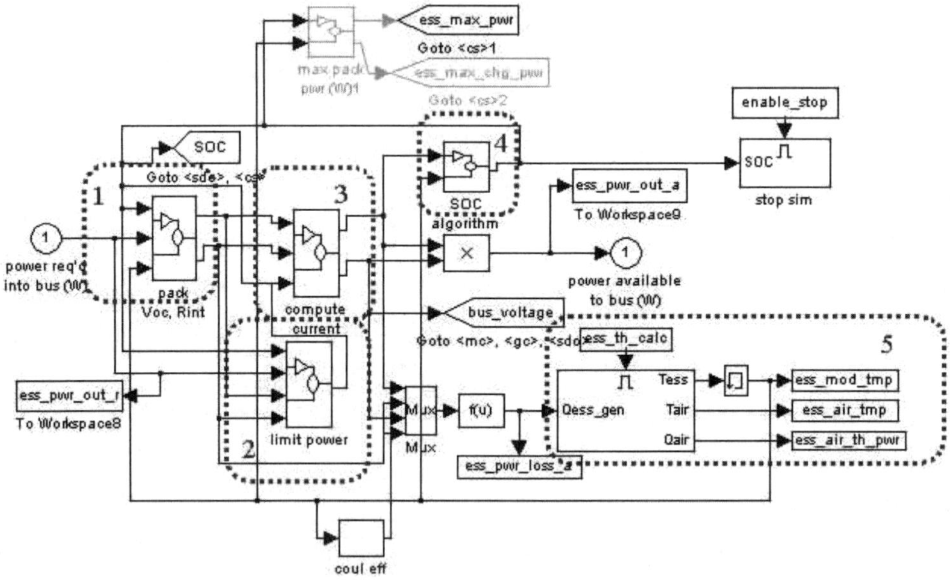

图 2-18 ADVISOR 中 Rint 电池模型框图

1) 蓄电池组开路电压及内阻模块(图 2-19)

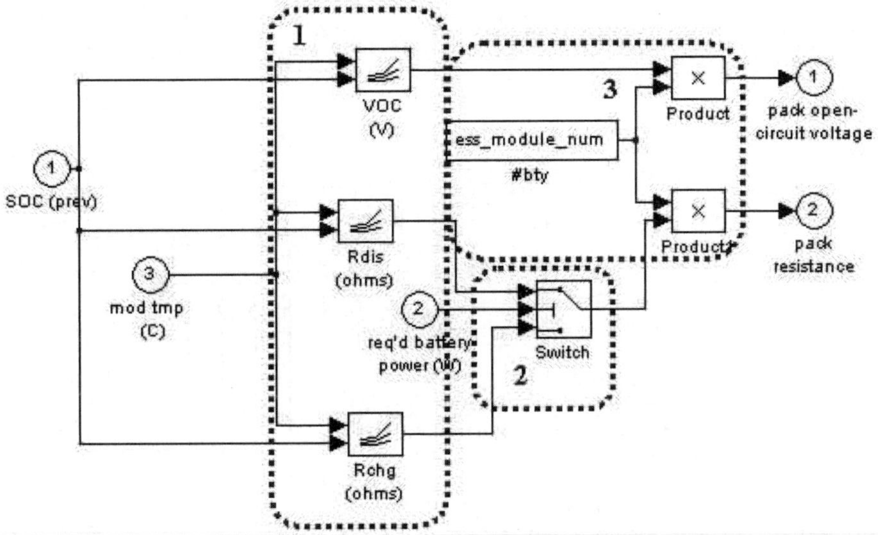

图 2-19　蓄电池开路电压及内阻模块

该模块中包括三个子模块:

(1) 预先通过试验获取电池组开路电压、充电内阻、放电内阻与 SOC 和电池组温度的关系,然后通过查表方式求取这三个值。

(2) 由电池组实际充放电需求功率确定模型选取放电内阻或充电内阻。

(3) 串联单体电池个数决定电池组的开路电压和内阻大小。

2) 功率限制模块(图 2-20)

该模块中包括两个子模块:

(1) 当 SOC$<$0,母线功率对电池的需求不等于 0 时,限制蓄电池功率输出。

(2) 蓄电池组能提供的最大功率由电机控制器最小允许电压、电池组最低电压和 1/2 蓄电池组开路电压三者加以限制。

蓄电池组所能提供的最大功率为

$$P_{\max}=V_{\mathrm{bus}}\times\frac{V_{\mathrm{oc}}-V_{\mathrm{bus}}}{R} \tag{2-53}$$

式中,V_{bus}为三者中的最大者。

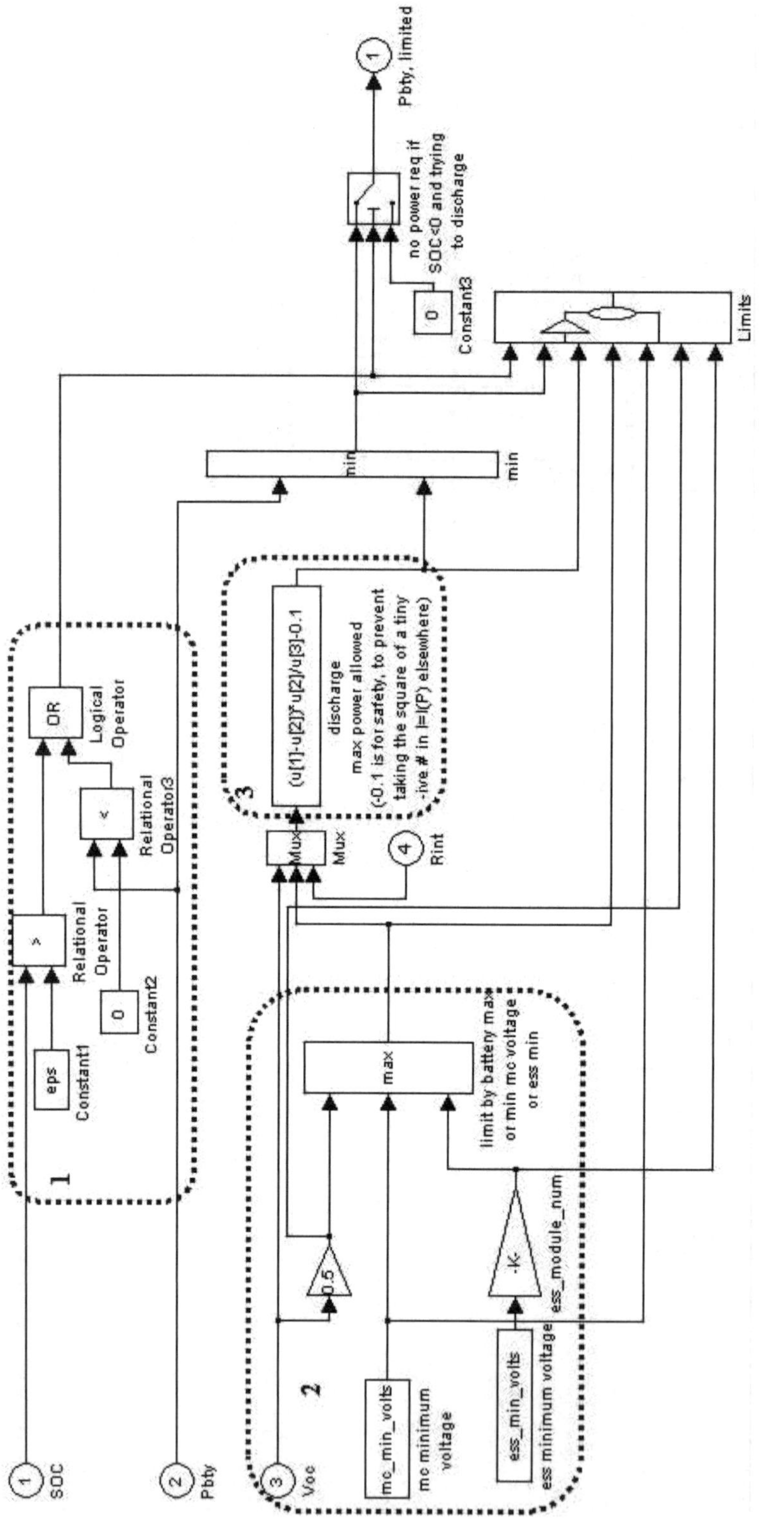

图 2-20 Rint 电池模型中的功率限制模块

3）电流电压计算模块(图 2-21)

该模块分别利用公式(2-50)和公式(2-51)计算电池组端电压和电池组输出电流。

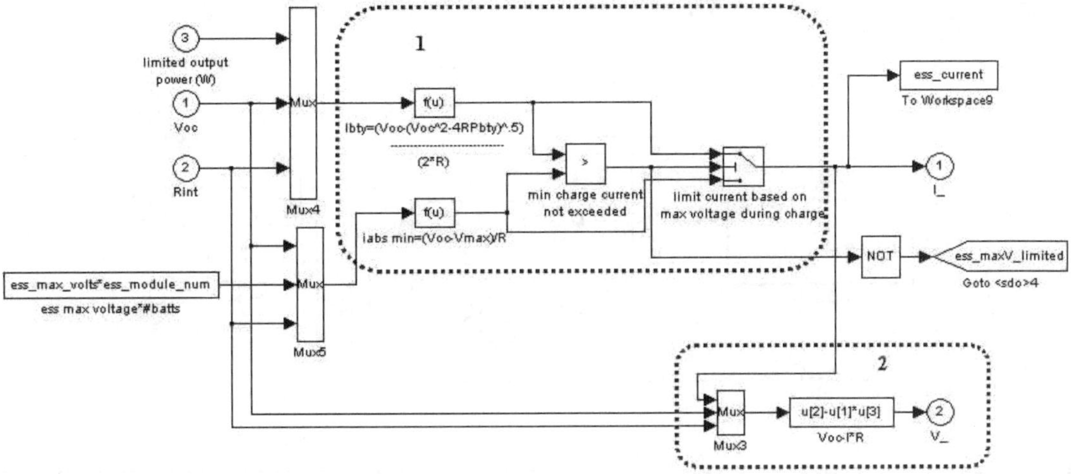

图 2-21　Rint 电池模型中的电流电压模块

4）SOC 计算模块(图 2-22)

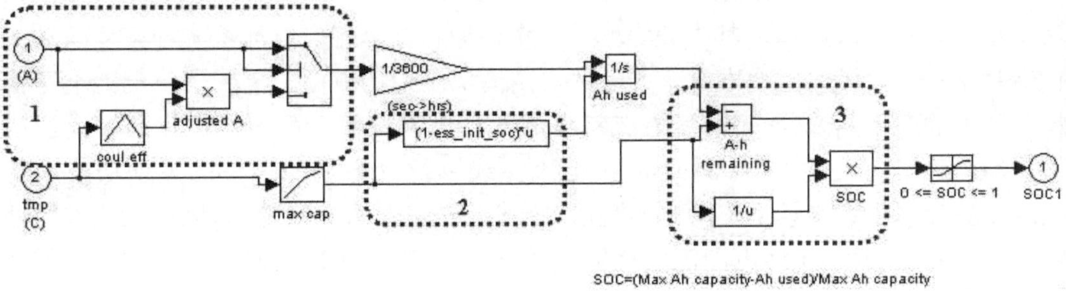

图 2-22　Rint 电池模型中的 SOC 计算模块

该模块中包括三个子模块：

(1) 充电电流为负值时，考虑库仑效率对电流的修正作用，此处库仑效率与电池温度有关。

(2) 电池组最大容量与温度有关，给定电池初始 SOC 值。

(3) SOC 计算公式为

$$SOC = SOC_{int} - \frac{\int I \mathrm{d}t}{Q_{max}} \tag{2-54}$$

式中，SOC_{int} 为电池组初始 SOC；Q_{max} 为电池组最大电荷容量。

5）热模块

该模块是一个简单的集总参数热模型，如图 2-23 所示。将电池内部平均温度和容器平均温度看作时间的函数。采用顺流风冷方式,假设所有流经电池模块的风速相等,进口温度也相同。建模中所需电池组开路电压、充电内阻、放电内阻与 SOC 相关数据见本书附录 B。

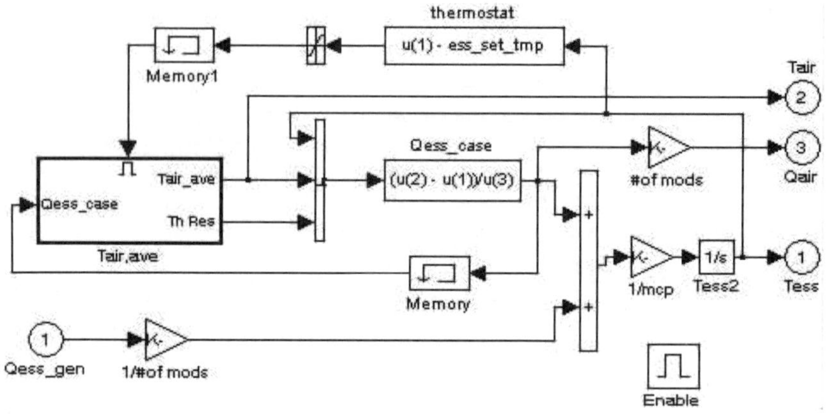

图 2-23　Rint 电池模型中的热模块

2.3.1.5　燃料电池增程器模块

ADVISOR 软件中目前提供三种燃料电池发动机模型:①净功率/效率模型;②极化曲线模型;③GCTool 模型。其中,净功率/效率模型将整个燃料电池系统抽象为净功率与当前净功率输出时燃料电池堆效率的函数。该模型最大特点是只需要燃料电池堆净输出功率与效率的关系曲线,而无需考虑燃料电池发动机系统复杂程度。极化曲线模型使用更多燃料电池堆的特性参数,例如电压-电流曲线以及燃料电池堆辅助系统功率消耗量(空压机功率消耗量、供氢系统功率消耗量、冷却系统功率消耗量等)。燃料电池堆的性能取决于极化曲线,并与单体电池氢消耗量、单体电池个数相关联。燃料电池堆不仅需要提供驱动系所需功率,同时为自身辅助系统提供所需功率。去除辅助系统所需功率后的净功率被传递到驱动系统中。GCTool 燃料电池模型需要通过在 ADVISOR 中调用 GCTool 软件(General computational Toolkit)获取。GCTool 软件由美国 Argonne National Laboratory 开发,用于复杂热动力学系统和化学反应系统的建模。联合仿真过程中,GCTool 模型被调用,在其中输入燃料电池系统的设计参数,例如燃料电池尺寸、反应物流量、反应压力等。GCTool 利用给定的燃料电池系统参数计算出燃料电池发动机所能提供的功率和燃料消耗,并反馈给 ADVISOR 模型。

本书研究过程中,因条件所限,无法获取燃料电池堆辅助系统中单个部件的功率需求值(无法获取空压机、冷却系统、供氢系统负载设备的功率消耗量),因而无法使用极化曲线燃料电池模型。此外,净功率/效率模型只考虑动力系统中电机等的功率需求,未考虑燃料电池堆辅助系统功率需求。而实际增程式电动汽车动力系统方案中的燃料电池堆辅助系统置于 DC/DC 变换器后端,作为用电负载挂在电气母线上,如图 2-24 所示。因而,在建模过程中需要考虑这部分辅助系统功率需求,与母线上其他用电负载的需求功率相加后再传递到燃料电池系统中(后向仿真模型)。燃料电池系统模型求得实际能得到的功率值后,在正向传递到功率母线中之前同样需要减去这部分辅助系统功率。为简化起见,可以构建燃料电池堆净输出功率与辅助系统功率对应关系表,通过查表方式求得每一时刻燃料电池堆辅助系统所需功率。ADVISOR 中燃料电池增程器模型简图如图 2-25 和图 2-26所示。建模所需燃料电池堆功率/效率数据、燃料电池堆净功率/辅助系统功率数据见本书附录 C。

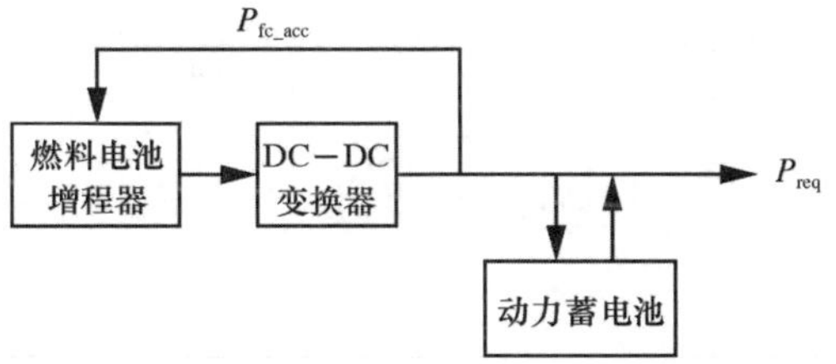

图 2-24　燃料电池增程式电动汽车动力总线简图

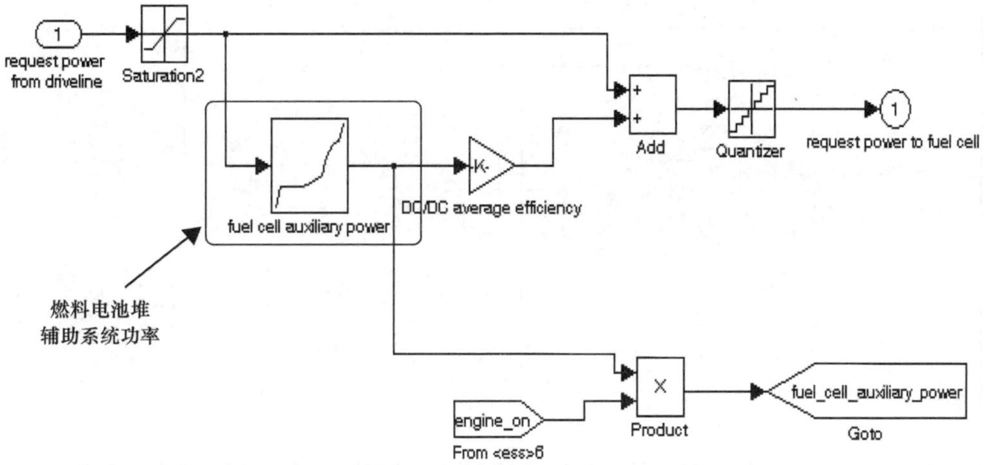

图 2-25　驱动系统需求功率与燃料电池辅助系统功率叠加

2.3.1.6　能量管理策略模块

ADVISOR 中增程式电动汽车动力系统模型的能量管理策略模块的作用是将功率总线上的需求功率(各种用电负载所需功率的总和)在动力蓄电池和增程器间合理分配,以满足系统功率需求。以恒温器控制策略为例,搭建能量管理策略如图 2-27 所示。

其中,模块 1 是通过判断蓄电池 SOC 值大小来决定增程器的开启与关闭。当动力蓄电池 SOC 小于等于 SOC 设定下限值 cs_lo_soc 时,增程器开启。增程器开启后,其输出功率由预先设定的恒功率设定值 fc_outpower_con(模块 2,为常数)和对应的增程器辅助系统功率(模块 3)共同决定。功率需求信号进入燃料电池模型之前,需要除以 DC/DC 变换器平均系统效率。

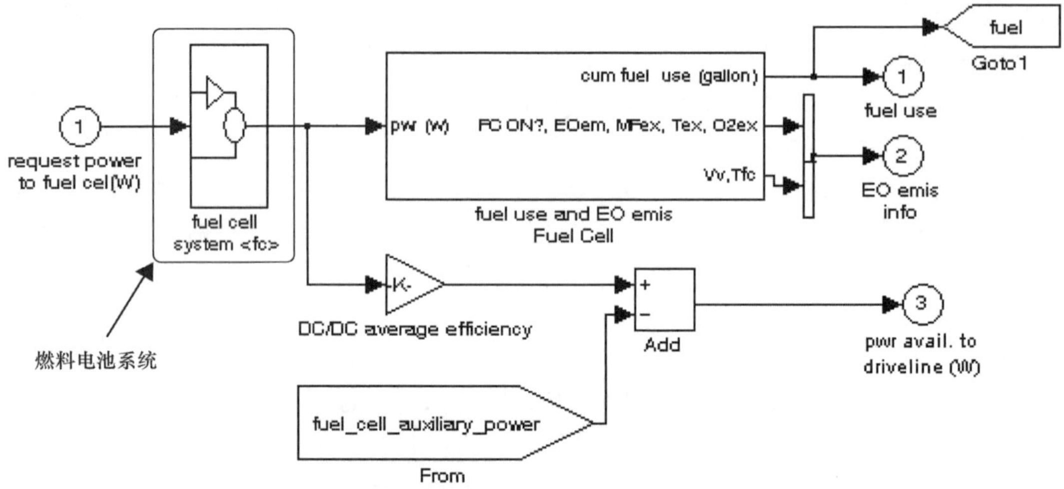

图 2-26　燃料电池模型/驱动系统实际获得的功率

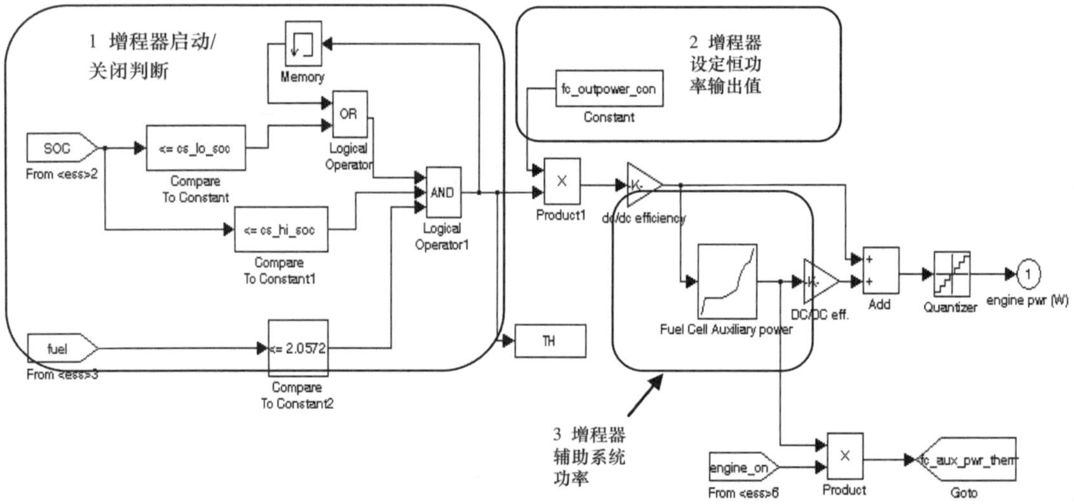

图 2-27　ADVISOR 中的能量管理策略模块

2.3.2　动力性能及续驶里程仿真研究与结果分析

在仿真软件 ADVISOR 中搭建好所研究燃料电池增程式电动汽车整车模型后，即可进行车辆动力性仿真，考核静态参数匹配方法得到的各部件参数能否使车辆达到设计目标设定的最高车速、加速性能和爬坡度。同时可查看动力蓄电池、电机、燃料电池增程器等关键部件在仿真测试情况下的准动态响应特性。

2.3.2.1　加速性能和最高车速仿真测试

车辆加速性能通常由平直路面上车辆从零加速到某给定较高车速时所需加速时间予以表征。车辆的最高车速是平直路面上,动力装置全加载情况下(电动机全功率或发动机节气门全开)车辆所能达到的最高恒定巡航车速。ADVISOR 中测试车辆加速能力和最高车速的原理是给车辆一个 320km/h(200mile/h)的初始目标工况,车辆模型从后向模型出发,按照实际能获得的功率,在各部件参数限制条件约束下尽量去跟踪这条目标工况,最后利用实际得到的车速-时间曲线来计算加速时间和最高车速,图 2-28 是目标工况和实际车速-时间曲线示意图。

根据所选增程式电动汽车动力系统方案和初始配置,在 ADVISOR 加速性能测试选项栏中设置参数如下:

(1) 车辆采用四轮轮毂电机直接驱动,传动比为 1,无挡位选择,因而设置换挡延迟时间为 0s。

(2) 设置动力蓄电池和燃料电池系统能够共同提供驱动功率,将蓄电池组 SOC 初始值设为 0.95。

(3) 设置加速测试时的整车质量为 1600kg(半载质量)。

(4) 设置测试目标为 0～30km/h 车辆加速时间及车辆能达到的最大速度。

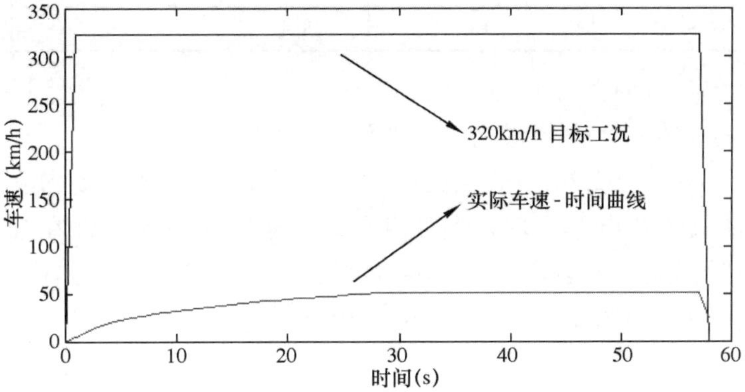

图 2-28　320km/h 目标工况、实际车速-时间曲线

2.3.2.2　爬坡能力仿真测试

爬坡能力通常定义为车辆能以某一恒定速度克服的坡度(或坡度角)。ADVISOR 中测试最大爬坡度的原理是使车辆以设定车速在给定坡度下行驶一段时间,如果最终车速能满足误差约束条件,则认为车辆能够以设定车速克服该坡度行驶。随意调整该坡度值,以求得末给定速度下所能克服的最大坡度。

根据所选增程式电动汽车动力系统方案和初始配置,在 ADVISOR 爬坡能力测试选项栏中设置参数如下:

(1) 设置爬坡速度为 10km/h,爬坡持续时间 60s。

(2) 设置爬坡测试时整车质量为 2 040kg(满载质量)。

2.3.2.3 纯电动续驶里程及增程里程仿真测试

为验证所选蓄电池和燃料电池增程器系统能否满足纯电动续驶里程以及增程里程的需要,构建 20km/h 匀速工况,使车辆以纯电动模式在 20km/h 工况下匀速行驶,蓄电池 SOC 变化范围为 0.3～0.95,求得纯电动续驶里程。增程里程仿真测试时采用恒温器控制策略,假设增程模式运行时仅由增程器提供车辆行驶所需能量。由前述章节求得 20km/h 匀速行驶时,燃料电池增程器输出净功率 1 749.7W 时能满足动力系统对功率的需求,无需蓄电池提供功率。设恒功率设定值 fc_outpower_con＝1 749.7,蓄电池初始 SOC 为 0.3,26L 氢罐可用氢气量约为 573.4g。

2.3.2.4 设计指标仿真结果分析

仿真得到所研究燃料电池型增程式电动汽车相关性能指标如表 2-10 所示。

表 2-10　　相关性能设计指标及仿真结果

	0～30km/h 加速时间(s)	最大爬坡度(%)	最高车速(km/h)	20km/h 纯电动续驶里程(km)	20km/h 增程续驶里程(km)
设计目标	＜10	＞10	＞40	＞25	＞75
仿真结果	7.4	14.6	58.6	36.7	97.9
试验结果*	7.9	15	56.4	—	—

注:* 为新车状态。

加速性能测试中各部件准动态响应特性如图 2-29 所示。

由表 2-10 的结果和图 2-29 中的相关曲线可以看出,基于汽车动力学理论静态参数匹配方法设计得到的某燃料电池增程式电动汽车动力系统各主要部件在准动态仿真中能够使车辆满足各项设计指标,并且各主要部件重要参数在合理的范围内变动,符合其实际物理特性。由此进一步证明 2.2.1～2.2.3 小节提出的基于汽车动力学理论的增程式电动汽车动力系统参数静态匹配设计方法的可行性与正确性,同时也验证了 2.2.4 小节为所研究燃料电池型增程式电动汽车动力系统所做部件选型和参数设计是合理可行的。

2.4 本章小结

动力系统关键部件参数匹配设计的是否合理,直接影响整车性能设计要求能否实现,同时也为后续开发过程中的动力系统建模和能量管理策略开发提供了研究载体,因而是增程式电动汽车动力系统开发过程中首先需要解决的问题。

针对增程式电动汽车复杂的动力系统结构特点,为提高开发准确度和效果,提出增程式电动汽车动力系统参数匹配设计三步骤法,即:①基于汽车动力学理论的参数静态匹配设计;②基于计算机仿真技术的准动态、动态参数匹配校核;③基于计算机仿真技术及优

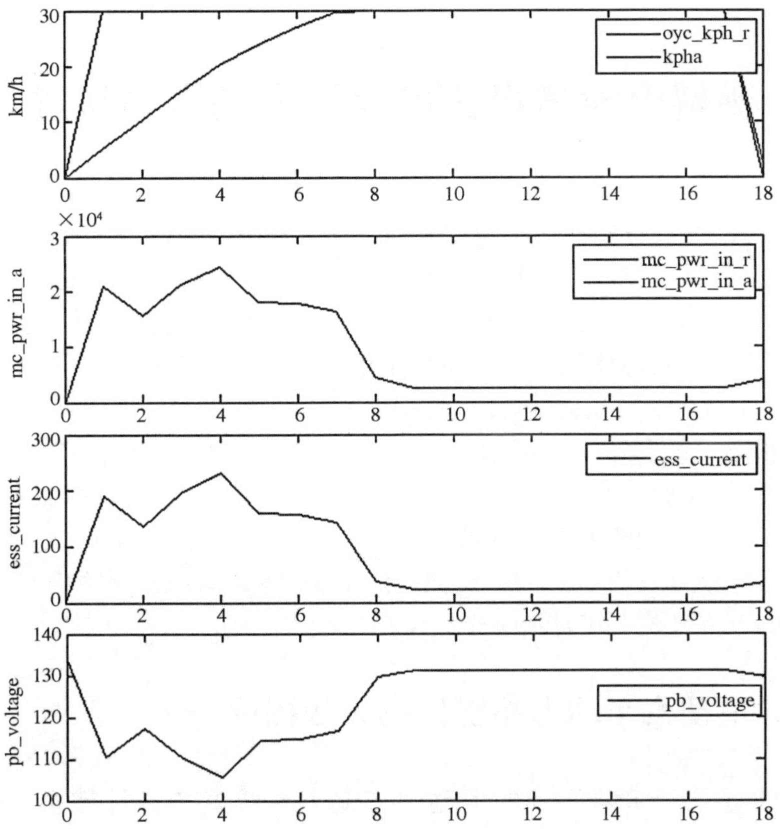

图 2-29　加速性能测试中各部件准动态响应特性

（车速、电机输入功率、电池电流、母线电压）

化设计理论的参数优化设计。采用该套流程方法匹配设计了所研究燃料电池增程式微型电动汽车动力系统关键部件参数，并基于 ADVISOR 仿真软件平台进行动力性、经济性准动态校核，仿真结果显示所设计动力系统部件参数能够使车辆满足各项设计指标。由此证明，本章所给出的增程式电动汽车动力系统参数匹配设计方法正确可行。

考虑到电机传动系参数设计的重要性，详细讨论了电机扩大恒功率区系数 k 对整车动力性能的影响，得到以下结论：

(1) 当电机峰值转速一定时，可以匹配系数 k 较大而峰值功率较小的电机来满足 0～100km/h加速、爬坡性能要求，这样将有效降低车载电源功率等级和尺寸大小，简化动力系统结构，节约制造成本。但车辆高速区段加速能力减弱。

(2) 对于给定功率大小的电机，较大的系数 k 可以获得更大的电机峰值转矩或者传动系速比，从而提高车辆动力性能。

第 3 章　燃料电池增程式电动汽车动力系统键合图建模

随着计算机技术的快速发展，系统建模及仿真在电动汽车动力系统开发过程中的作用日益重要和明显。设计者借助模型既可以对设计的动力系统参数进行快速校核，进一步研究各部件之间的动态响应关系，也可以在实际上车调试之前对各种控制策略和算法进行离线测试，验证策略与算法的正确性和可靠性。借助模型的研究方法较之传统的实物试验研究方法具有时间短、成本低、可重复性强、安全性高等主要特点。与此同时，现代电动汽车的结构形式日趋复杂，是典型的机、电、液、磁等多物理场相互作用的非线性复杂机电一体化系统，对建模方法和理论也提出了更高的要求。本章首先对目前主要存在的电动汽车动力系统图形化建模方法进行比较分析，阐述键合图理论在建立用于增程式电动汽车能量管理策略开发的动力系统模型时的优势，随后运用该理论建立了能够用于整车能量管理策略开发及优化设计的某燃料电池增程式电动汽车动力系统模型。

3.1　增程式电动汽车动力系统建模方法探讨

3.1.1　用于能量管理策略开发的电动汽车动力系统建模共性需求

本书所研究燃料电池增程式电动汽车动力系统主要由锂离子动力蓄电池、电机及电机控制器、燃料电池增程器、DC/DC 变换器等部件组成。这些部件组合在一起，构成异常复杂的机、电、液、磁、电化学、热动力学等多物理场强耦合系统。在此基础上设计的能量管理策略，其目的是在满足整车动力需求的前提下，使电机、电气辅助系统、燃料电池辅助系统等功率负载的功率需求在动力蓄电池和燃料电池增程器之间合理分配，获得较好的行车经济性。整车动力需求的直接执行者是电机，因而要求所建电机模型能够正确反映实际电机的转矩/转速特性，与此同时，电机转矩/转速特性产生的根源是电机输入端存在合适的电量供给，体现为电机控制器输入端电压电流特性。行车经济性反映了增程式电动汽车动力系统中能量供给单元和能量消耗单元之间的能量供需平衡。具体而言，电机和电机控制器模型要能够反映机电转化特性(电流电压与转矩转速的关系)，以及在此过程中每一工作点的转化效率。动力蓄电池是增程式电动汽车的主要能量源，其电压电流特性决定了功率总线上的功率特征，进一步影响电机动力输出表现。而动力蓄电池由充放电内阻体现出来的电池工作效率对增程式电动汽车经济性产生很大影响。燃料电池增程器作为另一能量源，将氢气中的化学能转化为电能，并以电流电压的形式提供给功率总线，而每一工作点的转化效率同样对整车经济性产生很大影响。本书所研究的燃料电池增程式电动汽车采用升压 DC/DC 方案，即将燃料电池堆输出端电压提高为与母线动力蓄电池电压一致，其模型应能体现输入输出端电压的变化，并考虑一定的工作效率。能量管理策略作为控制部分，通过预先设定的控制算法将总的功率需求在多个能量源之间进行分配，分配后的功率以信号形式传递至各能量源。

通过以上对动力系统附件模型和能量管理策略实现方式的分析，用于能量管理策略研究的增程式电动汽车动力系统模型建模共性需求可以总结如下：①部件模型能够准确反映本身能量转换关系，表征能量传递的途径和手段；②能够实现复杂多物理领域之间能量转换和传递的统一建模；③能够进行层次化建模，方便模型的扩展和修改；④能量管理策略信号和被控对象之间能够实现信息交互。

3.1.2 电动汽车动力系统(图形化)建模方法对比分析

上节得出的增程式电动汽车动力系统建模四点共性需求，对其建模方法和建模环境均提出了很高的要求。与纯数学描述和文字描述相比，图形化表述方法更加直观、易于理解，同时也便于设计者之间的交流，因而在工程领域建模方面一直发挥着重要作用。此外，某些图形化建模方法如果给定一定的建模规则，还能够实现从模型到可执行程序的自动转换。现今主流的电动汽车动力系统建模仿真软件均采用图形化建模方法，体现了汽车用建模仿真软件的发展趋势。目前常用的电动汽车动力系统图形化建模方法包括：基于信号流的方块图法(Block Diagram)和信号流法(Signal Flow)；基于能量流的原理图法(Networks)和键合图法(Bond Graph)；面向对象的物理系统建模法(Object-oriented Physical Systems Modeling)。在讨论这些建模方法的特点之前，先给出以下两个定义：

(1) 系统的计算结构(Computational Structure of System)：系统数学模型中，变量之间的因果关系决定了哪些变量需要作为系统的最初已知变量给出，从而使得系统其他变量能够求解。这种变量计算次序上的关系表现出一定的结构性，称之为系统的计算结构。

(2) 系统的物理结构(Physical Structure of System)：实际系统各部件(子系统)之间的物理连接方式和结构关系，称之为系统的物理结构。

方块图是一种描述系统各组成元件之间信号传递关系的数学图形建模方法。它表示了系统输入变量与输出变量之间的因果关系，并以传递函数的形式给出这些变量之间的数学运算关系，因而方块图能够表征系统的计算结构。但方块图最大的不足在于不能反映系统的物理结构，模型元件之间的连接形式和结构关系与实际系统部件之间的连接形式和结构关系存在较大差异。其原因在于方块图中元件之间只能单向传递一个信号，后面的元件不能直接对前面的元件产生影响，反馈只能通过附加的反馈回路给出。这样，在图形模型表现形式上，会使得方块图中增加许多信号反馈回路，降低模型的可读性，如图3-1所示。

信号流图与方块图一样，也是系统中信号传递关系的图解描述。带箭头的指示线表示变量之间的数学传递关系，节点用于表示变量以及变量求和，如图3-2所示。信号流图同样仅能反映系统的计算结构，而无法反映系统的物理结构。另外，除了多个变量间的求和计算以外，其他复杂的运算关系在多变量之间无法实现，因此信号流图只适合于线性系统。

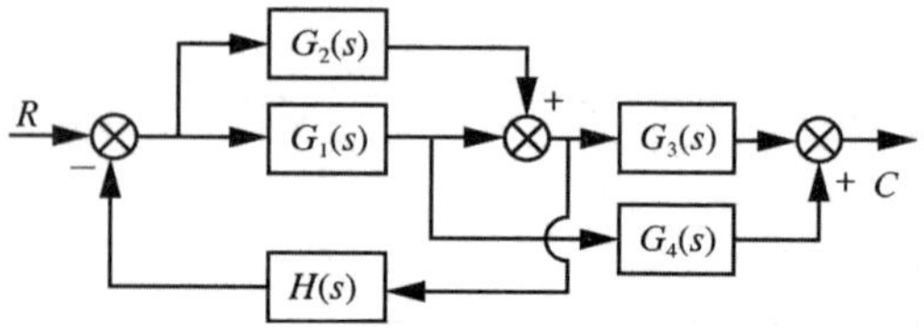

图 3-1　典型的系统方块图

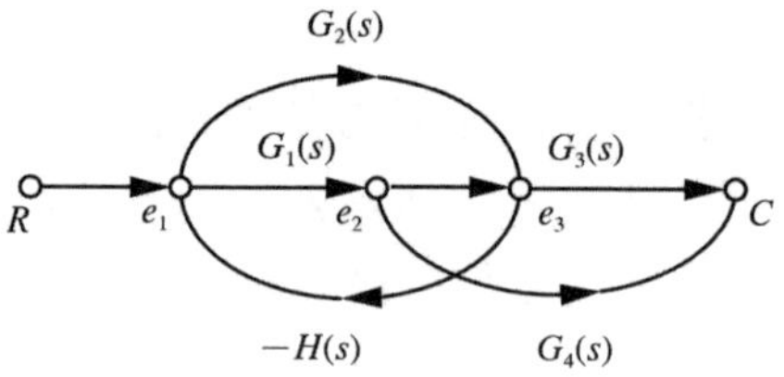

图 3-2　典型的系统信号流图

目前应用广泛的建模仿真软件 Matlab®/Simulink®所使用的也是一种基于信号流的图形化建模方法。图 3-3 所示的是基于 Matlab®/Simulink®建立的一个永磁无刷直流电机模型。从图中可以看出，电机本体及控制部分均进行了模块化处理，模块之间通过预先定义的输入输出信号来连接。模型的结构非常复杂，无法反映电机系统本身的物理拓扑结构，这大大增加了模型理解以及修改拓展的难度，并且在建立仿真模型之前，必须预先通过必要的数学手段获得电机的数学模型，即系统的传递函数或状态方程。事实上，要获取复杂机电一体化系统的准确数学模型并非易事。

原理图建模法考虑能量在系统中的产生与传递，按实际物理拓扑结构和工作原理对系统进行简化建模。该方法广泛应用于电气系统以及液压系统，例如常见的等效电路图等，如图 3-4 所示。因为建模从系统实际物理结构出发，所以该方法模型具有很好的层级性，能够很好地反映系统物理结构。该方法不足之处在于，不能反映系统计算结构，针对特定的研究领域需要进一步借助相关领域的物理定律推导出系统数学模型用于仿真计算。

通过对以上几种建模方法的分析我们可以看出：图形化建模方法普遍具有直观易理解的特点，其中的方块图法和信号流法仅能反映系统的计算结构，无法反映系统的物理结构；原理图法仅能反映系统的物理结构，无法反映系统的计算结构。基于功率流及能量守恒原则的键合图法统一了建模过程中存在的系统计算结构和物理结构两方面的需要，它既能够像原理图那样直观地反映系统的物理拓扑结构特点，同时又能够通过给各个变量设定因果关系来反映系统的数学内涵。以下章节将对键合图理论的特点做进一步说明，同时对比分析另一种与之相似的建模方法——面向对象的物理系统建模法。

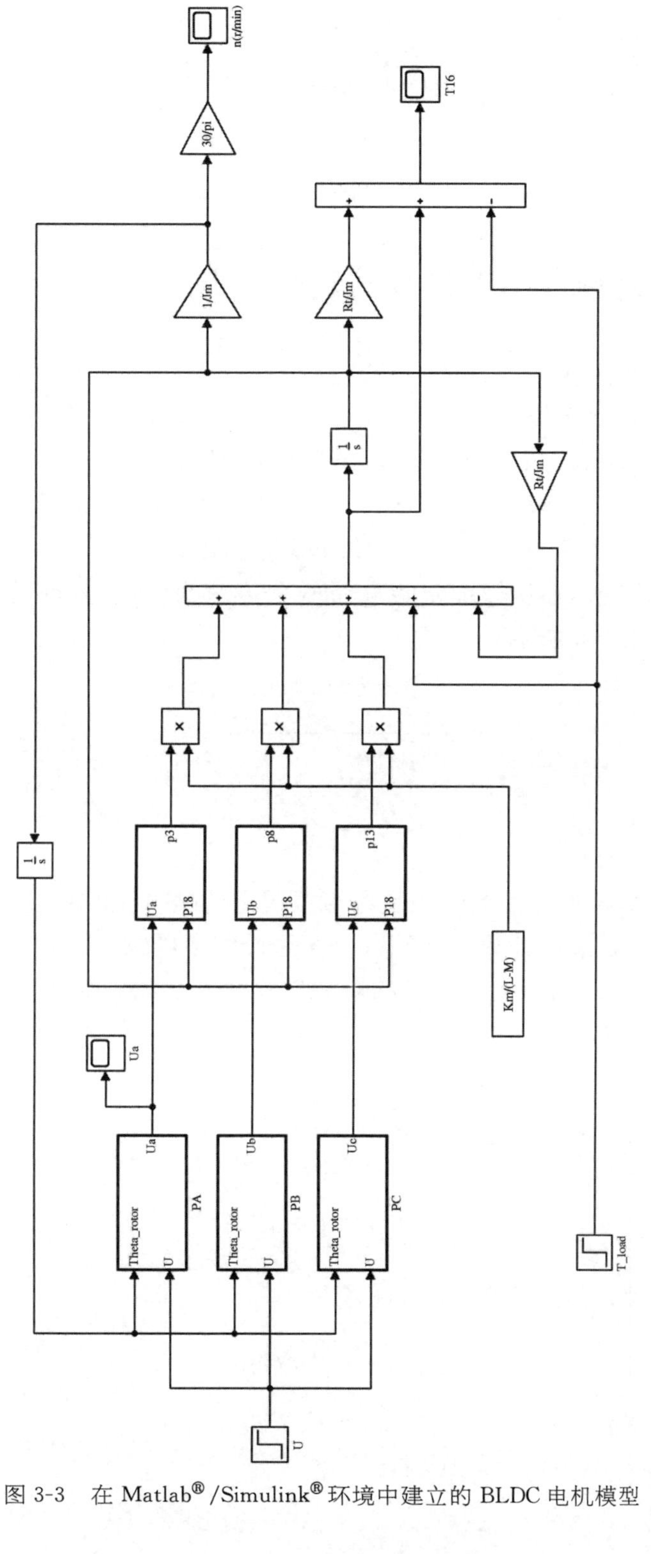

图 3-3　在 Matlab®/Simulink® 环境中建立的 BLDC 电机模型

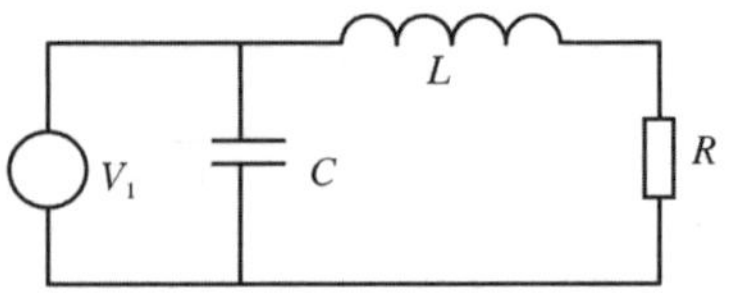

图 3-4　典型的等效电路图

3.2　动力学系统键合图理论及其建模特点

3.2.1　键合图建模理论

3.2.1.1　基本表达方式及变量

键合图理论是由美国 MIT 大学 Henry Paynter 教授于 20 世纪 50 年代末创立的一套依据能量守恒定律，使用有限个基本元件以一定的连接方式来表示系统模型的建模理论。其中，构成模型的基本元件称为键合图元，相邻键合图元之间的连线称为键(Bond)，箭头的方向表示功率的流向。在每根键上定义了两个传输的变量，分别是势变量 e(effort)和流变量 f(flow)，如图 3-5 所示。

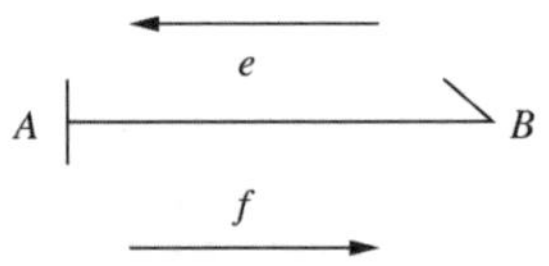

图 3-5　功率键示意图

图 3-5 中，键端垂直短竖线的作用是为每根键上的势变量和流变量指定因果关系，从而使得模型能够表述系统的计算结构。键合图理论将不同物理域的多种物理参量归纳成四种广义变量，即势变量、流变量、广义动量和广义位移，统一遵循能量守恒定律，从而实现不同物理域建模的统一。其中，势变量 $e(t)$和流变量 $f(t)$的标量积为功率 $P(t)$：

$$P(t)=e(t)f(t) \tag{3-1}$$

广义动量 $p(t)$定义为势变量的时间积分：

$$p(t)=\int^{t} e(t)\mathrm{d}t \tag{3-2}$$

广义位移 $q(t)$定义为流变量的时间积分：

$$q(t)=\int^{t} f(t)\mathrm{d}t \tag{3-3}$$

表 3-1 给出了不同物理域键合图变量对应关系。

表 3-1　　不同物理域键合图变量对应关系

物理域	势变量 e	流变量 f	广义动量 p	广义位移 q
平动机械系统	力 F(N)	速度 v(m/s)	动量 p(Ns)	位移 x(m)
转动机械系统	转动惯量 M(Nm)	转速 ω(rad/s)	角动量 p_ω(Nms)	角位移 θ(rad)
电磁系统	电压 u(V)	电流 i(A)	磁链 λ(Vs)	电荷 q(C)
	磁动势 V(A)	磁通率 $\dot{\phi}$(Wb/s)	—	磁通 ϕ(Wb)
液压系统	压强 p(N/m^2)	流量 Q(m^3/s)	压力动量 p_p(N/m^2 · s)	体积 V(m^3)
热力学系统	温度 T(K)	熵流 $\dot{S}$(J/K/s)	—	熵 S(J/K)
化学系统	化学势 μ(J/mole)	摩尔流量 $\dot{N}$(mole/s)	—	摩尔质量 N(mole)

3.2.1.2　基本键合图元

尽管实际物理系统多种多样，涉及不同的能量范畴，并且有各自专业范围内的理想元件，但是这些理想元件却有着相同的本构关系。键合图理论即是将这些不同领域里面的不同物理本构关系抽象归纳为几个典型的键合图基本元件，并利用这有限个基本单元来构建实际物理系统模型。按照通口个数，键合图基本元件可以分为一通口元件、二通口元件和多通口元件三类。所谓通口是指每个键合图元件上与外界进行功率交换的端口。

1. **一通口元件**

一通口元件仅有一个与外界其他元件进行功率交换的端口。键合图理论定义的一通口元件共有四个：势源 Se、流源 Sf、阻性元件 R、感性元件 I 和容性元件 C，如图 3-6 所示。

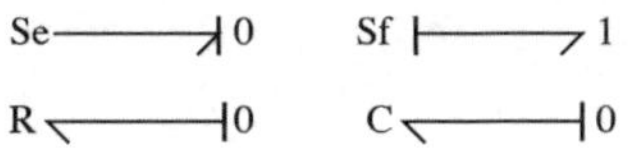

图 3-6　键合图一通口图元

其中，势源 Se 和流源 Sf 是有源键合图元，向系统提供功率。势源通过通口向系统输入一个稳定的势变量，其上的流变量由系统反馈决定。流源通过通口向系统输入一个稳定的流变量，其上的势变量由系统反馈决定。当它们输出的势变量和流变量可调时，相应的势源 Se 和流源 Sf 转变为可调势源 MSe 和可调流源 MSf。

物理域中的一切耗散阻碍效应在键合图中均可以用阻性元件 R 来表示，描述系统中的功率损耗。其本构关系为

$$e(t)=R_0 f(t) \tag{3-4}$$

式中，R_0 是阻性元件 R 的参数，表示阻性元件中势变量和流变量的定量关系；线性阻性元件的 R_0 是常数，非线性阻性元件的势变量与流变量不成比例关系，因而 R_0 演变为一个非线性函数。实际电系统中的电阻、机械系统中的各种摩擦阻力，以及减震阻尼器等都可用阻性元件来表示。

感性元件 I 和容性元件 C 是所谓的储能元件，用以表征实际物理系统中储存能量的

部件。定义势变量和广义位移之间存在某种函数关系的键合图图元为容性元件,其本构方程式为

$$q(t)=\phi_C(e(t)) \tag{3-5}$$

电路中的电容、机械系统中的弹簧以及液压系统中的储能装置均可以用容性元件表示。

定义流变量和广义动量之间存在某种函数关系的键合图图元为感性元件,其本构方程式为

$$p(t)=\phi_I(f(t)) \tag{3-6}$$

电路中的电感、机械系统中的平动质量和转动惯量以及液压系统中的流体惯量均可以用感性元件表示。

2. 二通口元件

键合图中的二通口元件通过一个通口从系统获取功率,同时通过另一个通口将功率传递给系统其他部件,整个过程遵循能量守恒。键合图理论中定义两类主要二通口元件:变换器 TF(Transformer)和回转器 GY(Gyrator)。

变换器 TF 描述系统能量传递过程中输入势变量与输出势变量、输入流变量与输出流变量之间存在的转换关系。其本构关系可以表示为

$$\begin{cases} e_2(t)=Ne_1(t) \\ f_1(t)=Nf_2(t) \end{cases} \tag{3-7}$$

式中,N 为变换器转换因子。

当转换因子 N 并非常数,即 N 受外界信号影响不断变化时,称之为可调变换器 MTF。键合图中变换器 TF 如图 3-7 所示。

图 3-7 键合图中的二通口变换器 TF

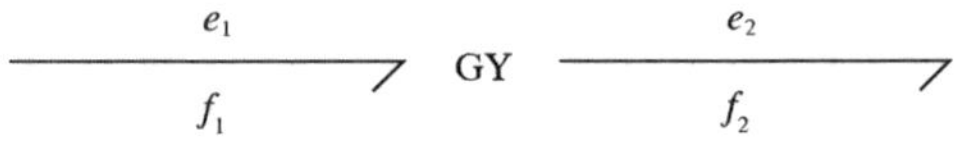

图 3-8 键合图中的二通口回转器 GY

通常,电力系统中的理想变压器、机械系统中的杠杆或齿轮变速器以及液压系统中的液压泵可以用变换器 TF 表示。

回转器 GY 描述系统能量传递过程中输入势变量与输出流变量、输入流变量与输出势变量之间存在的转换关系。其本构关系可以表示为

$$\begin{cases} e_2(t)=Mf_1(t) \\ e_1(t)=Mf_2(t) \end{cases} \tag{3-8}$$

式中,M 为回转器转换因子。当转换因子 M 并非常数,即 M 受外界信号影响不断变化时,称之为可调回转器 MGY。键合图中回转器 GY 如图 3-8 所示。

通常,励磁恒定的直流电机可以用回转器表示。

3. 多通口元件

键合图中的多通口元件用于多个键合图基本元件之间的连接，又称为结型元件。目前键合图理论中定义了两类结型元件，分别是 0 结元件和 1 结元件。0 结元件类似于电力系统中的电器元件并联节点，其上各点势变量相等，流变量的代数和为 0。多通口 0 结元件的本构关系可以表示为

$$\begin{cases} e_1(t)=e_2(t)=\cdots=e_n(t) \\ \sum_{i=1}^{n} \alpha_i f_i(t)=0 \end{cases} \tag{3-9}$$

式中，n 为 0 结元件上的通口数；α_i 为功率流向系数，半箭头指向 0 结的键 $\alpha_i=1$，半箭头背离 0 结的键 $\alpha_i=-1$。

1 结元件类似于电力系统中的电器元件串联回路，其上各点流变量相等，势变量的代数和为 0。多通口 1 结元件的本构关系可以表示为

$$\begin{cases} f_1(t)=f_2(t)=\cdots=f_n(t) \\ \sum_{i=1}^{n} \alpha_i e_i(t)=0 \end{cases} \tag{3-10}$$

式中，n 为 1 结元件上的通口数；α_i 为功率流向系数，半箭头指向 1 结的键 $\alpha_i=1$，半箭头背离 1 结的键 $\alpha_i=-1$。

3.2.1.3 键合图建模步骤分析

针对某一实际物理系统的键合图完整建模过程可以归纳为以下几个步骤(图 3-9)：

1. 物理系统的抽象与简化

其中第一步是将实际物理系统依据建模目的进行抽象和简化。其出发点是将系统功能和结构按照功率和能量传递的途径进行拆分，即将总的功能拆分成各个子功能，对各个子功能寻求适用的键合图基本图元。这一步的工作是一个不断深入、不断细化的过程，往往会利用到各个具体物理域的基本物理定律和物理现象，目的在于利用键合图定义的各种基本图元来描述系统的物理结构和功能特征。

2. 指定因果关系

完成第一步建模操作后即得到仅包含系统物理结构特征的键合图模型。为了能够使模型具有可计算性，也即使模型能够反映系统的数学内涵，需要根据实际物理系统的具体情况给键合图模型的每个键(键上的势变量和流变量)标定因果关系。所谓的标定因果关系，从形式上看是在每个键的端部标上一根短竖线，指定一根键上势变量和流变量的因果关系，其计算意义在于说明哪个是已知变量，哪个是未知变量。图 3-10 给出一个标注了因果关系的键合图势源，其中键上的势变量 e 是起因，作为已知量输入给系统，而流变量是结果，作为未知量从系统反馈。

3. 推导状态方程

因为每个键合图元件的定义中给出了其数学本构方程关系，所以给各个键合图元指定因果关系后的键合图模型即包含系统的数学特征，可以很方便地推导出模型的状态方程。对于基于键合图理论开发的仿真软件，通过标注了因果关系的键合图模型就可以直接进行数值仿真计算，而无须编制数学方程。

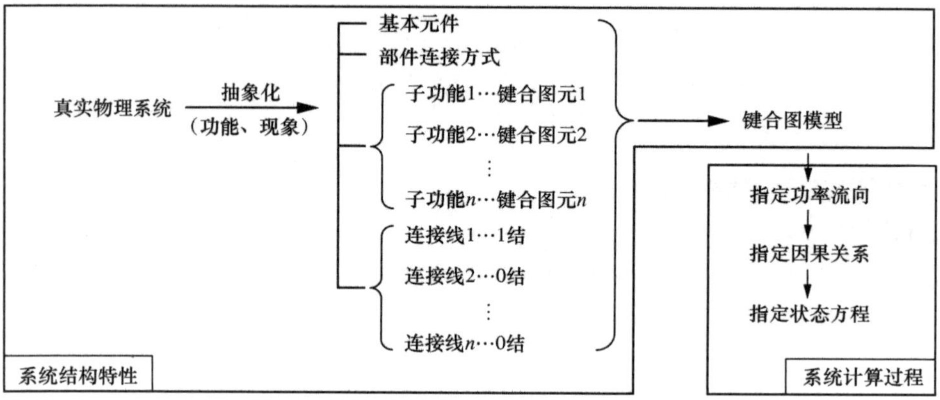

图 3-9　键合图建模一般步骤

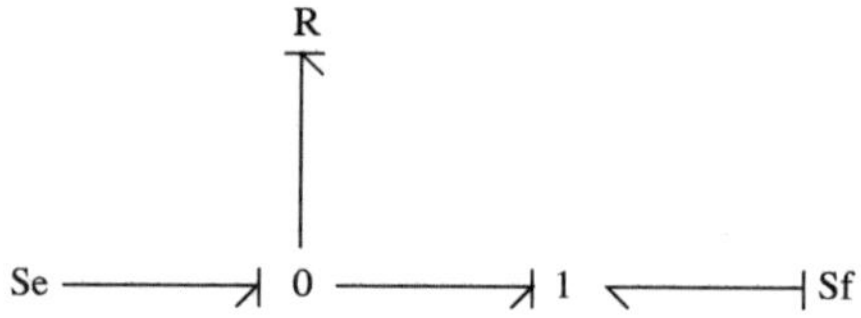

图 3-10　标注了因果关系的键合图元

3.2.2　键合图建模理论的特点

键合图建模理论与其他数学建模方法相比，具有以下主要特点：

(1) 适合多物理域复杂系统的统一建模。键合图理论通过功率产生与传递这一多物理域普遍规律将不同物理范畴的模型统一起来，能量传递过程中遵循能量守恒定律。定义有限个基本建模元件，统一表征不同物理范畴内的物理作用与现象。

(2) 有一套系统化的建模方法和流程。一般的数学建模方法往往从各个物理范畴的基本定律和专业知识出发，建模者主要依靠自身的经验和认知水平推导系统的数学方程，然后在数学方程的基础上编制计算模型。键合图理论是从物理系统的物理结构出发，用基本建模单元去表征系统的物理功能和现象，数学模型暗含其中，最后由标注了因果关系的键合图模型推导出系统的状态方程，而模型元件的抽象和连接，以及因果关系的标注，都有可以遵循的原则和方法步骤，从而使得建模过程更加系统化、规范化。

(3) 建模时不必预先知道系统数学方程。键合图建模从系统部件之间的功率传输过程出发,用基本建模元件反映系统的物理结构。与此同时,因为每个基本建模元件都赋予了输入输出量之间的数学本构关系,所以系统的数学结构就暗含在键合图模型中。

(4) 模型直观明了,充分保留了实际物理系统的拓扑结构特征,模型修改方便。键合图模型中建模元件反映的是实际系统中的物理部件或物理现象,因而它们之间的连接方式、位置关系与实际物理系统是基本一致的。这样,就比一般的图形化建模方法更能反映系统的物理结构,模型更加直观明了。图 3-11、图 3-12 是分别用 Matlab®/Simulink® 的信号流图法和键合图法搭建的同一个永磁直流电机模型,Simulink 模型建立时依据的是电压、绕组内阻、电感、电磁转矩常数、电机转动惯量、转子轴承摩擦阻尼这些参数之间的数学关系,从最终模型已经很难看出系统的物理结构特征。变量之间的关系错综复杂,除非对模型的理解十分深刻,否则信号线的错误改动可能导致模型无法运算。值得注意的是,这仅仅是一个相对简单的二阶电机模型,对于复杂的系统来说,模型将变得更加复杂。而与此相对的,用键合图构建的同一电机模型,元件之间的结构关系直观明了。建模者可以根据建模目的决定模型的精确程度,增加或删减基本键合图元件都十分方便,并且通常情况下并不会影响模型的运算。例如,如果忽略电机输出轴滚动摩擦阻力的影响,则可以去除滚动阻尼阻性元件 R。

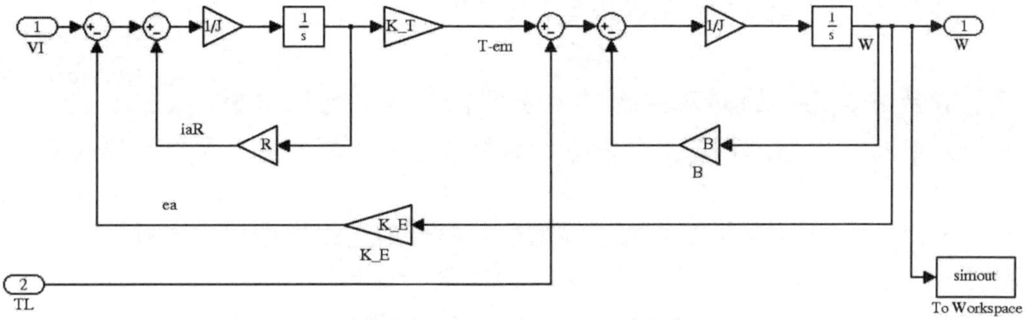

图 3-11 永磁直流电机 Simulink 模型

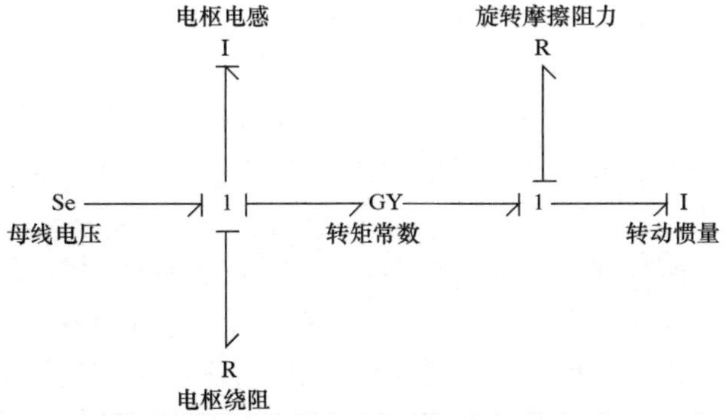

图 3-12 永磁直流电机键合图模型

键合图理论自创立以来，凭借其在建立系统模型方面的诸多优点，在各类工程系统的建模仿真中得到广泛的应用。在传统的多体动力学机械系统、电气系统、液压系统等方面，国内外的科研工作者都开展了大量卓有成效的工作。而在复杂机电一体化系统中的应用相对较少，特别是在增程式电动汽车动力系统建模方面的应用鲜有报道。正是基于这样一个研究背景与现状，本书尝试将键合图理论应用于增程式电动汽车动力系统建模中，充分利用其独特的建模优势，构建能够进行增程式电动汽车动力系统能量管理策略开发的系统键合图模型。

当然，任何一种理论与方法均存在其局限性，键合图模型的不足主要体现在如下两点：

(1) 键合图模型仅以功率流来描述系统能量的传递，每根键上的势变量和流变量的乘积定义为功率。而对于某些物理系统，表征能量传递的常用变量其乘积可能不是功率，这就给统一建模带来一定的困难。对于这一问题的解决，键合图理论在原有的基础上提出所谓的伪键合图概念(Pseudo Bond Graphs)，即势变量与流变量乘积不为功率的情况。本书所使用键合图模型其势变量与流变量的乘积严格等于功率。

(2) 尽管键合图理论有一套完整的建模理论及方法，但只有经过专门的学习才能够掌握，而通常的数学方程建模能够被建模者直接使用。

3.2.3 键合图理论与面向对象物理系统建模方法的比较分析

面向对象的物理系统建模，是伴随着计算机技术的不断发展以及仿真建模问题的日益复杂，而从计算机科学领域中的对象建模技术(Object Modeling Technique，OBT)演化而来的、一种强调将无因果可复用的子模型按照实际系统物理结构方式进行连接的多物理领域建模方法。面向对象物理系统建模方法主要特征包括：

(1) 对象性。面向对象物理系统建模方法中将系统各部件的模型和物理过程的模型统称为对象。系统模型被看作是各种数据与数据间处理方法的合成。

(2) 层级性。面向对象物理系统模型可以由多个子模型构成，而单个子模型又可以由更下一级的多个子模型构成，体现出模型的层级关系。

(3) 模型的类及个例。面向对象物理系统建模方法将具有相同结构和动力学特性的一系列模型看作一类模型。这一类模型具有相同的属性，而某个具体的模型则是一类模型中的个例。

(4) 继承。模型个例会继承所属类的各种一般属性，并根据各自具体情况调整属性参数值。下层模型会继承上层模型的一般属性。继承属性的好处在于能够尽量避免模型生成代码时出错，下层模型忠实地继承上层模型的属性，仅根据情况调整相应参数即可。

(5) 可封装性。面向对象物理系统建模中所指的模型封装性是指模型内部定义不会因与外界其他模型的连接而受到影响，并且模型的接口定义和属性定义分开描述，描述模型属性的非因果数学方程与定义模型接口的程序代码完全隔离。子模型被封装好后，仅需通过拖曳连接即可完成更上层的系统模型。

(6) 子模型的多态性。子模型中有专门的内部语句负责描述子模型的动力学特性，描述时充分考虑可能出现的不同动力学特性，从而使相同的子模型得到不同的动力学响应。

(7) 子模型的连接反映系统的物理结构。面向对象物理系统建模方法中各子模型按照实际物理系统中各部件的连接形式而连接，能够充分反映系统的物理结构。

面向对象物理系统建模方法，因其模型的直观明了以及多能域统一建模的特点而受到日益广泛的关注。但事实上，类似模型层级性、按照物理系统结构来连接子模型等建模特点在物理系统建模领域并不少见。

键合图理论于20世纪50年代末建立之时，面向对象建模(Object-oriented Modeling)的概念还未出现，因此键合图理论并未使用面向对象物理系统建模理论的一些概念和提法。但事实上，键合图建模理论包含了面向对象物理系统建模方法的诸多特点，可以说键合图建模方法是一种特殊的面向对象物理系统建模方法。以下从面向对象物理系统建模的角度出发，对二者进行对比分析。

(1) 对象性。尽管键合图理论并没有特别提出“对象”的概念，但是键合图中的各个图形化部件模型与面向对象物理系统建模法中的“对象”概念相符。

(2) 无因果子模型的连接反映系统的物理结构。键合图基本元件的连接方式与实际物理系统能量传递的路径一致，因而能够非常直观地反映系统的拓扑结构。而在指定每根功率键的因果关系之前，这些键合图基本元件是无因果性的。

(3) 模型层级性。使用键合图理论建立大型复杂系统模型时，可由基本键合图元件建立各个子模型，进而通过子模型之间或子模型与基本元件之间的连接来构建更高层次的模型，最终得到系统总的键合图模型。这是典型的自下而上的键合图层级建模过程。

(4) 模型的封装性。面向对象的物理系统建模方法强调基本建模模块的内部信息不会轻易被外界影响和更改，仅通过特定的连接端口与外部其他模型元件进行变量信息交换。键合图建模过程中模型封装性的体现在于，基本键合图元件之间仅能通过能量端口和信号端口相连接，模型元件的内部本构关系不会改变。

(5) 一类模型与模型个例。键合图理论根据能量的产生、耗散、存储、传递以及转化，分别对应定义了有限个基本图元，这些基本图元可以看作具有共同基本特征的一类模型，而对于每个赋予了具体参数的基本模型元件，则可以看作一类模型中的一个个例。

(6) 模型之间的继承性。键合图的基本元件在定义时即给定了所包含的变量，以及变量间的本构关系。这些基本元件在建立子模型，进而构建总的系统模型是，其内在变量间本构关系在各级模型间继承，不会发生改变。

从以上的分析中看出，键合图建模理论和面向对象的物理系统建模方法在总的建模思想上有很多共性，二者主要共性表现在以下三个方面：①均具有多物理域统一建模能力；②模型均具有层级关系；③建模元件均具有非因果性。不同在于两种建模方法各自有一套具体的建模规则和方法。前者历史更久，侧重以不同物理域间能量功率的传递为线索,构建系统模型;后者受到现代面向对象编程技术启发,强调模型对象和类的概念来对不同物理域的系统进行统一建模,同时力求反映真实系统的物理结构。

3.3 燃料电池增程式电动汽车动力系统键合图建模

3.3.1 仿真模型的总体结构

键合图建模的基础是系统部件之间功率流动关系的分析与简化。本书所研究燃料电池型增程式电动汽车动力系统仿真模型结构框图及功率流动关系如图 3-13 所示,其中实线表示功率流,虚线表示控制信号。

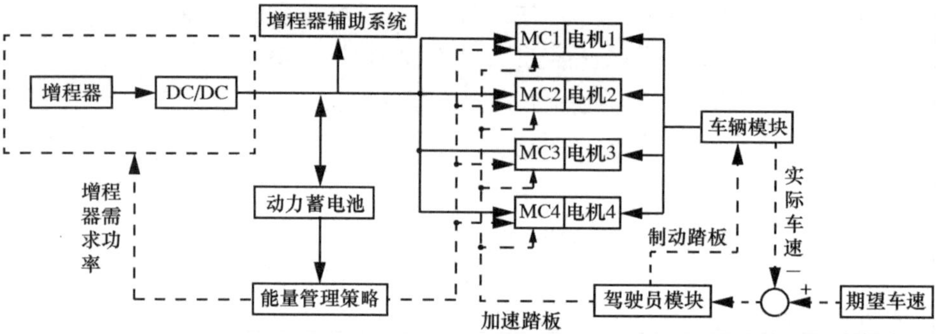

图 3-13 燃料电池型增程式电动汽车仿真结构框图

3.3.2 动力蓄电池键合图模型

动力蓄电池作为电动汽车的关键部件,各国科研人员在建立电机仿真模型方面做了大量工作,希望建立能够反映工作过程中电池电流-电压关系、SOC 变化特性的相对精确的模型。归纳起来主要有以下三类电池模型:①电化学模型;②数学模型;③等效电路模型。其中,电化学模型描述电池内部的物理化学过程,模型复杂,并且常包含偏微分方程,使得仿真求解时间较长,该种电池模型适用于电池电极及电解液的优化设计;数学模型常常基于随机方法和经验公式,用于反映电池的动态特性,但是精度往往较低(5%~20%),并且通常无法给出电池参数与电流-电压之间的量化关系;基于等效电路的电池模型通过电源、电阻以及电容等电气元件的连接直观地建立电路模型,因其直观、物理示意明晰而在电动汽车动力系统电池建模中得到广泛的应用。常见等效电路模型有 Rint 模型(内阻模型)、RC 模型(电阻电容模型)以及多种改进模型。本书采用经典的 Rint 内阻模型来建立动力蓄电池键合图模型。Rint 内阻模型将动力蓄电池看作是一个电压源与内阻串联的电路结构,其等效电路图如图 3-14 所示。

其中,电压源 V_{oc} 可以看作是电池 SOC 和温度 T 的函数,内阻 R 可以认为是 SOC、温度 T 以及充放电状态的函数。可以用键合图理论中的势源 Se 来表示 V_{oc},如图 3-15 所

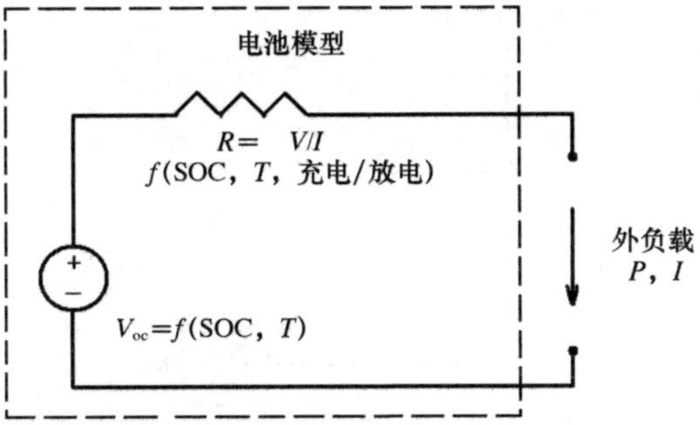

图 3-14　Rint 内阻模型等效电路图

示;其中势源的势变量(电池电压)可以根据建模精度要求的不同设定为常数(电源电压恒定),或者设定势变量随 SOC 及温度变化。本书中使用试验所得开路电压与 SOC 的数据关系(附录 B 表 B-1),将 Se 的势变量表示为 SOC 的函数:

$$
\begin{aligned}
U_{Se}=&1.392\times10^{14}SOC^{9}-6.369\times10^{12}SOC^{8}+1.223\times10^{9}SOC^{7}-1.282\times10^{7}SOC^{6}\\
&+8.012\times10^{6}SOC^{5}-0.0003055SOC^{4}+0.006998SOC^{3}-0.09178SOC^{2}\\
&+0.7201SOC+125.7
\end{aligned}
\tag{3-11}
$$

考虑到实际试验过程中电池温度变化不大(变化值约 7℃),忽略温度的影响,用可调阻性元件 MR 表示电池内阻,如图 3-16 所示,其阻值随 SOC 以及充放电状态而变化(附录 B 表 B-2)。因为电压源与电池内阻串联,流过二者的电流相同,故二者通过键合图中表征相同流变量的 1 结连接,最终动力蓄电池模型如图 3-17 所示。图中下方 SOC 箭头表示电池 SOC 信号用于它用,比如管理策略的调整,后续章节有具体介绍。图中上方 voltage_and_current 端口与外部负载相连接,向外提供电压和能量,并由负载反馈电流值。1 结上的电流信号输入电阻值调节模块,其正负决定 MR 是放电内阻或充电内阻。

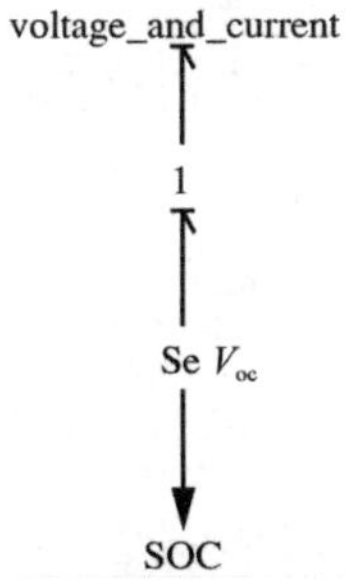

图 3-15　势源表示电池电压源

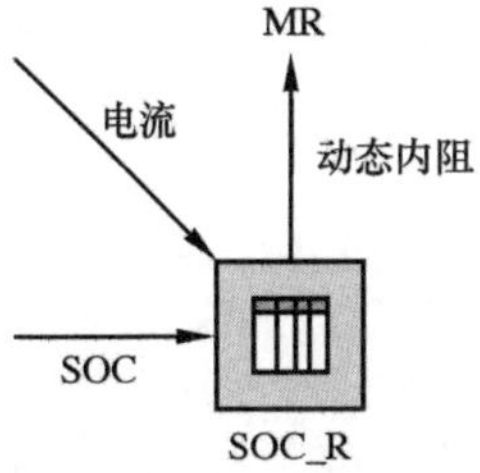

图 3-16　*MR* 表示电池内阻

3.3.3　永磁同步电动机键合图模型

变频器供电的永磁同步电动机加上转子位置闭环控制系统便构成自同步永磁电动机,既具有电励磁直流电机的优异调速性能,又实现了无刷化。其中反电动势波形和供电

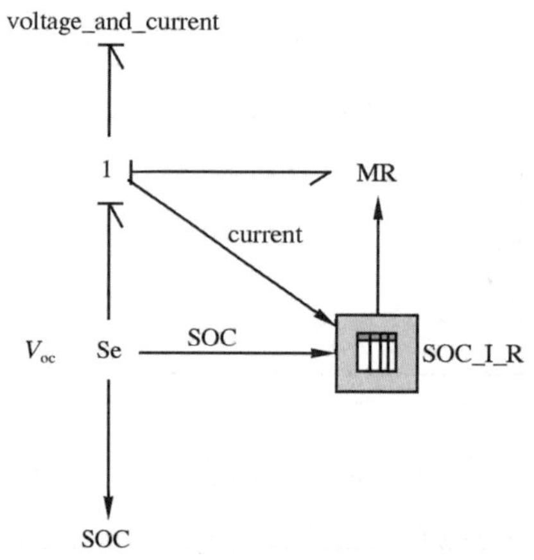

图 3-17　动力蓄电池键合图模型

电流波形都是矩形波的电动机，称为矩形波永磁同步电动机，又称无刷直流电动机(Brushless Direct Current Motor，BLDCM)；而反电动势波形和供电电流波形都是正弦波的电动机，称为正弦波永磁同步电动机，简称永磁同步电动机(Permanent Magnet Synchronous Motor，PMSM)。本书采用的是永磁同步电动机(三相)，主要由电机本体(实现机电转换过程)、位置传感器和电机控制器三部分组成，相应的传动系统简图如图3-18所示。

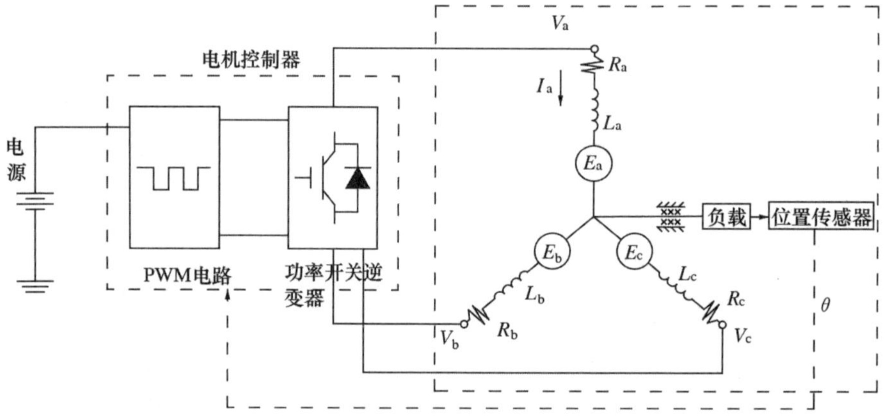

图 3-18　永磁同步电动机传动系统简图

其中，电源(V_{bat})指动力蓄电池和增程器(DC/DC 输出端)并联提供的直流母线电源，为电动机提供电能。由 PWM 电路和电压源逆变器组成的电机控制器根据位置传感器提供的电机转子位置信号(θ)实现换相以及相电压(V_a，V_b，V_c)调节功能。根据电机的物理特性和运行特性，不计电机中的涡流及磁滞损耗，电机本体的定子部分(电枢绕组)可以简化为绕组内阻(R_a，R_b，R_c)、电感(L_a，L_b，L_c)以及反电动势(E_a，E_b，E_c)三部分。电机本体的转子部分(永磁体)通过电磁转矩作用,一方面将电能转换为机械能,输出转矩(T)和转速(ω),另一方面由转子转动产生的变化磁场在定子绕组中感生出反电动势,这两种作用的关系式可以表示为(以 a 相为例)

$$\begin{cases} T_a = f_a(\theta) K_T \cdot I_a \\ E_a = f_a(\theta) K_E \cdot \omega_a \end{cases} \tag{3-12}$$

式中,I_a 为 a 相绕组相电流;E_a 为 a 相绕组中感生出的反电动势;ω_a,T_a 分别为 a 相绕组在转子输出轴上产生的旋转速度和转矩;K_T,K_E 分别为电磁转矩常数(N · m/A)和反电动势常数(V/rad · s^{-1});f_a 为影响因子,是转子旋转角度 θ 的函数。对于三相正弦波永磁同步电动机而言,三相相电压有如下等式关系:

$$\begin{cases} U_a = U \cdot \sin(\theta) \\ U_b = U \cdot \sin(\theta - 2 \cdot p_i/3) \\ U_c = U \cdot \sin(\theta - 4 \cdot p_i/3) \end{cases} \tag{3-13}$$

式中,U 为经过 PWM 电路调制之后的母线直流电压。实际运行过程中,正弦相电压与正弦反电动势波形相对应,相应的各相 $f(\theta)$关系式如下:

$$\begin{cases} \text{a 相}: f_a(\theta) = \sin(\theta) \\ \text{b 相}: f_b(\theta) = \sin(\theta - 2 \cdot p_i/3) \\ \text{c 相}: f_c(\theta) = \sin(\theta - 4 \cdot p_i/3) \end{cases} \tag{3-14}$$

电动机转子输出轴可以看作刚体,故每相绕组产生的角速度相等,且等于电动机转子输出角速度:

$$\omega_a = \omega_b = \omega_c = \omega \tag{3-15}$$

利用图 3-18 和以上各相关公式,建立永磁同步电动机的键合图模型,如图 3-19 所示。其中电动机本体部分由键合图基本图元搭建,正弦相电压控制算法以及位置信号传感器的功能通过编制程序实现。

在图 3-19 中,三相相电压由母线电池直流电压经过可调变换器 MTF 调制后进行加载,电压的变化算法在电压算法模块中。定子绕组各相内阻由阻性元件 R 表示,各相电感由感性元件 I 表示,这三者在电路关系上是串联结构,具有相同的电流,由 1 结连接。可调回转器 MGY 实现电动机机电转换功能,其本构关系由公式(3-12)和公式(3-14)决定。由公式(3-14)可知,三相绕组在转子上产生的转速相等,输出转矩通过 1 结连接。右侧1 结上的 MSe 表示考虑电动机输出轴摩擦损耗、定转子铁损等多种影响因素在内的综合等价损耗量,增加该模块后,可以解决电机模型无法反映效率特性的不足。其具体求解过程如图 3-20 所示。从电机输出轴键合图模型 1 结上求取电机输出轴转速和转矩信息,然后利用电机输出效率特性 Map 图求取工作点时刻电机工作效率。本书利用人工神经网络算法(Artificial Neural Network,ANN)在附录表 A-3、图 A-2 的试验数据基础上拟合出电机等效损失转矩 Map 图,通过查此表可以直接求得对应转矩转速工作点电机等效损失转矩。

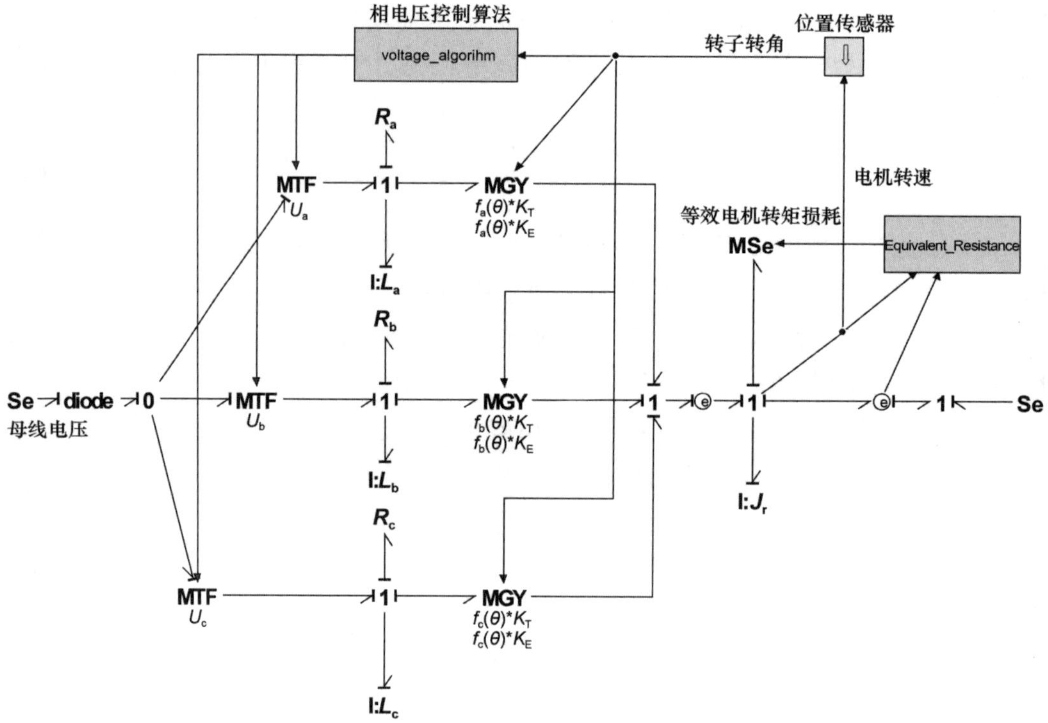

图 3-19 永磁同步电动机键合图模型

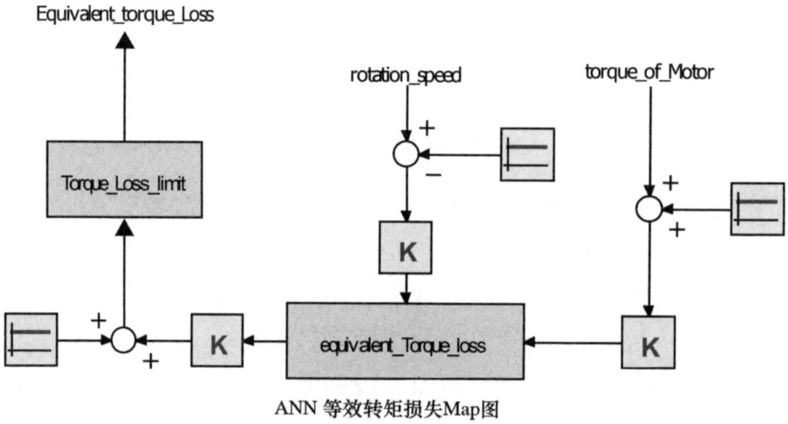

图 3-20 等效损失转矩求解框图

电动机转矩输出部分的转动惯量 J_r 由感性元件 I 表示，负载施加的转矩和转速由势源 Se 表示。仿真中使用的各参数由某电机生产商提供，见表 3-2。

表 3-2　　仿真用永磁同步电动机参数

参数	数值
每相绕组内阻 $R_{a,b,c}$	0.08Ω
每相绕组电感 $L_{a,b,c}$	0.000753H
转矩常数 K_T	1.224N·m/A
反电动势常数 K_E	2.15V/rad·s^{-1}
输出部分转动惯量 I_r	0.1251kg·m^2

图 3-21～图 3-23 给出了 135V 电压幅值条件下该永磁同步电机部分空载仿真结果。

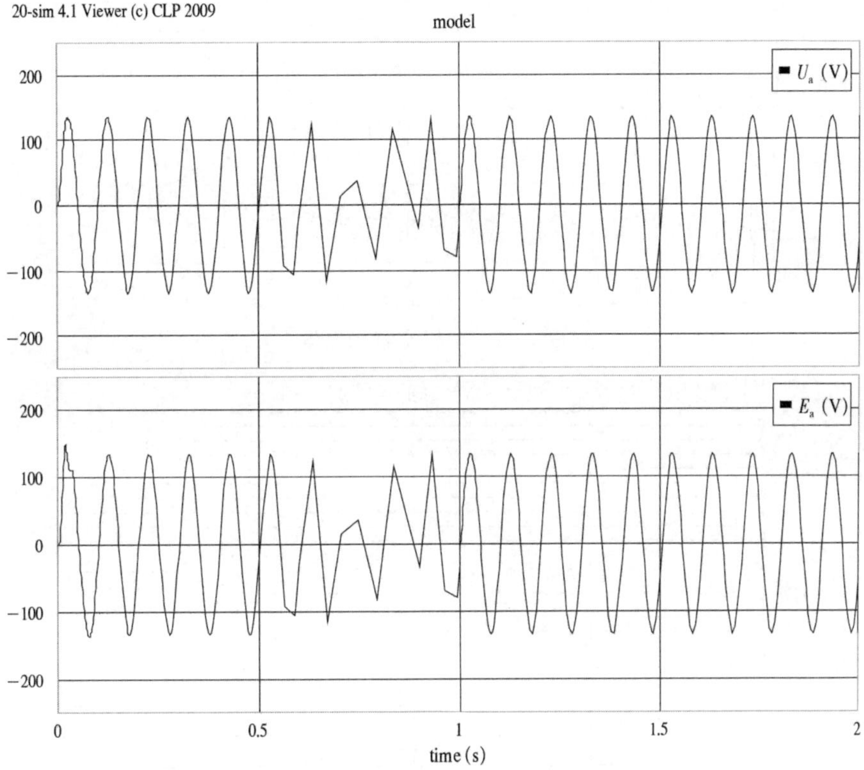

图 3-21　电机空载相电压及反电动势

从图中可以看出，电机相电压与反电动势均按照正弦波形式变化，并且基本同步；相电流、输出转矩以及转速经过很短时间振荡后趋于稳定，与实际情况相符。因为是空载状态，所以电动机输出端转矩很小，约 5.1N·m，主要用于克服电机效率引起的等效损失转矩。

3.3.4 质子交换膜燃料电池增程器及 DC/DC 键合图模型

因为具有反应温度低、动态响应快等特点，质子交换膜燃料电池(Proton Exchange Membrane Fuel Cell，PEMFC)在燃料电池型电动汽车中得到较广泛的应用。本书所研究

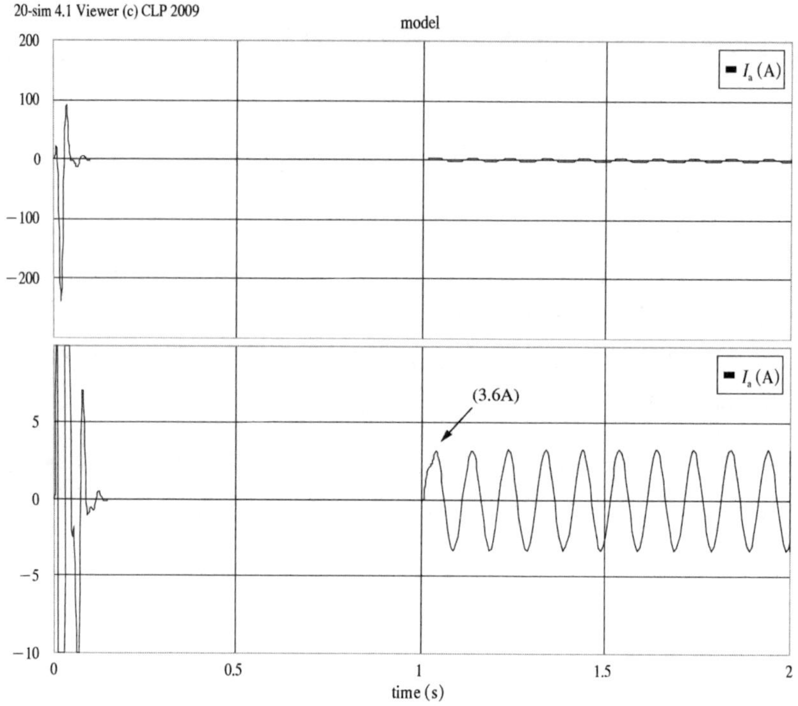

图 3-22　电机空载相电流

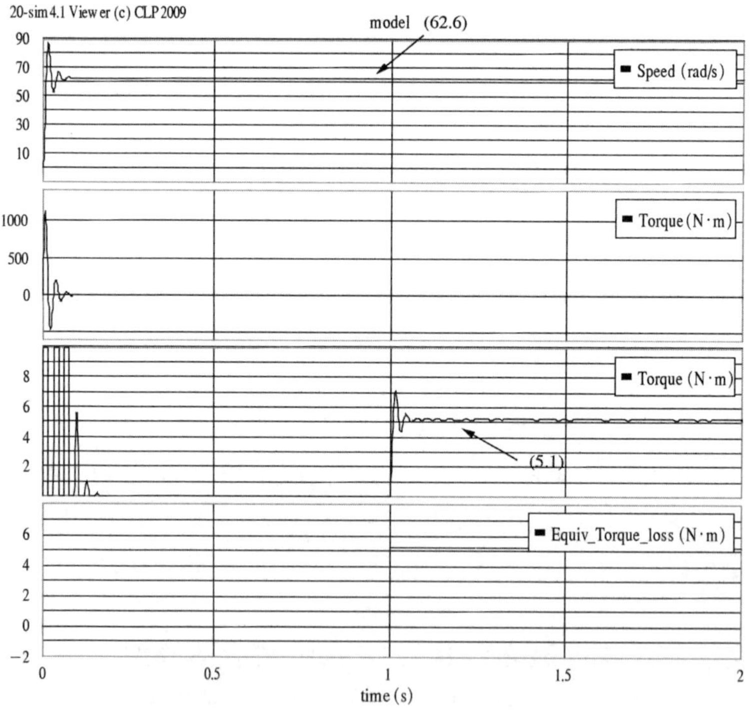

图 3-23　电机空载转矩、转速及等效损失转矩

的增程式微型电动汽车也选取质子交换膜燃料电池堆作为增程器来使用。图 3-24 给出了 PEMFC 单体电池内部结构及工作原理示意。

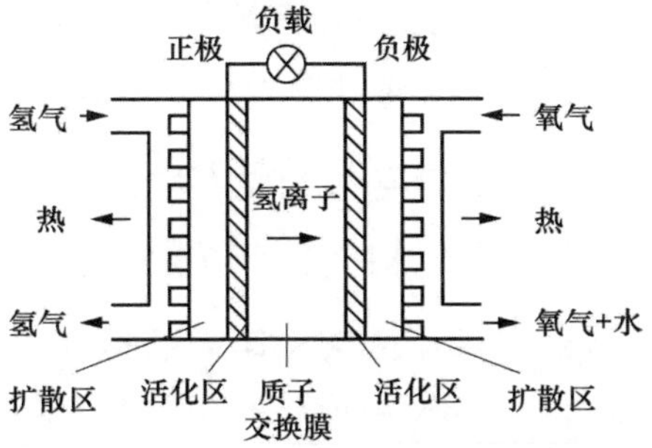

图 3-24 PEMFC 内部结构及工作原理

首先氢气和氧气(空气)分别经集流板上的导气通道进入燃料电池堆内部,经扩散层到达催化层。氢气在阳极催化剂的作用下分离为氢离子和电子。受阴阳极电势差的驱使,氢离子通过质子交换膜到达阴极侧。而电子通过连接线路流经外部负载到达阴极侧,同时为外部负载提供电能。阴极侧输入的氧气与到达阴极侧的氢离子和电子结合发生还原反应,生成水的同时释放热量。阴阳极发生的化学反应分别为

阳极:$H_2 \rightarrow 2H^+ + 2e^{-1}$

阴极:$\frac{1}{2}O_2 + 2H^+ + 2e^{-1} \rightarrow H_2O+$热量

总的化学反应式为:$H_2 + \frac{1}{2}O_2 \rightarrow H_2O+$热量

PEMFC 的工作过程是将燃料的化学能通过电化学反应转化为电能的过程,同时伴随着气体扩散、离子导电等物理化学过程。阳极、阴极的理论电动势(E_{anode},$E_{cathode}$)可以表示为

$$E_{anode} = \frac{\Delta G_{anode}}{nF} \tag{3-16}$$

$$E_{cathode} = -\frac{\Delta G_{cathode}}{nF} \tag{3-17}$$

式中,ΔG_{anode},$\Delta G_{cathode}$ 分别是阳极和阴极的焓变,即吉布斯自由能;n 是自由电子个数,此处取 2;F 是法拉第常数,取 96485.3383C/mol。

燃料电池单体电池总的理论电动势为阳极和阴极电动势之差:

$$E_{theo} = E_{anode} - E_{cathode} \tag{3-18}$$

由 Nernst 定律可以将阳极和阴极的吉布斯自由能表示为

$$\Delta G_{anode} = \Delta G^0_{anode} - RT\ln(P_{H_2}) \tag{3-19}$$

$$\Delta G_{cathode} = \Delta G^0_{cathode} - \frac{RT}{2}\ln(P_{O_2}) \tag{3-20}$$

式中，ΔG_{anode}^0，$\Delta G_{cathode}^0$分别是阳极和阴极在标准大气压(101.325Pa)下的吉布斯自由能；T是系统工作温度；R是理想气体常数，8.314472J·K^{-1}·mol^{-1}；P_{H_2}，P_{O_2}分别是阳极和阴极处的氢气和氧气压力。

标准大气压下的吉布斯自由能可以通过反应过程中焓和熵的变化求得：

$$\Delta G_{anode}^0 = \Delta H_{anode}^0 - T\Delta S_{anode}^0 \tag{3-21}$$

$$\Delta G_{cathode}^0 = \Delta H_{cathode}^0 - T\Delta S_{cathode}^0 \tag{3-22}$$

式中，ΔH_{anode}^0，$\Delta H_{cathode}^0$分别是反应过程中阳极和阴极的标准焓变；ΔS_{anode}^0，$\Delta S_{cathode}^0$分别是反应过程中阳极和阴极的标准熵变。298K温度下氢气、氧气以及液态水的标准焓变与熵变如表3-3所示。

表3-3　298K温度下氢气、氧气及液态水的标准焓变与熵变

	ΔH_{298}^0(J·mol^{-1})	ΔS_{298}^0(J·mol^{-1}·K^{-1})
氢气	0	130.684
氧气	0	205.138
液态水	-285.83×10^3	69.91

其他反应温度下的标准焓变和熵变可通过以下公式求得：

$$\Delta H^0(T) = \Delta H_{298}^0 + \alpha(T-298) + \beta\frac{T^2-298^2}{2} + \gamma\frac{T^3-298^3}{3} \tag{3-23}$$

$$\Delta S^0(T) = \Delta S_{298}^0 + \alpha\ln\left(\frac{T}{298}\right) + \beta(T-298) + \gamma\frac{T^2-298^2}{2} \tag{3-24}$$

式中α，β，γ是与气体种类有关的常数，具体数值见表3-4。

表3-4　氢气、氧气及液态水的α，β，γ系数值

	α(J·mol^{-1}·K^{-1})	β(J·mol^{-1}·K^{-2})	γ(J·mol^{-1}·K^{-3})
氢气	29.038	-0.8356×10^{-3}	2.0097×10^{-6}
氧气	25.699	12.966×10^{-3}	2.0097×10^{-6}
液态水	30.33	9.6056×10^{-3}	1.1829×10^{-6}

化学反应过程中，反应的焓(熵)变等于生成物的焓(熵)变与反应物的焓(熵)变的差值，即

阳极：

$$\Delta H_{anode}^0 = 0 - \Delta H_{H_2}^0 \tag{3-25}$$

$$\Delta S_{anode}^0 = 0 - \Delta S_{H_2}^0 \tag{3-26}$$

阴极：

$$\Delta H_{cathode}^0 = \Delta H_{H_2O}^0 - \frac{1}{2}\Delta H_{O_2}^0 \tag{3-27}$$

$$\Delta S_{\text{cathode}}^{0}=\Delta S_{H_2O}^{0}-\frac{1}{2}\Delta S_{O_2}^{0} \tag{3-28}$$

由以上公式可以求取不同温度下燃料电池的理论电动势，但是实际反应过程中燃料电池内部存在多种电压损失，主要包括极化过电压、欧姆过电压以及浓差(扩散)过电压。

1) 极化过电压

活化极化是发生在电极表面的电化学现象，它受到动力学的影响。因为极化现象的存在，使得电极电压偏离其理论电压值。这部分电压损失的作用是在电化学反应中驱使电子到达或者离开电极。极化过电压包括阳极极化过电压和阴极极化过电压两部分，总的极化过电压可以用 Tafel 公式表示：

$$V_{\text{act}}=\frac{RT}{2\varepsilon F}\ln\left(\frac{i}{i_0}\right) \tag{3-29}$$

式中，V_{act}是折算极化过电压；ε 是折算电荷传递系数；i 是燃料电池输出电流；i_0 是电极内的交换电流。

故极化等效电阻 R_{act}可以表示为

$$R_{\text{act}}=\frac{RT}{2\varepsilon F}\ln\left(\frac{1}{i_0}\right)/i \tag{3-30}$$

2) 欧姆过电压

电极对气体的扩散以及质子交换膜对氢离子的传递所施加的阻碍作用引起的电压损失称为欧姆过电压。这种阻碍作用与膜的湿度和温度，以及宽度和面积有关。欧姆过电压可以表示为

$$V_{\text{ohm}}=iR_{\text{int}} \tag{3-31}$$

式中，R_{int}是 PEMFC 总的内阻抗。

3) 浓差过电压

燃料从入口到反应区之间由于气体的扩散存在浓度梯度，这种情况下产生的过电压称为浓差过电压。浓差过电压可以由 Butler-vollmer 公式表示为

$$V_{\text{conc}}=\frac{RT}{\delta nF}\ln\left(1-\frac{i}{i_{\text{lim}}}\right) \tag{3-32}$$

式中，δ 是与扩散现象有关的经验值；i_{lim}是极限电流。

故浓差等效电阻 R_{conc}可以表示为

$$R_{\text{conc}}=\frac{RT}{\delta nF}\ln\left(1-\frac{i}{i_{\text{lim}}}\right)/i \tag{3-33}$$

通过以上对燃料电池阳极阴极理论电动势和各主要电压损失的分析，PEMFC 端电压可以表示为

$$V_{\text{cell}}=E_{\text{theo}}-V_{\text{act}}-V_{\text{ohm}}-V_{\text{conc}} \tag{3-34}$$

建立系统键合图模型之前对建模前提作如下假设:

(1) 电极内的 H_2,O_2 工作压力恒定。

(2) 反应温度恒定,各电池单体的温度相同。

(3) 模型用于模拟稳态反应,不考虑瞬态变化。

图 3-25 是燃料电池增程器及 DC/DC 键合图模型,系统输入是需求电流信号和系统母线电压,系统输出为 DC/DC 输出电流。其中阳极和阴极的理论电动势用两个可调势源 MSe 表示,作为系统输入变化的电压。而其他三种电压损失分别用可调阻性元件 MR 和阻性元件 R 表示。此处对 DC/DC 模型做简化处理,仅考虑功率效率损失,用一个二通口键合图流源(MSf 元件,此处为便于理解,将 MSf 图标改为 DC/DC)来表示,其内部本构关系为

$$f_2=(\bar{\eta}_{DC/DC}\cdot e_1\cdot f_1)/e_2 \tag{3-35}$$

式中,$\bar{\eta}_{DC/DC}$是 DC/DC 的平均效率。

DC/DC 右侧输出端的势变量 e_2(电压)由母线上的势变量(电压)决定,实际物理系统中即是动力蓄电池母线电压;流变量 f_2(电流)由公式(3-35)求得,作为流源向负载提供电能。实际物理系统中各等效电动势和电阻彼此串联,电流相等(流变量相等),因而用 1 结连接。

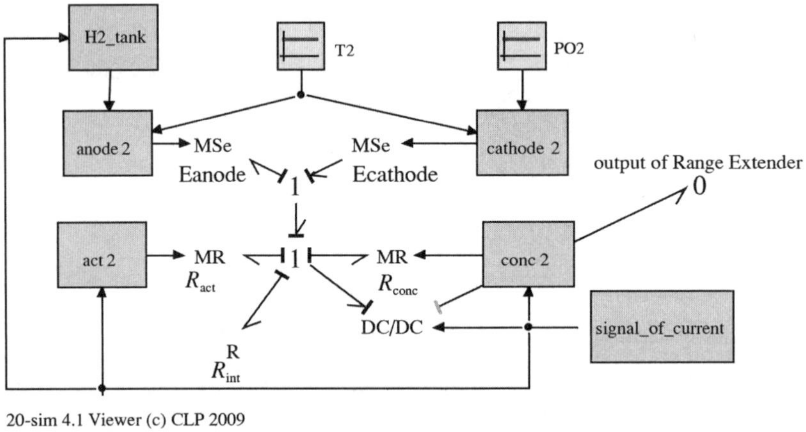

图 3-25 燃料电池增程器及 DC/DC 键合图模型

选用某公司生产的额定功率 6kW、峰值功率 6.5kW 质子交换膜燃料电池,仿真参数见表 3-5。

表 3-5 PEMFC 键合图模型仿真参数

折算电荷传递系数 ε	交换电流 i_0(A)	电池内阻 R_{int}(Ω)	扩散系数 δ	极限电流 i_{lim}(A)
0.3789889553	4.42231973×10^{-4}	9.630624×10^{-4}	13.991316566	130

将该燃料电池极化曲线、功率特性曲线的仿真结果与试验结果进行对比分析,如图3-26、图3-27所示。可见,仿真结果与试验结果吻合度很高,证明该模型能够较好地反映所选燃料电池增程器的稳态特性。

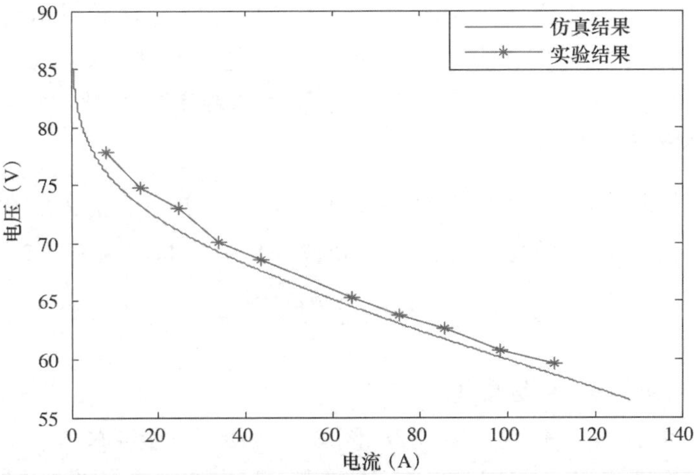

图3-26 PEMFC极化曲线

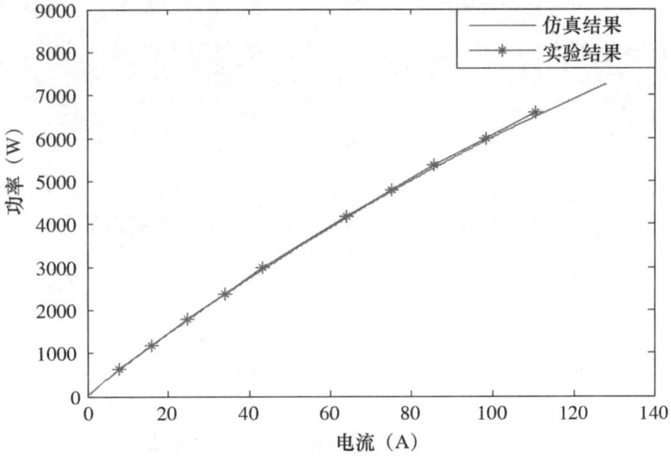

图3-27 PEMFC功率特性曲线

值得指出的是,图3-25所建立燃料电池增程器模型的键合图部分反映了燃料电池本体的电化学反应效率,但并没有考虑热损耗、氢气实际消耗率等燃料电池堆系统效率问题,仿真过程中其氢气利用率将为100%。因而,模块H2_tank中对氢气消耗率进行设定,使仿真过程中氢气消耗与实际情况吻合。

根据燃料电池反应工程中电荷守恒关系可知,氢气理论消耗率与电流成正比:

$$\dot{m}_{H_2}=n\cdot\frac{I_{fc}}{2\cdot F}\times 2/10^3 \tag{3-36}$$

式中，$\dot{m}_{H_2}$ 为理论氢气消耗率(kg/s)；n 为燃料电池单体片数；F 为法拉第常数；I_{fc}为燃料电池电堆电流(A)。

燃料电池发动机实际使用过程中需要周期性排氢，排氢持续时间受到电堆工作温度、输出功率等因素影响。排氢会使部分氢气未得到利用，故实际燃料电池电流对应的氢气消耗率要大于公式(3-36)。本书使用所选燃料电池堆实际氢消耗试验数据，拟合得出电堆电流 I_{fc}与氢气利用率 τ 的对应关系。用理论氢气消耗率除以对应的氢气利用率即得到某电堆电流情况下的实际氢耗率 $\dot{m}_{H2\_real}$。

$$\tau=1.748\times10^{10}\times I_{fc}^{8}-7.887\times10^{8}I_{fc}^{7}+1.452\times10^{5}\times I_{fc}^{6}-1.402\times10^{3}\times I_{fc}^{5}+0.0007553\times I_{fc}^{4}-0.0222\times I_{fc}^{3}+0.3047\times I_{fc}^{2}-0.4702\times I_{fc}+71.11 \tag{3-37}$$

$$\dot{m}_{H_2\_real}=\dot{m}_{H_2}/\tau \tag{3-38}$$

3.3.5 车辆及驾驶员键合图模型

车辆及驾驶员的键合图模型如图 3-28、图 3-29 所示。因为本书所选驱动方案是轮毂电机直接驱动，不需要使用减速器等传动装置，因而电机产生的转矩转速直接传递到车轮。车辆模型中用一个二通口变换器 TF 将电机的转矩转速转换为车轮上的线速度和驱动力。建立汽车理论中的驱动力阻力平衡关系时，忽略爬坡阻力，考虑车辆受到的滚动阻力、空气阻力和整车质量惯性力，三者具有相同的流变量(车速)，因而用 1 结连接。滚动阻力 R：Rf 的本构关系为

当 $f>0$ 时，
$$e=mg\cdot f \tag{3-39}$$

式中，m 是整车质量(kg)；g 是重力加速度($m\cdot s^{-2}$)；e 是阻性元件 R：Rf 的势变量，此处为滚动阻力值(N)；f 为阻性元件 R：Rf 的流变量，即车速(m/s)。

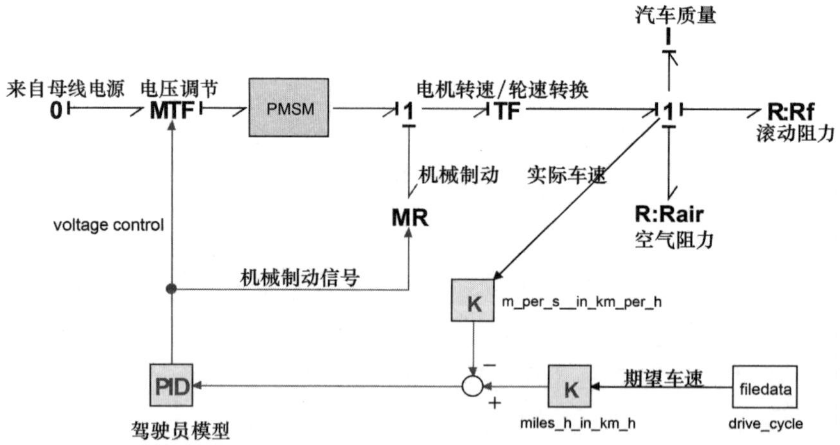

图 3-28 车辆及驾驶员键合图模型(不含坡道阻力)

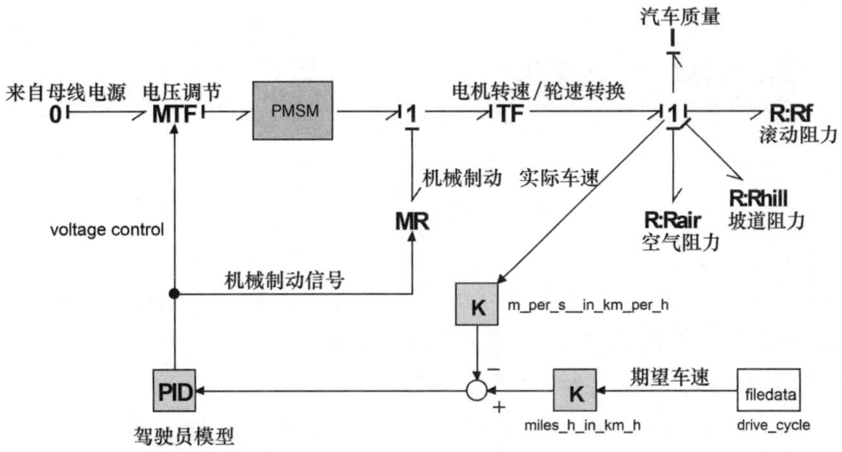

图 3-29　车辆及驾驶员键合图模型(含坡道阻力)

空气阻力 R：Rair 的本构关系为：

$$e=\frac{\rho}{2}\cdot C_{\mathrm{D}}\cdot A\cdot f^{2} \tag{3-40}$$

式中，ρ 是空气密度；C_{D} 是空气阻力系数；A 是等效迎风面积；e 是阻性元件 R：Rair 的势变量，此处为空气阻力值(N)；f 为阻性元件 R：Rair 的流变量，即车速(m/s)。

整车质量产生的惯性力用一个感性元件 I 来表示。其本构关系如下：

$$f=\frac{\int e\mathrm{d}t}{m} \tag{3-41}$$

式中，流变量 f 是车速(m/s)；势变量 e 是整车质量产生的惯性力(N)；m 表示整车质量(kg)。

如需考虑爬坡阻力，可以利用键合图模型修改方便，并且增减部件模型不影响系统模型运算结构的特点，直接在 1 结上增加一个阻性元件 R：Rhill。

使用一个 PID 模块来模拟驾驶员功能，根据期望车速与实际车速的差值给出制动力信号和母线电压调节信号。制动力信号用于调节由可调阻性元件 MR 表示的机械制动力的强度，当 PID 控制器输出值小于零时，机械制动力发挥作用。电压调节信号作为可调变换器 MTF 的调节因子，其变化范围设定在[0,1]内。此处 MTF 的作用是将输入 PMSM 电机控制器的电压控制在[0,$V_{\mathrm{bus\_max}}$]范围内，其中 $V_{\mathrm{bus\_max}}$ 是母线电压幅值。可以认为，此处 MTF 所起作用与实际车载可控 PWM 电路的作用相近似。

图 3-29 中两个增益模块 K 分别将车速单位由 m/s 和 mile/h 统一成 km/h。左侧 0 结表示母线电源输入。

3.3.6 动力系统整体键合图模型

前述章节介绍了键合图模型之间具有层级性,即模型之间可以根据实际物理连接关系进行组合连接,由多个子部件模型连接构成整个系统模型。现将 3.3.1～3.3.5 小节中建立的各个子部件的键合图模型连接成增程式电动汽车动力系统整体键合图模型,如图 3-30、图 3-31 所示。

图 3-30 是不带控制系统的动力系统键合图模型。燃料电池增程器、动力蓄电池和驱动电动机三者之间在电路连接形式上是并联关系,因此用一个 0 结连接。假设四个轮毂电动机输出转速相同,输出转矩叠加之后提供给整车作为驱动力矩,因此电机输出端用一个 1 结连接。考虑到实际所研究增程式电动车上燃料电池辅助系统置于 DC/DC 输出端后端,并且其功率消耗随着燃料电池增程器系统功率变化而变化,因而将其看作电源母线上的一个功率损耗负载,用可调阻性元件 MR 来模拟。

图 3-31 在图 3-30 的基础上增加了增程器及整车能量管理控制系统和驾驶员及循环工况模块。增程器控制器 RE-Controller 从系统中获取 SOC、氢气剩余量等信号,然后根据整车控制策略(能量管理策略)的设定来判断增程器的开启与关闭。能量管理策略模块(Energy_Management_Strategy)中包含的控制策略,按照设定的算法将母线总的功率需求(电机功率需求与燃料电池增程器辅助系统功率需求之和)在蓄电池和增程器之间进行合理分配,以期在满足整车工况动力需求的前提下获得较好的燃料经济性。因为此处燃料电池增程器功率输出的大小由电流信号来控制,所以使用了一个"power to current"模块,其作用是将需求功率转化为电流量输入给燃料电池增程器系统。"power_assis"模块考虑燃料电池辅助系统所消耗的功率,由燃料电池系统总的需求功率查表获得辅助系统所需功率,具体数值关系参见本书附录表 C-2。图 3-30 和图 3-31 的模型结构与图3-12的模型结构非常相近,各部分的结构关系清晰明了,便于模型的阅读理解、分析和修改,充分体现出键合图理论的建模特点。

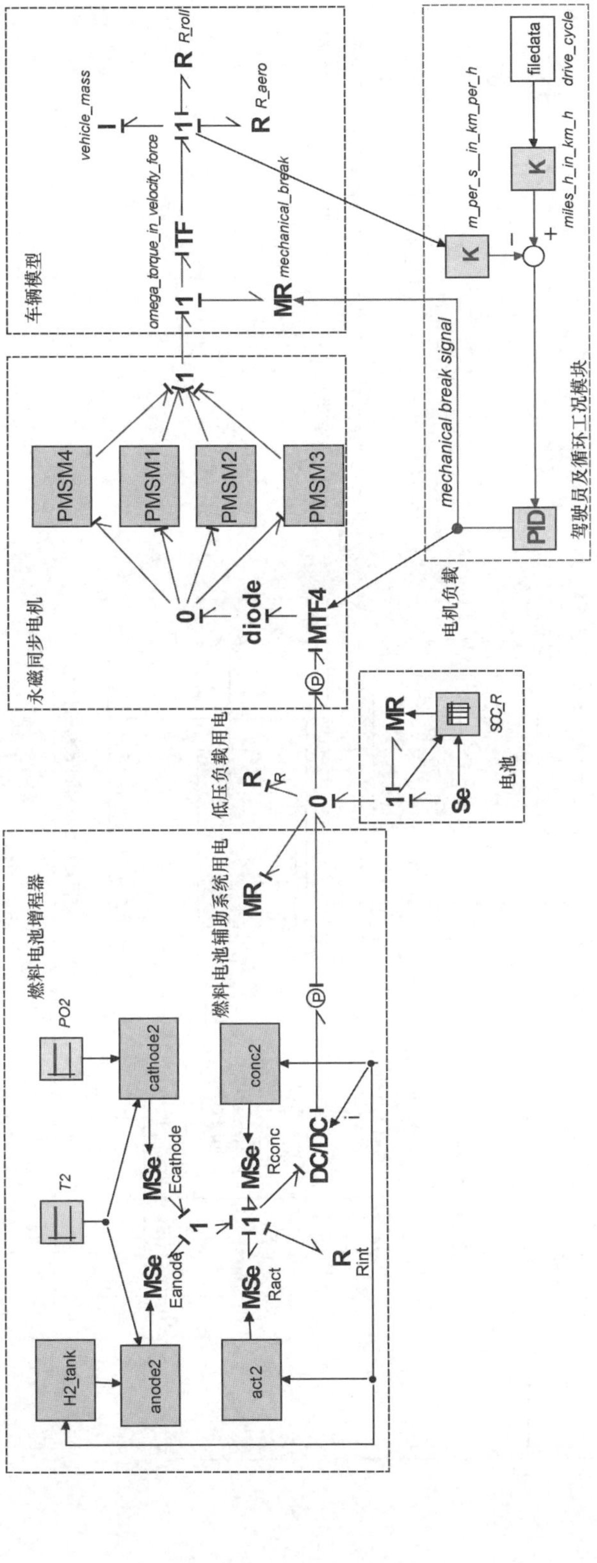

图 3-30　燃料电池增程式电动汽车动力系统键合图模型

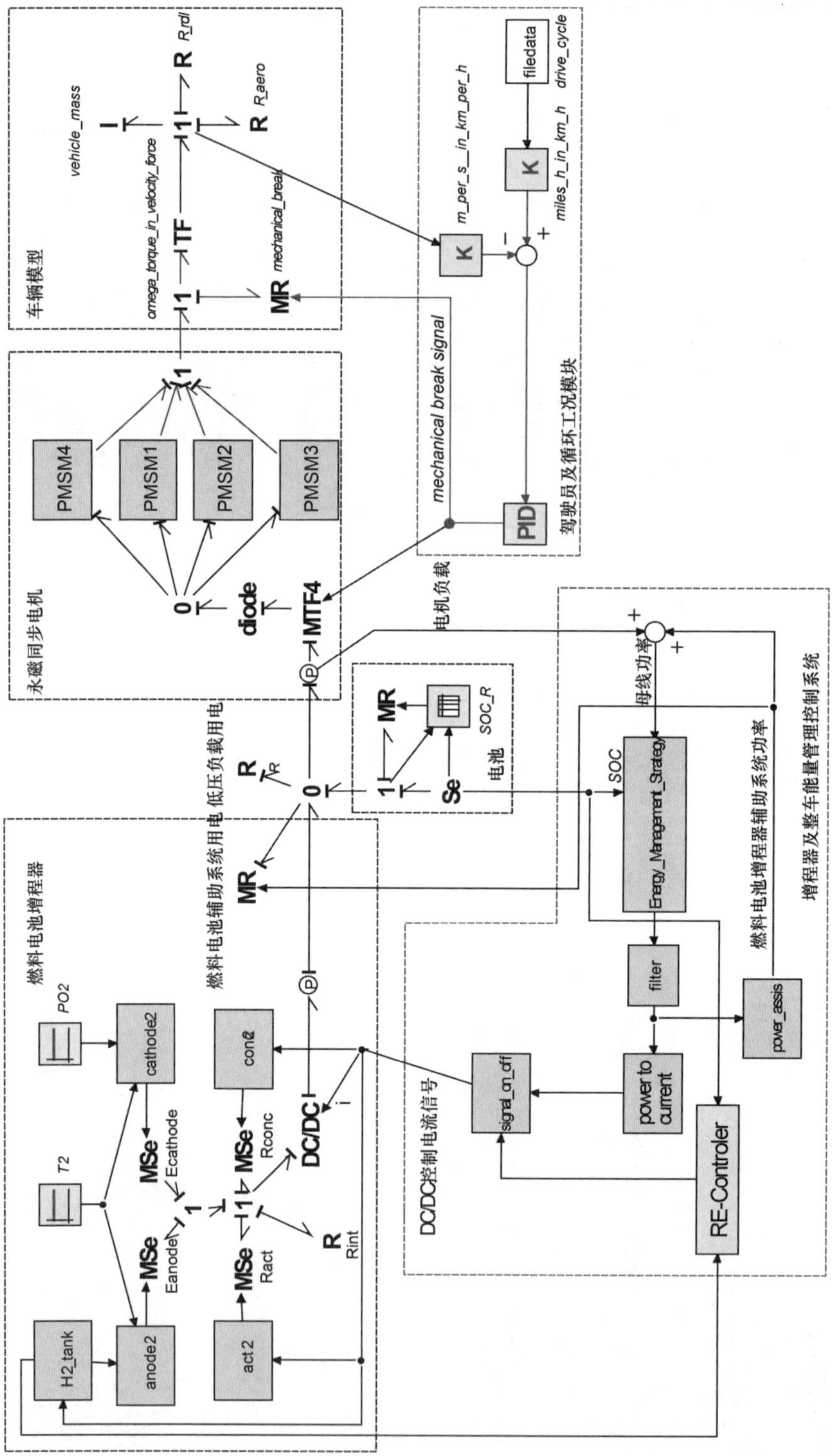

图 3-31　带控制系统的燃料电池增程式电动汽车动力系统键合图模型

3.4　本章小结

本章以前一章节匹配设计的燃料电池增程式微型电动汽车动力系统为对象，采用键合图法建立了包括动力蓄电池、永磁同步电动机、质子交换膜燃料电池增程器、车辆及驾驶员在内的多物理领域统一模型，为后续章节基于模型的增程式电动汽车能量管理策略研究奠定了仿真基础。

整个建模过程充分体现了键合图理论在增程式电动汽车动力系统建模方面的优势：①利用功率的传递实现多个不同物理域对象统一建模。②利用有限个赋予了数学本构关系的基本图元按照动力系统部件实际连接方式来搭建模型，既直观明了地反映了增程式电动汽车动力系统的物理结构关系，模型结构清晰易理解，又自动包含了整个动力系统的数学计算关系，避免了复杂的计算公式推导，极好地解决了纯数学描述建模方法和一般图形化建模方法(方块图法、信号流法、原理图法)不能二者兼具的问题。③模型修改和变量观测十分方便，可以通过增减图元根据需要调节模型精度，并且不影响模型的运算。

采用键合图法建模的不足体现在：键合图建模理论方法需要通过专门学习才能掌握；该理论以功率流来描述系统能量传递，某些物理系统表征能量传递的变量并不是功率流，这样给统一建模带来一定的困难。

第 4 章　燃料电池增程式电动汽车能量管理策略研究

在增程式电动汽车动力系统开发过程中，完成动力系统部件选型和参数匹配之后，需要根据车辆使用的工况特点制定合适的能量管理策略。能量管理策略是决定增程式电动汽车动力性及经济性的重要因素，同时也对车载能量源的使用寿命产生重要影响。本章节将基于前述章节选定的增程式电动汽车动力系统硬件配置以及建立的动力系统模型，根据燃料电池增程式电动汽车动力系统特点，详细研究多种面向应用的能量管理策略及其控制特点，包括恒温器能量管理策略、功率跟随能量管理策略以及基于模糊逻辑理论的能量管理策略。在此基础上，创新性地提出基于损失功率最小的瞬时优化能量管理策略和基于工况识别的多模式切换能量管理策略。通过模型仿真与试验验证相结合的方法，在满足动力性要求的前提下以提高经济性和车载能量源寿命为目标，深入研究所制定策略在燃料电池增程式电动汽车上的使用效果。

4.1　车载能量源能量特性比较

燃料电池增程式电动汽车的车载能量源包括动力蓄电池组和燃料电池增程器，即燃料电池发动机系统。以下从伏安特性、工作效率、系统寿命、动态响应速度等几方面对这两种能量源的工作特性进行分析，为后续能量管理策略的制定确定基本思路。

4.1.1　动力蓄电池工作特性

本书采用磷酸铁锂电池，其恒定电流开路电压放电特性如图 4-1 所示。磷酸铁锂电池的开路电压取决于电池 SOC 状态、温度、过往充放电过程等因素。随着放电过程的进行，电池内阻增加，从而导致开路电压降低。在放电状态(State of Discharge，SOD)的中段，曲线斜率约等于 0，表示该阶段的开路电压受放电过程影响不大。当放电深度很大时，也即是蓄电池 SOC 值很低时，开路电压将急剧下降。蓄电池电压决定了母线电压，电压低，则工作电流相对较大，负载内阻以及电池内阻上消耗的能量也就越多，系统效率降低。根据这一特性，实际车辆

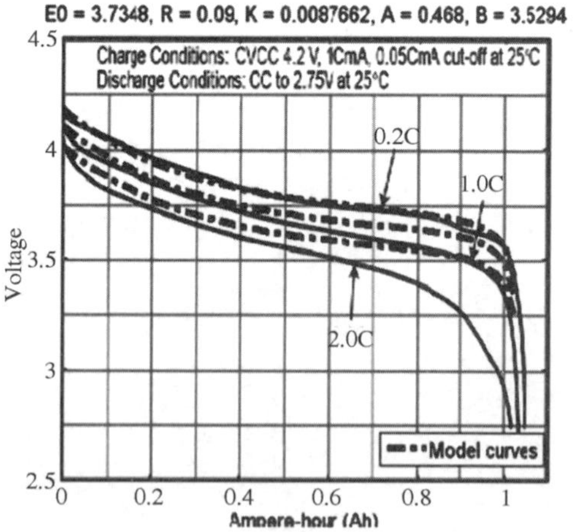

图 4-1　锂离子电池开路电压放电特性

控制过程中往往会预先设定电池组(或单体电池)工作电压下限。一旦电池达到该工作电压下限,控制器将使车辆强制停机,避免过度放电对电池的损伤,同时避免低电压段过低的系统工作效率。

图 4-2 是某磷酸铁锂电池放电深度(Depth of Discharge,DOD)与电池内阻关系图,图 4-3 是蓄电池最大可充、放电功率与 SOC 的关系图。从图 4-2 中可以看出,随放电深度的增加(即 SOC 逐渐减小),蓄电池的充放电内阻均呈增加趋势,也就是说,在一定放电电流条件下,消耗在电池内阻上的能量增加。对于一般混合动力汽车来说,蓄电池容量小,电池内阻值很小,因而电池内阻上消耗的能量可以忽略不计。而对于增程式电动汽车来说,动力蓄电池是主要能量源,动力蓄电池内阻值的大小对于系统能量的有效利用将产生一定的影响。因此,在制定增程式电动汽车能量管理策略的时候需要考虑蓄电池实际工作范围的选取,后续章节将做进一步阐述。由图 4-3 可知,蓄电池最大可放电功率随 SOC 值的降低而降低,最大可充电功率随 SOC 值的降低而增大。实际电动汽车在低 SOC 状态时往往出现动力性能不足的情况,因而增程式电动汽车的能量管理策略应确保蓄电池 SOC 位于合理范围内,或者在蓄电池 SOC 较低时启动增程器,由增程器为负载提供部分或全部需求功率。

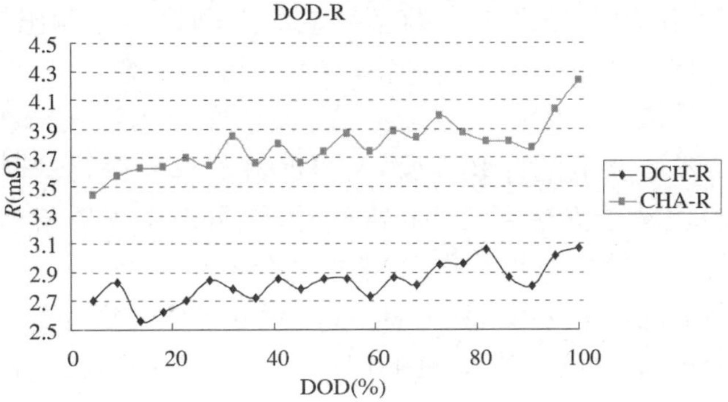

图 4-2　电池放电深度与内阻关系

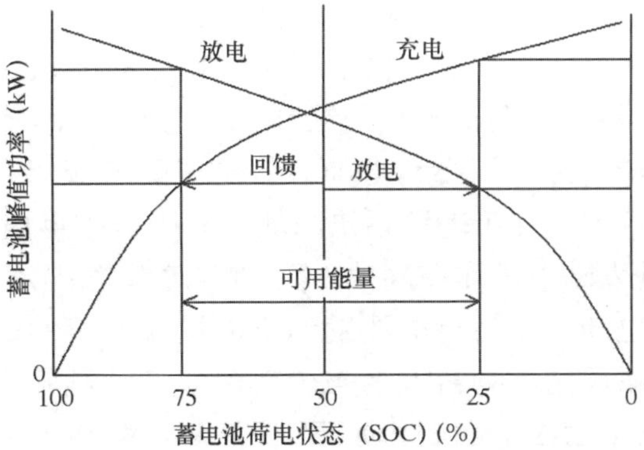

图 4-3　电池最大充放电功率与 SOC 关系

此外,蓄电池放电深度与蓄电池的使用寿命有关,特定使用模式下的电池寿命可以用以下公式表示:

$$L_{\text{time}} = \frac{L_{\text{R}} D_{\text{R}}}{\sum_{i=1}^{n} D_{\text{e}}} T \tag{4-1}$$

式中,D_{R} 是蓄电池额定放电深度;L_{R} 是额定放电深度和额定放电电流下的循环寿命;T 是指定的工况时间周期;D_{e} 是蓄电池有效放电深度。

从公式(4-1)中可以看出,放电深度过大,将使得蓄电池使用寿命降低。因此,实际能量管理策略如能在满足使用要求的前提下尽量减小蓄电池的放电深度,将有效提高蓄电池使用寿命。

4.1.2 燃料电池发动机工作特性

燃料电池发动机作为车载能量源持续输出功率时,主要存在两方面的不足:①动态响应慢;②伏安特性偏软。因为燃料电池内部电化学反应涉及燃料气体扩散、反应物活化等过程,所以从驾驶员发出功率需求指令到燃料电池发动机实际输出,需要较长的反应时间。车辆实际行驶过程中负载功率变化非常迅速,单独依靠燃料电池提供系统需求功率,会出现功率供给滞后的情况。燃料电池增程式电动汽车动力系统结构中将燃料电池发动机作为辅助动力源与动力蓄电池并联,动力蓄电池输出功率变化的时间常数一般远小于燃料电池发动机输出功率的动态变化时间常数,因而可以由动力蓄电池来响应负载功率的快变要求。伏安特性偏软的特点使得燃料电池不适合直接与驱动负载连接(电动机),故通常与 DC/DC 转换器结合使用,将燃料电池变化的电压转换为稳定的母线电压。

典型的燃料电池电流-电压曲线如图 4-4 所示。从图中可以看出,随燃料电池工作电流增加,电池输出功率增加,但同时电池的工作电压降低。因此,从理论上讲,将燃料电池的工作点控制在低电流低功率区域将获得较高的工作效率。但是如果考虑燃料电池发动机辅助系统对能量的需求,输出功率很低时,燃料电池系统效率将会很低。

图 4-5 给出了典型的燃料电池发动机系统工作特性曲线,意即考虑辅助系统功率消耗。从图中可以看出,燃料电池发动机系统最佳工作区域位于电流范围的中段。大电流输出导致系统效率降低的原因在于燃料电池有效电压随电流增加而降低。同时,小电流输出导致系统效率降低的原因在于辅助系统消耗功率所占比重增加。实际车辆驱动应用中,应该尽量使燃料电池发动机工作在高效率区,避免功率输出范围的大幅度变动。

通过以上对动力蓄电池以及燃料电池发动机能量输出特性的比较分析可以看出,燃料电池型增程式电动汽车采用动力蓄电池与燃料电池发动机并联的结构形式,能够很好地克服各自的不足,例如动力蓄电池低 SOC 区域 V-I 特性退化,动力蓄电池低 SOC 区域最大放电功率降低,燃料电池发动机动态响应慢等。此外,动力蓄电池和燃料电池系统的工作点效率问题受到诸如 SOC 值、温度、湿度、系统需求功率等多因素影响。二者的有效

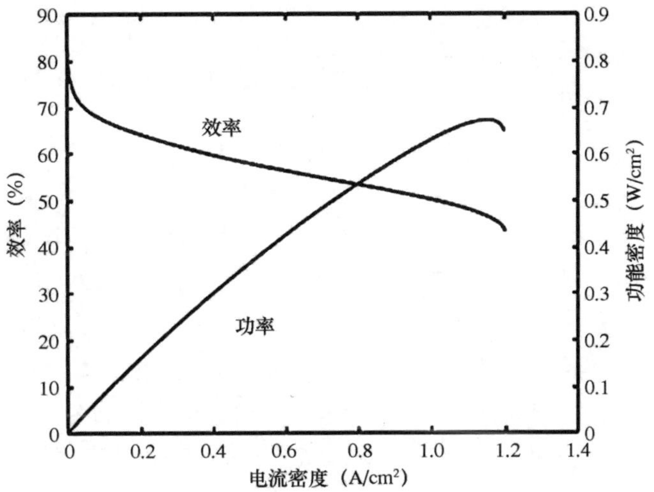

图 4-4　典型的燃料电池工作特性

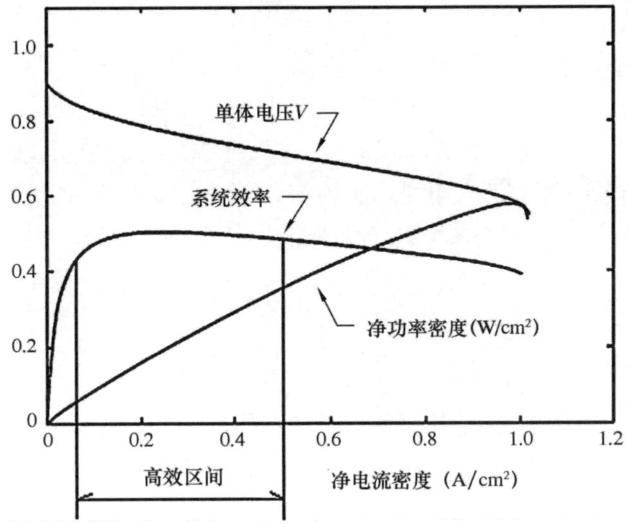

图 4-5　典型的燃料电池发动机系统工作特性

合理耦合不是简单的工作点叠加,需要从系统控制的角度出发综合考虑二者的工作状态,将负载需求功率在二者间合理分配,以期获得系统效率最优,见公式(4-2)。

$$\begin{cases} \eta_{battery}(P_{battery}, T_{battery}, SOC) \\ \eta_{fuel\_cell}(P_{fuel\_cell}, T_{fuel\_cell}) \\ \eta_{总}[\eta_{battery}(P_{battery}, T_{battery}, SOC), \eta_{fuel\_cell}(P_{fuel\_cell}, T_{fuel\_cell})] \neq \\ \eta_{battery}(P_{battery}, T_{battery}, SOC) + \eta_{fuel\_cell}(P_{fuel\_cell}, T_{fuel\_cell}) \end{cases} \tag{4-2}$$

式中,$\eta_{battery}$,η_{fuel_cell}和 $\eta_{总}$ 分别表示动力蓄电池工作点效率、燃料电池发动机工作点效率以及系统总的工作效率；P_{battery}，$P_{\text{fuel_cell}}$分别是动力蓄电池和燃料电池发动机提供的功率；T_{battery}，$T_{\text{fuel_cell}}$分别表示动力蓄电池和燃料电池工作温度。

4.2 燃料电池增程式电动汽车能量运行模式

增程式电动汽车具有两种可用的车载能量源：储存在动力蓄电池中的电能和增程器所携带燃料中的化学能（蓄电池型增程器存储的也是电能）。其中动力蓄电池能够独立提供满足车辆全工况行驶所需的功率，以及行驶一定里程数所需的能量。根据能量源的状态和行驶的具体工况，可以通过独立或同时使用这两种车载能源，来获得更好的燃油经济性、动力性以及排放。增程式电动汽车能量管理模式包括两方面的内容：能量源的选取；能量从能量源至驱动车轮的传递路径。增程式电动汽车可以有多种能量管理模式，主要可归纳为纯电动模式和混合增程模式。

4.2.1 纯电动模式

这种模式下的增程器处于关闭（断开）状态，不参与对车辆动力系统的操作，车辆等同于纯电动汽车。因为整车只有动力蓄电池单一能量源，因此伴随运行过程动力蓄电池的SOC值会逐渐降低。按驱动电机工作状态又可以具体划分为以下几种运行状态：①纯电动驱动状态：驱动电机从电池获取电能，驱动车辆行驶；②回馈制动状态：车辆制动时，驱动电机作为发电机工作，将车辆的动能转化为电能给原车动力蓄电池充电；③停车外接充电状态：车辆处于停车状态，由车载充电器从电网获取电能给动力蓄电池充电。

4.2.2 混合增程模式

当增程器启动，与动力蓄电池共同作用于车辆动力系统时，即称为混合增程模式。根据增程器、动力蓄电池以及驱动电机的工作状态，又可以具体分为以下几种状态。

1. **增程器驱动状态**

车辆行驶所需能量由增程器提供，动力蓄电池既不向电驱动系统提供能量，也不从其获取能量。动力蓄电池的SOC值被控制在一个很小的范围内波动。因为动力蓄电池的SOC值不随时间和行驶里程变化，可将增程器看作车辆行驶直接能量源。这一能量管理模式有时也被称作电量保持模式（Charge-Sustaining mode，CS）。

2. **混合驱动状态**

增程器和动力蓄电池共同提供车辆行驶所需能量。此模式下的增程器可以处于关闭和开启的交替状态。因为车辆行驶所需的一部分能量由动力蓄电池提供，因此其SOC值会随时间和行驶里程的增加逐渐减小。这一能量管理模式也被称作电量消耗模式（Charge-Depleting mode，CD）。

3. 增程器驱动/动力蓄电池充电状态

在这种能量模式下，增程器提供的能量一部分用于驱动车辆行驶，一部分用于给动力蓄电池充电。可以通过具体的能量管理策略实现增程器输出能量（功率）在驱动电机和动力蓄电池之间的分配。

4. 混合充电状态

这种模式下的车辆处于制动状态，增程器和驱动电机都作为发电机工作，共同给动力蓄电池充电。

5. 停车增程器充电状态

该模式下车辆处于停车状态，驱动电机不工作，增程器发出的电能仅用于给动力蓄电池充电。考虑到电能在两组动力蓄电池之间转化会带来不必要的能量消耗，蓄电池型增程式电动汽车通常不使用这种模式。

车辆运行过程中，各个能量管理模式之间的切换可以依据动力蓄电池 SOC 状态、动力蓄电池温度、车速、增程器工作状态（发动机转速、转矩，燃料电池发动机工作温度、储氢量等）、环境温度、车载空调功率需求等信息通过整车控制策略程序自动完成，也可以由驾驶员手动实现。需要指出的是，增程式电动汽车的各种能量管理模式的实现，取决于车辆所采用的能量管理策略。在相同的部件状态及相同的行驶工况状态下，采用不同的能量管理策略，可以使车辆工作处在完全不同的能量管理模式下。

4.3　面向应用的燃料电池增程式电动汽车能量管理策略研究

燃料电池增程式电动汽车的基础是纯电动汽车，其上加装能够发电的增程器。考虑到增程式电动汽车的动力蓄电池能够提供满足车辆日常行驶所需的功率，同时具有较大的容量，因而目前常见的能量管理策略是优先单独使用蓄电池的电能来驱动车辆，仅当蓄电池容量不足的情况下才启动增程器工作。这样的策略简单易实现，但是未考虑多种车载能量源之间的协同工作，并不能充分发挥增程器的增程效果。以下从面向应用的角度出发，以在满足动力性要求的前提下提高整车燃料利用率为目标，提出多种能量管理策略，并对其在燃料电池增程式电动汽车上的应用进行深入的研究与比较。基于以下几点原因，本书所使用的仿真模型和实际增程式电动汽车中均取消了驱动电机制动能量回收功能。

（1）排除电机制动能量回收对能量管理策略本身的干扰，以便更好地比较不同策略的控制效果。

（2）试验所用增程式电动汽车的电机回馈制动控制机理不明，其控制效果有待验证。

（3）所研究的增程式电动汽车为微型低速电动汽车，采用的工况平均车速低，除 UDDS_40工况外，其余循环工况制动状态少。

（4）已有研究发现，增加电动汽车制动能量回收功能，对能量管理策略的效果仅造成正向影响，不造成负向影响。

4.3.1 基于规则的恒温器能量管理策略

4.3.1.1 恒温器能量管理策略的控制思想

恒温器能量管理策略(Thermostat energy management strategy,TH)是一种常见的基于规则的能量管理策略。其优点在于控制策略简单,控制参数少,可靠性高,并且可以不需要预先知晓工况信息而适合实际工况使用。恒温器能量管理策略的具体控制思想是:当动力蓄电池的能量充足时,增程器不开启,仅由动力蓄电池提供负载所需的功率以及电能,此时的动力蓄电池处于电量消耗模式。仅当蓄电池的 SOC 达到预先设定的 SOC 下限值时,增程器开启工作,按照设定的功率输出电能驱动负载运行,同时富裕的能量可以为车载动力蓄电池充电。当蓄电池的 SOC 重新达到预先设定的 SOC 上限值时,增程器关闭,车辆再次进入仅由动力蓄电池供电的电量消耗模式。

恒温器策略是一种以使用蓄电池的电能为主导思想的控制策略。对于基本上每天都会通过电网补充电能的增程式电动汽车来说,采用恒温器能量管理策略将使车辆绝大多数时间处于蓄电池单独工作状态。长时间的大功率充放电以及较大的放电深度,将对蓄电池的可靠性和寿命提出很高的要求。此外,恒温器能量管理策略的另一个不足在于,增程器开启之后产生的一部分电能要给蓄电池充电,而这部分电能最终又要从蓄电池中释放出来驱动电动机等负载运行,电能的多次充放将产生能量额外损失。

针对燃料电池增程式电动汽车的恒温器能量管理策略,主要包括三个控制参数:蓄电池 SOC 下限值 SOC_low、蓄电池 SOC 上限值 SOC_high 以及增程器开启后的恒定输出功率值 $P_{\mathrm{RE\_out}}$。蓄电池 SOC 上、下限值的选取,可以从蓄电池充放电内阻与 SOC 的关系着手,主要体现为对不同充放电内阻情况下蓄电池充放电效率的考虑。另外,制定 SOC 上、下限值还应综合考虑选取合理的放电深度,以增加动力蓄电池使用寿命。本书选取的磷酸铁锂电池放电深度与充放电内阻关系如图 4-2 所示,从图中可以看出,较大的放电深度,即较低 SOC 状态下的蓄电池充放电内阻较大。增程器输出功率值的选取需要考虑两方面问题:①不同功率输出情况下燃料电池增程器系统的工作效率,尽量使增程器工作处在高效率区;②车辆行驶负载需求功率平衡问题,即增程器输出功率不能过小,应能满足行驶工况下车辆平均需求功率所需,这样才不会导致蓄电池持续放电。因为燃料电池发动机动态响应慢,可以使燃料电池发动机在其最高效率点工作,以恒功率输出。图 4-6 所示为本书所使用燃料电池发动机的系统效率曲线,从中可以看出,在 1～4kW 范围内,系统效率变化范围为 56%～59.4%。

恒温器能量管理策略的控制流程图如图 4-7 所示,控制器对车辆的 SOC 值进行实时判断,根据既定的策略完成增程器的开启与关闭。本书选取了一组经验值作为恒温器能量管理策略的控制参数:SOC_low＝0.4,SOC_high＝0.8,$P_{\mathrm{RE\_out}}$＝4kW。后续章节将对这组控制参数的控制效果作进一步的分析。

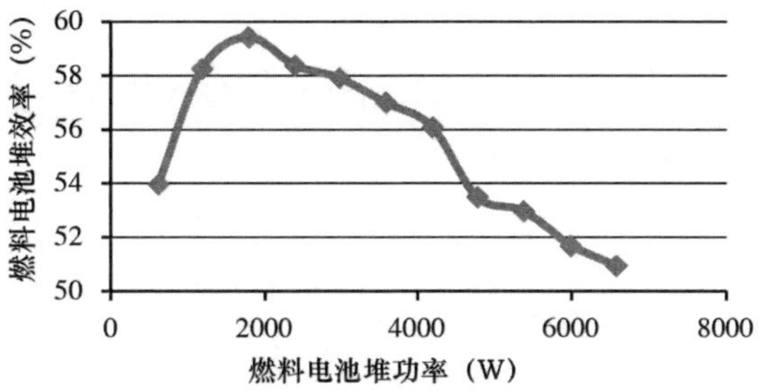

图 4-6 6.5kW 燃料电池增程器功率效率特性

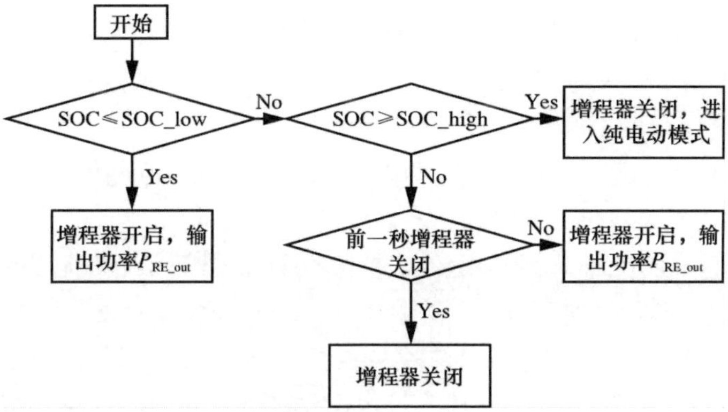

图 4-7 恒温器能量管理策略控制流程图

4.3.1.2 基于遗传算法的恒温器能量管理策略优化

1. 优化问题模型

前面介绍了恒温器能量管理策略的基本控制思想，指出其中三个关键控制参数分别是蓄电池 SOC 上、下限值和燃料电池增程器恒定输出功率。一般可以根据工程经验来大致设定这三个控制参数，但是通过这种方式选取的参数组合往往不能使动力蓄电池和燃料电池增程器的性能得到充分发挥，也即是说不能使系统整体经济性达到最佳。因此，可以通过优化设计理论和方法求解关键参数的最佳组合，提高增程式电动汽车的经济性和动力性。以下将利用自适应遗传算法对蓄电池 SOC 下限值 SOC_low、SOC 上限值 SOC_high 和燃料电池增程器恒定输出功率 P_{RE_out} 进行优化设计。

本书所研究的燃料电池增程式电动汽车能量管理策略的优化目标是在满足汽车动力性能要求的基础上，尽量减少燃料消耗，提高经济性，其中燃料消耗包括动力蓄电池所耗电能和燃料电池所用氢气量。为此，将能量管理策略参数最优化问题表述为求解如下非线性约束条件下的目标函数最小值问题：

$$\begin{cases} \min_{(SOC\_low,SOC\_high,P_{RE\_out})} \in \Omega \quad Q(SOC\_low,SOC\_high,P_{RE\_out})= \\ [FC(SOC\_low,SOC\_high,P_{RE\_out}),BA(SOC\_low,SOC\_high,P_{RE\_out})] \\ \text{s. t.} \quad g_j(SOC\_low,SOC\_high,P_{RE\_out})\geqslant 0, j=1,\cdots,m \end{cases} \tag{4-3}$$

式中，Ω 是求解空间；$Q(\cdot)$是用等效燃油消耗量来表示的目标函数；$FC(\cdot)$，$BA(\cdot)$分别为燃料电池氢气消耗量和蓄电池电能消耗量，二者之间可以通过热值进行相互换算；$g_j(\cdot)$是一组非线性不等式约束条件，代表如加速时间、蓄电池 SOC 变化范围等汽车性能要求。

针对所研究的燃料电池增程式电动汽车的实际整车性能要求和各关键零部件的性能特点，具体的性能约束条件如下：

① 0～30km/h 的加速时间小于 10s；

② 行驶过程中，蓄电池 SOC 工作下限为 0.3；

③ 0.3≤SOC_low≤0.5，0.51≤SOC_high≤0.95；

④ 每一时刻循环工况期望车速与实际车速之差 Δtrace≤2km/h；

⑤ 燃料电池增程器净输出功率不大于 5kW。

2. 自适应遗传优化实现

遗传算法(Genetic Algorithm，GA)通过模拟生物进化的过程，以优胜劣汰适者生存的思想作为基础，搜索问题解空间内的全局最优解。但是经典的遗传算法容易出现早熟现象，即在适应度函数选择不当的情况下，容易收敛于局部最优，无法达到全局最优。因此，本书的研究采用交叉和变异概率可动态变化的自适应遗传算法(Adaptive Genetic Algorithm，AGA)，对恒温器能量管理策略的关键控制参数进行优化设计。AGA 一般的优化过程如图 4-8 所示。其中，f_{avg}是种群平均适应度值，它通过编码将问题参数转化为设计空间的基因型结构，随机产生一组初始群体，然后模拟生物进化过程，使群体不断往更好的方向进化，最终找到问题的最优解。具体的寻优过程描述如下。

1) 编码/解码

编码是指把待优化的参变量转化为基因字符串的过程。本书采用二进制编码形式，将待优化的蓄电池 SOC 上限值、下限值和燃料电池输出功率分别表示为字符串基因，然后将各基因串联起来组成一个染色体，即优化解空间的一个向量表示一个染色体编码。反之，将二进制编码转化为真实值的过程称为解码。

2) 种群初始化

种群是遗传优化进化过程的基础，种群中的个体对应着蓄电池 SOC 上限值、下限值和燃料电池输出功率组成的字符串基因。种群的性质变化决定了遗传算法的搜索能力，遗传算法的收敛性取决于种群的收敛性。本书采用均匀随机的方式选定初始种群，种群数量设为 50。

3) 适应度值计算与评价

适应度函数表明个体或解的优劣性。首先计算每组优化变量对应的目标函数值，然后通过函数值向适应度的映射，得到种群中每个个体的适应度。本书采用的目标函数值为目标续驶里程，作为整车燃油经济性的评价指标。

4) 遗传操作

遗传操作包括选择、交叉和变异等动作，其作用是产生下一代新种群。本书的选择操

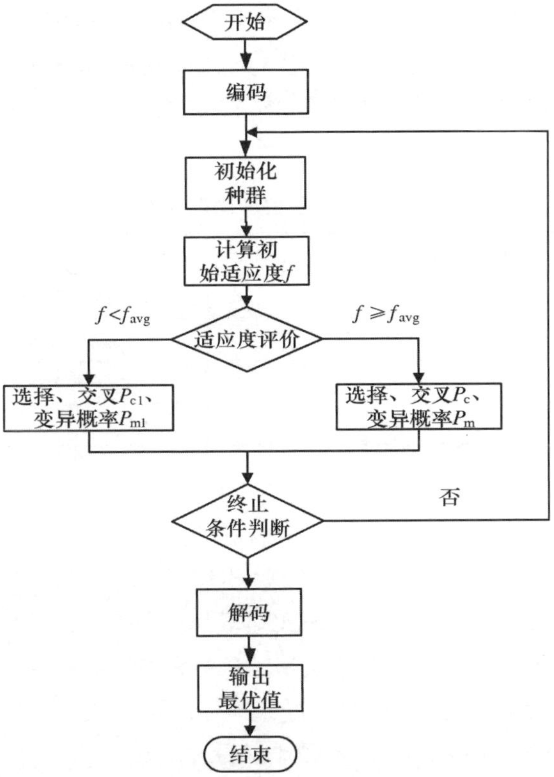

图 4-8　自适应遗传算法优化流程

作采取经典的轮盘赌比例方法,即个体被选择概率与其适应度成比例。当轮盘旋转时,单一个体被选中的机会与它所占的比例相对应。交叉和变异主要用来产生新个体,实现算法的全局搜索。但是在种群进化过程中,个体的相似度越来越大,容易陷入局部最优,这时需要适当加大算法中交叉和变异概率,跳出局部最优,增加种群产生新个体的能力。采用自适应交叉概率和变异概率的计算公式为

$$P_c=\begin{cases}P_{c1}-\dfrac{(P_{c1}-P_{c2})(f_c-f_{avg})}{(f_{max}-f_{avg})}; & f_c\geqslant f_{avg}\\ P_{c1}; & f_c<f_{avg}\end{cases} \tag{4-4}$$

$$P_m=\begin{cases}P_{m1}-\dfrac{(P_{m1}-P_{m2})(f_m-f_{avg})}{(f_{max}-f_{avg})}; & f_m\geqslant f_{avg}\\ P_{m1}; & f_m<f_{avg}\end{cases} \tag{4-5}$$

式中,f_c 为要交叉的两个个体中较大的适应度值;f_m 为要变异的个体的适应度值;f_{avg},f_{max}分别为群体中平均适应度值和最大适应度值;P_{c1},P_{c2},P_{m1},P_{m2} 为小于 1 的常数,且应有 $P_{c1}\geqslant P_{c2}$,$P_{m1}\geqslant P_{m2}$。

为对比分析 AGA 较之传统遗传算法(Simple Genetic Algorithm,SGA)在全局寻优能力上的优势,本书分别编写了 AGA 算法和 SGA 算法的优化程序。在 Matlab 软件环境中

利用优化算法程序调用第 2 章中基于 ADVISOR 软件建立的燃料电池增程式电动汽车仿真模型,以实现数据交互和优化迭代。优化仿真中取蓄电池 SOC 初始值为 0.95,氢气压力 11MPa,循环工况选取等比例缩放的 UDDS_40 城市工况。选取遗传代数为 50 代,以续驶里程作为优化目标。仿真优化中用到的参数如表 4-1 所示。

表 4-1　　自适应遗传算法仿真优化所用参数

循环工况	UDDS_40(具体内容见 4.3.1.3 小节)	终了 H_2 压强(MPa)	2
初始 SOC	0.95	终了 H_2 温度(℃)	40
终了 SOC	0.3	遗传代数	50
初始 H_2 压强(MPa)	11	种群个数	50
初始 H_2 温度(℃)	20	—	—

3. 优化结果分析

1) AGA/SGA 优化效果比较及 AGA 优化机理分析

以 4.3.1.1 小节中设定的经验值控制参数 SOC_low=0.4,SOC_high=0.8,P_{RE_out}=4kW 作为优化过程的初始值。当蓄电池 SOC 低于 0.3 或者氢气量耗尽且蓄电池 SOC 低于 0.3 时,单次循环工况仿真停止。图 4-9 是 AGA 和 SGA 的寻优仿真结果,从图中可以看出,AGA 最优值随着遗传代数的增加不断增大,直至收敛,而 SGA 在优化过程的初期即已经收敛于局部最优值,优化效果明显弱于 AGA。

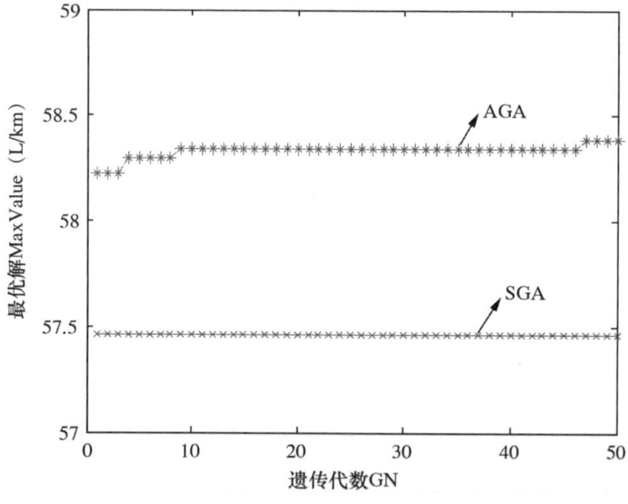

图 4-9　AGA、SGA 迭代寻优过程

仿真优化前后相关控制参数以及续驶里程、等效燃油消耗等数据结果如表 4-2 所示。从表中可以看出,AGA 优化方法使得等效燃油消耗从优化前的 4L 减少到 3.6L,降幅达到 10%,比 SGA 优化得到的等效燃油消耗降低 2.8%,同时,续驶里程由优化前的53.1km 增加到 58.4km,增加幅度为 9%,与 SGA 优化得到的续驶里程相比,增加了1.5%。以上结

果显示，AGA 的优化效果较好，提高了整车的燃油经济性能。

表 4-2　　优化前后数据对比

优化对象	优化前	优化后	
		SGA	AGA
SOC_high	0.8	0.92	0.92
SOC_low	0.4	0.33	0.49
P_{RE_out}(W)	4000	3377	2607
续驶里程（km）	53.1	57.5	58.4
等效燃油消耗（L/100km）	4	3.7	3.6

图 4-10、图 4-11 分别是优化前后恒温器能量管理策略下车辆在 UDDS_40 循环工况中运行的仿真结果。

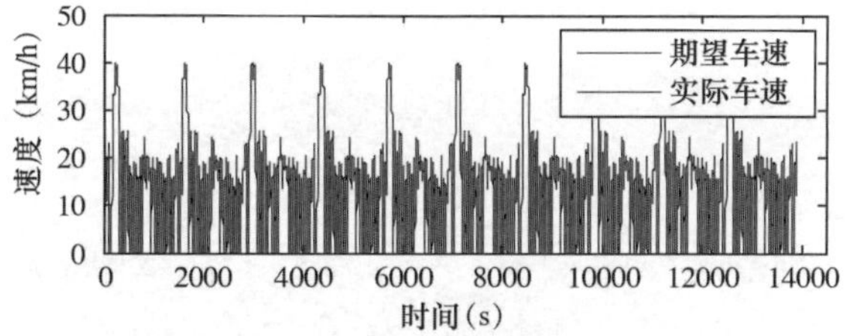

(a) 循环工况期望车速/实际车速关系图

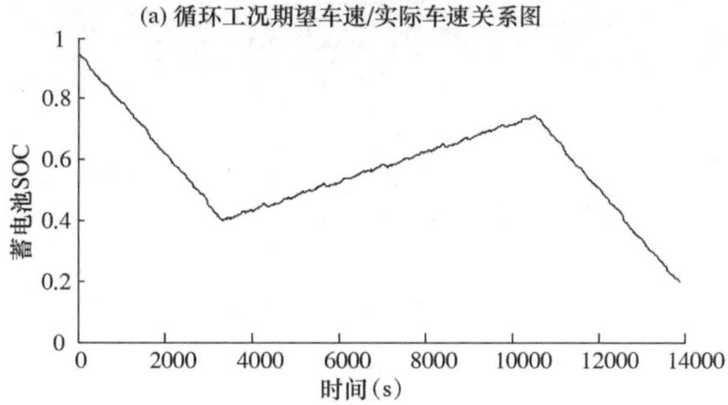

(b) 蓄电池SOC

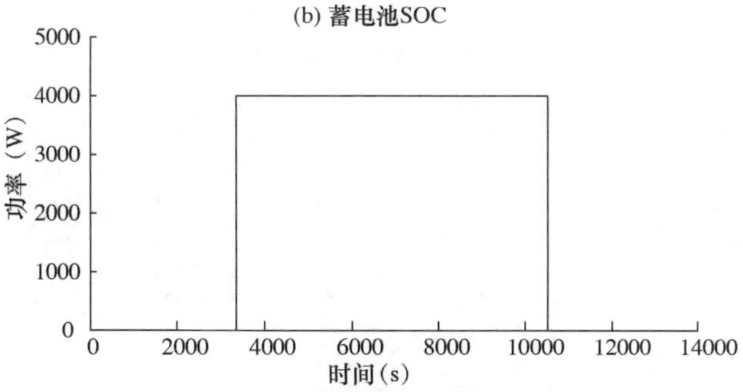

(c) 燃料电池增程器输出功率

图 4-10　优化前 UDDS_40 工况仿真结果

从图 4-10 中可以看出，在给定车辆动力系统参数匹配的条件下，车辆采用恒温器能量管理策略能够准确地跟踪循环工况。车辆首先以纯电动模式运行，增程器在蓄电池 SOC 达到 0.4 时开启，启动后增程器以 4kW 恒功率输出，在满足电动机等负载功率需求的同时对蓄电池充电。当氢瓶中氢气耗尽(氢气压强降至 2MPa)后，增程器关闭，车辆再次进入纯电动运行模式，直到蓄电池 SOC 降到 0.3 时仿真停止。

图 4-11 所显示的仿真结果中，增程器工作顺序不变，同样是当蓄电池 SOC 降至 SOC_low 时开启工作。但不同的是，增程器在蓄电池 SOC 降至 0.49 时启动工作，恒定输出优化后的功率值 2607W，增程器基本不给蓄电池充电[图 4-11(a)中局部放大图显示 SOC 有增加的情况，但增幅很小且非常短暂，整体呈下降趋势]，蓄电池 SOC 降幅减缓，氢气量和蓄电池电量基本同时耗尽。

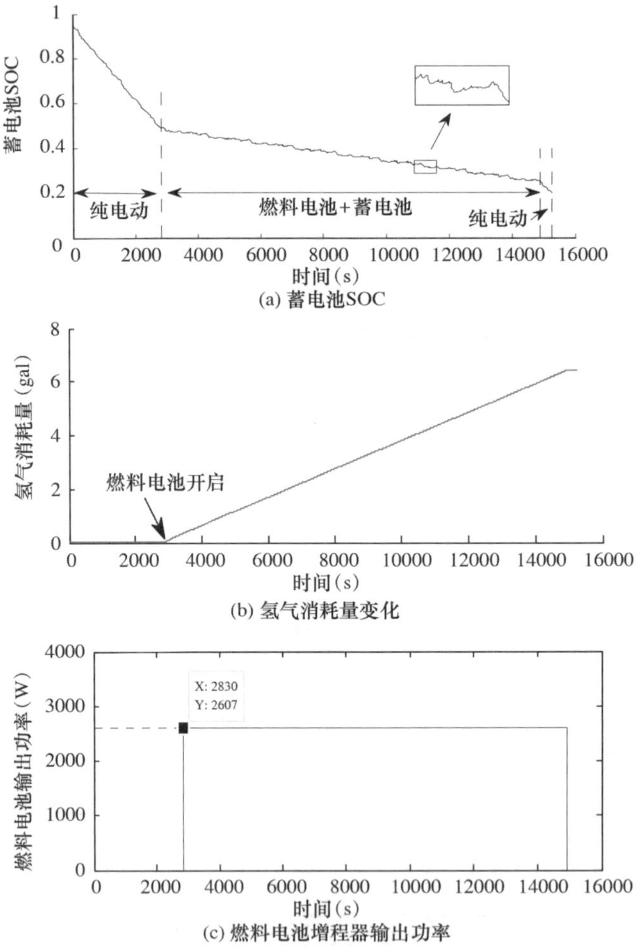

图 4-11　优化后 UDDS_40 工况仿真结果

以上研究结果说明优化后的恒温器能量管理策略能获得更好的经济性和续驶里程，原因在于：①对于本书所选用的磷酸铁锂电池和燃料电池，蓄电池充放电效率受蓄电池 SOC 大小影响较小，而燃料电池增程器的效率随着输出功率的不同变化较大，其恒定输出功率的大小对整车燃油经济性起着决定性的作用，这是因为在满足整车动力性的基础上，当燃料电池输出功率为处于燃料电池最佳效率点附近时，整车的燃油经济性较好。②对于选定的工况，优化后的恒温器能量管理策略使得增程器输出功率主要用于直接驱动电机，基本上不给蓄电池充电，这样就避免了电能在蓄电池中重复充放带来的额外能量损失，因而提高了整车经济性，一次加注续驶里程更长。

2) SOC 上、下限值对续驶里程的影响

恒温器能量管理策略中的 SOC 上、下限值决定了增程器开闭的时机。图 4-12 为保持燃料电池增程器输出功率为优化值($P_{RE\_out}=2\,607\text{W}$)不变时，不同 SOC 上、下限值对续驶里程的影响。

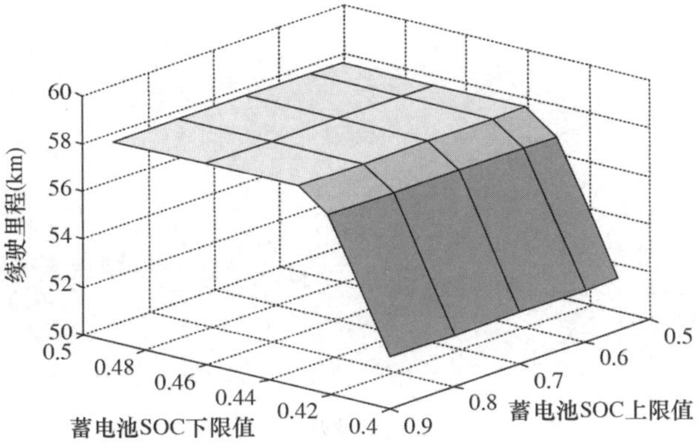

图 4-12　续驶里程随 SOC 上、下限值变化规律

从图 4-12 中可以很清楚地看出，当增程器输出功率一定时，车辆续驶里程与蓄电池 SOC 上限值的改变关系不大，而受到 SOC 下限值较大影响。蓄电池 SOC 下限值决定了燃料电池的开启时机，进而决定着燃料电池的氢气量能否在蓄电池电量消耗完之前或同时耗完。本书所研究的实例中，如果增程器在蓄电池 SOC 下限值低于 0.42 时启动，则氢气量不能够在蓄电池电量达到 20%(蓄电池 SOC 工作极限值)时耗尽，这是因为氢气有剩余，便会极大地减少整车的续驶里程；当蓄电池 SOC 下限值高于 0.42 时，氢气量能够在蓄电池电量低于 20% 前耗尽，蓄电池 SOC 下限值的大小对续驶里程基本无影响。

该部分研究对恒温器能量管理策略设计的指导意义在于，当增程器恒定输出功率值选定之后，增程器启动时机不能过晚，过低的启动 SOC 下限值将导致蓄电池电量先于氢气量耗尽，增程器中的能量无法得到充分使用。针对给定的工况和动力系统配置，可以用 4.3.1.2 小节中介绍的遗传优化方法求得合理的 SOC 上、下限值以及增程器输出功率值。

3）初始 SOC 值对控制参数优化的影响

考虑到车辆实际使用过程中，每次启动运行时动力蓄电池可能处于不同的初始 SOC 状态，因此研究不同初始 SOC 状态对遗传算法最优控制参数的影响，得到表 4-3 和图 4-13 所示结果。

表 4-3　不同 SOC 初始值对应的控制参数优化值

循环工况	UDDS_40				
初始 SOC	0.95	0.7	0.5	0.3	0.25
SOC_high	0.81	0.95	0.95	0.7	0.67
SOC_low	0.44	0.47	0.47	0.48	0.29
P_{RE_out}(W)	2448	2453	2443	2615	2881
续驶里程(km)	35.9	31.2	25.6	19.9	18.3

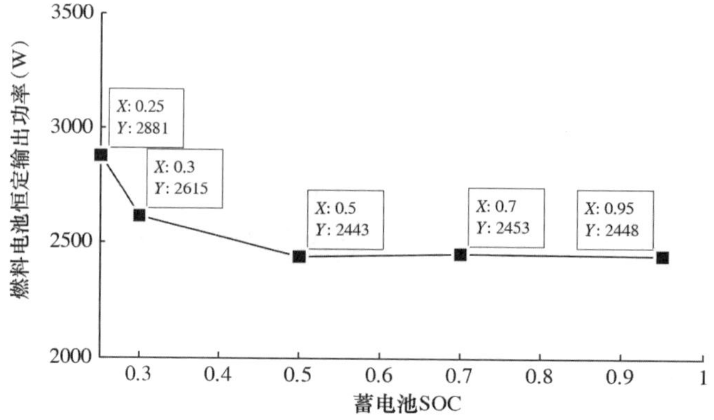

图 4-13　不同 SOC 初始值对应的燃料电池输出功率最优值

随着蓄电池初始 SOC 的降低，燃料电池恒定输出功率在蓄电池初始 SOC 值处于中高范围内时略微上升，在蓄电池初始 SOC 值处于较低范围内时则随着初始 SOC 值的降低而急剧增加。当蓄电池初始 SOC 降低时，为了使得氢气量能够在蓄电池 SOC 降至 20%（蓄电池 SOC 工作下限极限值）之前或同时耗尽，燃料电池需要消耗更多的氢气，所以燃料电池输出功率增大，降低蓄电池 SOC 下降的速率，尽可能与电量消耗保持同步，可以获得最大续驶里程。

4.3.1.3　典型工况的选取与修改

电动汽车能量管理策略的制定与研究不能脱离特定的车辆运行工况。然而，增程式电动汽车作为一种新的电动汽车形式，当前对其使用场合以及运行模式方面的研究才刚刚起步，因而没有专门针对增程式电动汽车的测试工况。与此同时，本书所研究的增程式电动汽车是低速电动汽车，最高车速低于 50km/h。现有国内外电动汽车及混合动力汽车相关测试标准中建议的循环测试工况也是针对高速车辆的，即最高时速超过 100km/h。

显然,在研究本书的燃料电池增程式电动汽车动力性及经济性时无法直接套用这些测试工况。目前,国内外针对各类混合动力汽车的仿真及试验研究也多采用最高车速超过100km/h 的循环测试工况。

鉴于以上研究现状,本书选取了 4 种典型工况,同时为了尽可能保持原有测试工况的车速变化趋势,采用按照最高车速 40km/h 将原来的循环工况车速数据进行等比例缩放,从而得到新的测试工况。即

$$v_{t\_E\text{-}REV}=\frac{40}{v_{cycte\_max}}\cdot v_{t\_cycle} \tag{4-6}$$

式中,$v_{t\_E\text{-}REV}$ 为 t 时刻对应的新测试工况车速(km/h);v_{cycle_max} 为原有典型工况最高车速(km/h);v_{t_cycle} 为 t 时刻原有测试工况车速(km/h)。

1) CONSTANT_30 工况

车速恒定,反映车辆以较高车速匀速行驶时的动力性及经济性,如图 4-14(a)所示。

2) UDDS_40 工况

由 UDDS 工况按公式(4-6)等比例缩放得到,模拟城市交通,行驶速度适中,注重考核加速能力,如图 4-14(b)所示。

3) HWFET_40 工况

由 HWFET 工况按公式(4-6)等比例缩放得到,模拟城市间的交通,车速较高,加减速不频繁,如图 4-14(c)所示。

4) ECE_40 工况

由 ECE 工况按公式(4-6)等比例缩放得到,传统的城市道路行驶工况,模拟低速、低负荷的市内交通情况,也适合模拟场馆行驶的工况,如图 4-14(d)所示。

表 4-4 为所选 4 种测试工况的相关参数。

表 4-4　　各测试工况相关参数

参数 / 工况	时间 (s)	里程 (km)	最高车速 (km/h)	平均车速 (km/h)	最大加速度 (m/s^2)	最大减速度 (m/s^2)	平均加速度 (m/s^2)	平均减速度 (m/s^2)	怠速时间 (s)	停车次数 (次)
CONSTANT_30	5400	44.75	30	30	0	0	0	0	0	0
UDDS_40	1369	5.26	40	13.81	0.65	−0.65	0.22	−0.25	259	17
HWFET_40	765	6.85	40	32.19	0.59	−0.61	0.08	−0.09	6	1
ECE_40	195	0.8	40	14.61	0.84	−0.67	0.51	−0.6	64	3

4.3.1.4 仿真结果分析

对恒温器能量管理策略的进一步研究,我们采用 2 套不同的控制参数,其中一套是经验值控制参数,另外一套控制参数采用 4.3.1.2 小节中介绍的自适应遗传算法针对 4 种不同工况求取,具体参数见表 4-5。需要指出的是,表 4-5 中优化部分的燃料电池增程器恒

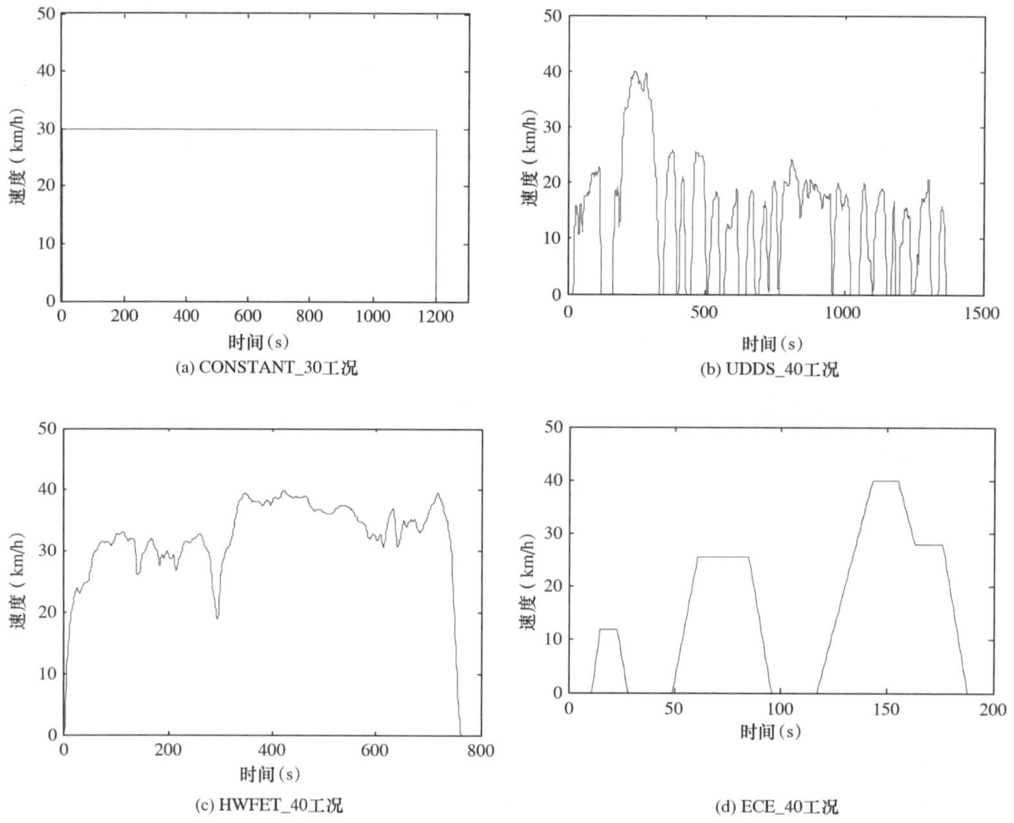

图 4-14　本书所选 4 种典型工况

定输出功率是蓄电池初始 SOC=0.3 时求得的最优解。由 4.3.1.3 小节中的研究结果可知,初始 SOC 越低,优化得到的燃料电池输出功率控制参数值就越大,因此选取 SOC=0.3时对应的优化燃料电池输出功率值,以满足日常不同蓄电池初始 SOC 情况下的行车需要。此外,实际优化得到的各个工况的 SOC_high、SOC_low 并不完全相同,根据 4.3.1.2小节的研究结果,只要满足一定的 SOC_low 要求,SOC 上、下限值对续驶里程的影响可以忽略不计。因此,为了程序的统一与简化,设定所有工况的 SOC_high=0.8、SOC_low=0.4。

图 4-15 和表 4-6 是经验值恒温器能量管理策略在不同工况下的蓄电池充放电能量仿真结果。由图表可知,蓄电池在燃料电池开启后开始充电(负值),不同工况的蓄电池充放电总能量存在差异。由于 ECE_40 和 UDDS_40 工况平均车速较低,并存在较多怠速工况,增程器 4kW 恒功率输出后有较多富裕能量给蓄电池充电,约为 5000kJ;CONSTANT_30 和 HWFET_40 工况的平均车速较高,电机需求功率较大,增程器富裕能量较少,蓄电池充电较少,约为 2000kJ。尽管 ECE_40 和 UDDS_40 工况电池充电能量多(从增程器获取的能量,约 5000kJ),但实际蓄电池放电增加能量并不等于充电增加的能量,证明电能在蓄电池中多次充放带来额外损失。以 UDDS_40 和 HWFET_40 工况为例,前者动力蓄电池比后者从增程器多获得

电能 2.937×10⁶J,而实际前者动力蓄电池比后者仅增加放电 2.49×10⁶J。

图 4-16 和表 4-7 是经过遗传算法优化后的恒温器能量管理策略在不同工况下的蓄电池充放电能量仿真结果。从图表中可以看出,优化得到的控制参数使得用于给蓄电池充电的电能减少,从而减少了电能在蓄电池中多次充放带来的额外能量损失。图 4-17 是经验值恒温器能量管理策略和优化值恒温器能量管理策略条件下蓄电池内阻能量损失关系。由图可知,优化值恒温器能量管理策略下蓄电池内阻消耗的能量低于经验值恒温器能量管理策略,其中 CONSTANT_30 工况的蓄电池内阻能量损失可降低 24%左右,ECE_40 和 UDDS_40 工况的蓄电池内阻能量损失也有大幅降低,由于 HWFET_40 工况燃料电池输出功率优化值接近经验值,故蓄电池内阻降低不明显。从表4-7中可以看出,优化后的恒温器能量管理策略确实从两方面提高了系统的经济性:其一是燃料电池增程器迁移到更高效率点工作;其二是动力蓄电池充放电内阻引起的能量损失得到较大幅度的改善,最高降幅达到 24.07%。与此同时,表 4-8 中数据也反映出增程式电动汽车蓄电池内阻消耗能量在总的能量源能量损失中所占份额比传统混合动力汽车明显增大,ECE_40 工况中的蓄电池能量损失达到 8.02%。因此,在制定增程式电动汽车能量管理策略以及设计增程式电动汽车动力系统时,应该考虑蓄电池充放电内阻的影响。

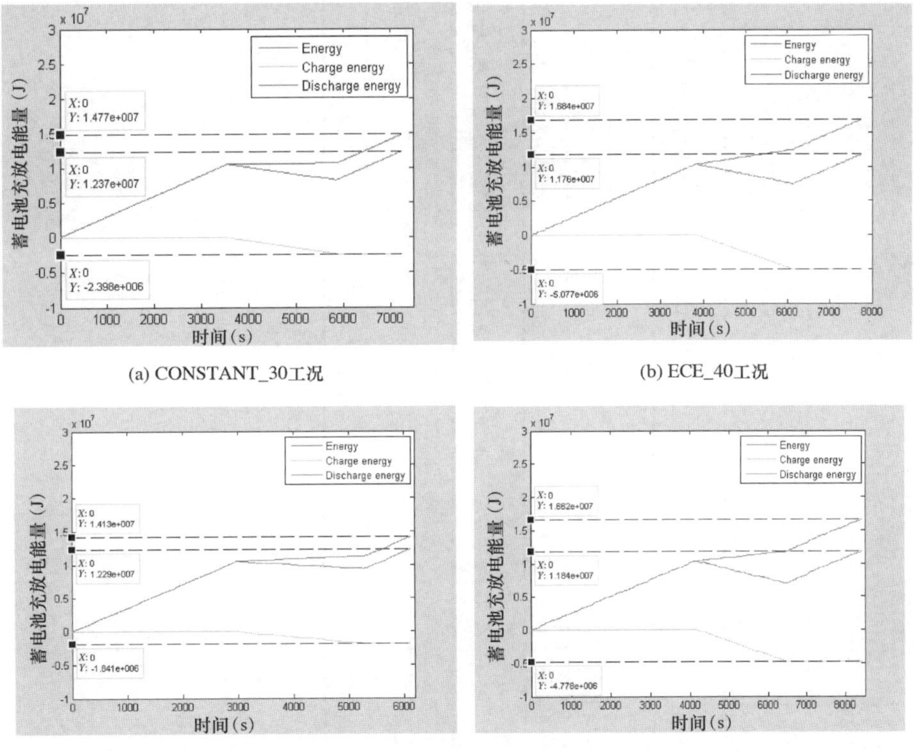

(a) CONSTANT_30工况　(b) ECE_40工况

(c) HWFET_40工况　(d) UDDS_40工况

图 4-15　不同工况下蓄电池充放电能量仿真结果(经验值恒温器能量管理策略)

表 4-5　不同工况下的恒温器能量管理策略控制参数及仿真续驶里程

	经验值				AGA 优化结果			
工况	UDDS_40	CONSTANT_30	HWFET_40	ECE_40	UDDS_40	CONSTANT_30	HWFET_40	ECE_40
SOC_high	0.8				0.8	0.8	0.8	0.8
SOC_low	0.4				0.4	0.4	0.4	0.4
P_{RE_out}(W)	4000				2615	3437	3693	2774
续驶里程（km）	32.3	60.1	54.8	31.4	34.6	63.4	57.5	33.4

表 4-6　不同工况下蓄电池充放电能量仿真结果(经验值恒温器能量管理策略)

	CONSTANT_30	HWFET_40	ECE_40	UDDS_40
蓄电池充电能量（J)E_{ch}	-2.398×10^{6}	-1.841×10^{6}	-5.007×10^{6}	-4.778×10^{6}
蓄电池放电能量（J)E_{dis}	1.447×10^{7}	1.413×10^{7}	1.684×10^{7}	1.662×10^{7}

表 4-7　不同工况下蓄电池充放电能量仿真结果(优化值恒温器能量管理策略)

	CONSTANT_30	HWFET_40	ECE_40	UDDS_40
蓄电池充电能量(J)	-3.153×10^{5}	-1.781×10^{6}	-5.018×10^{6}	-4.347×10^{6}
蓄电池放电能量(J)	1.249×10^{7}	1.408×10^{7}	1.682×10^{7}	1.627×10^{7}

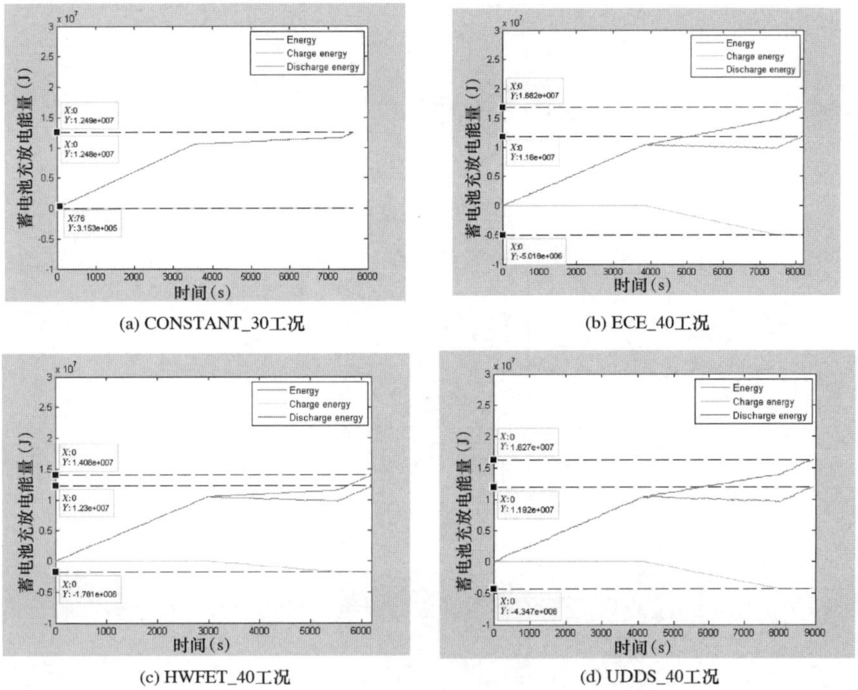

(a) CONSTANT_30工况　　(b) ECE_40工况

(c) HWFET_40工况　　(d) UDDS_40工况

图 4-16　不同工况下蓄电池充放电能量仿真结果(优化值恒温器能量管理策略)

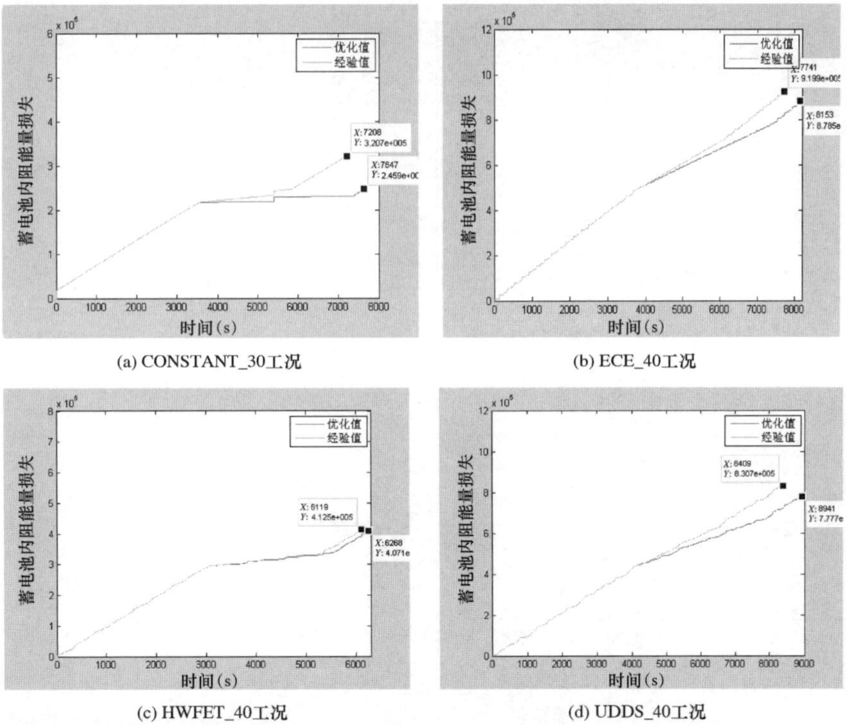

(a) CONSTANT_30工况　　(b) ECE_40工况

(c) HWFET_40工况　　(d) UDDS_40工况

图 4-17　蓄电池内阻能量损失比较(经验值恒温器—优化值恒温器)

表 4-8　　蓄电池内阻及增程器能量损失比较

工况	蓄电池内阻损失				燃料电池增程器能量损失									
	经验值 1 (10^5 J)	优化值 1 (10^5 J)	改善比例 (%)	百分比 (%)	FC 功率 (kW)	效率 (%)	运行时间 (s)	经验值 2 (10^7 J)	FC 优化功率 (W)	效率 (%)	运行时间 (s)	优化值 2 (10^7 J)	改善比例 (%)	百分比 (%)
HWFET_40	4.1517	4.0714	1.93	3.63	4	45.61	4577−2263 =2314	1.174	3693	48.16	5543−2988 =2555	1.08	8.01	96.37
UDDS_40	8.3677	7.7773	7.06	7.2	4	45.61	6467−4153 =2314	1.174	2615	51.78	8026−4153 =3873	1.003	14.57	92.8
CONSTANT_30	3.2382	2.4589	24.07	2.32	4	45.61	5872−3558 =2314	1.174	3437	50.42	6444−3558 =2886	1.037	11.67	97.68
ECE_40	9.2317	8.7914	4.77	8.02	4	45.61	6144−3830 =2314	1.174	2774	51.52	7461−3830 =3631	1.008	14.11	91.98

注：1. FC 效率为燃料电池增程器效率；

2. 优化比例=(经验值−优化值)/经验值；

3. 百分比=优化值/(优化值 1+优化值 2)，表示动力源能量损失中蓄电池内阻损失和燃料电池增程器能量损失两种因素各自所占比例。

4.3.2　基于规则的功率跟随能量管理策略

4.3.2.1　功率跟随能量管理策略的控制思想

功率跟随能量管理策略的基本控制思想是负载所需电能优先由增程器提供,不足部分由动力蓄电池补充。这一控制策略的优点在于能够防止动力蓄电池出现大电流充放电情况,有利于保护动力蓄电池使用寿命。同时,在排放要求日益严格的今天,这种策略能够为扩大车辆使用的范围提供可能。即如果增程器排放不能满足市区严格的排放要求,那么车辆可以在未进入市区之前采用功率跟随模式行驶,充分使用增程器提供能量,同时节省蓄电池中的电能,在进入市区之后切换至纯电动模式行驶,以满足城市中心区域对车辆排放的严格要求。这一策略的不足在于,对增程器功率输出动态响应要求较高,受实际路况的影响,增程器输出功率可能会在一个较大范围内频繁波动。前面 4.1.2 小节中指出,燃料电池发动机存在功率输出动态响应较慢的特点,势必无法单独作为能量源驱动电动机。燃料电池增程式电动汽车动力配置形式为采用功率跟随策略提供了可能。

(1) 功率配置:动力蓄电池功率较大,燃料电池增程器功率较小,燃料电池增程器在一个较小功率范围内变化,其响应速度相对较快;动力蓄电池功率响应速度快,负载需求功率无法由增程器满足的部分可以由动力蓄电池补充。

(2) 能量配置:不同于一般的燃料电池电动汽车,燃料电池增程式电动汽车的动力蓄电池具有较大的能量储备,因而能够较长时间起到能量(功率)补充的作用。

基于以上考虑,本书所采用的功率跟随能量管理策略控制框图如图 4-18 所示。

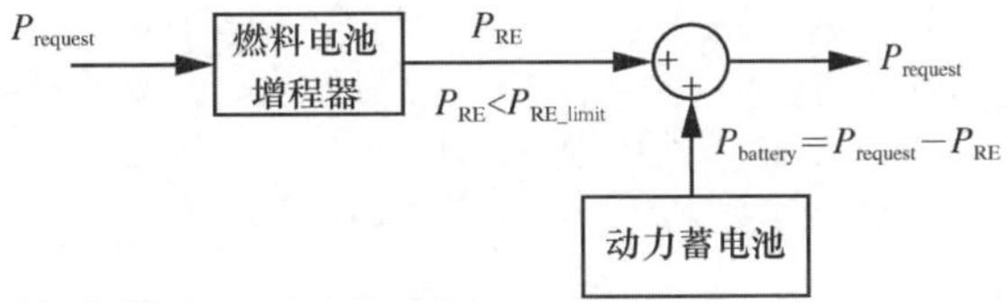

图 4-18　功率跟随能量策略控制框图

式中,$P_{request}$ 为系统负载需求总功率;P_{RE} 为增程器实际输出功率;P_{RE_limit} 为燃料电池增程器输出功率极限值;$P_{battery}$ 为动力蓄电池所提供的功率。

4.3.2.2　仿真及试验结果分析

仿真及试验条件为:蓄电池初始 SOC＝0.95,终了 SOC＝0.3;氢气初始压强为 11MPa,终了氢气压强为 2MPa。当蓄电池 SOC 降至 0.3,且氢气压强降至 2MPa 时,仿真及试验结束。

从图 4-19 仿真结果可以看出,功率跟随能量管理策略的燃料电池增程器功率输出受工况影响很大。匀速工况下增程器以恒功率输出,增程器能够独立满足负载功率需求时蓄电池基本不需释放能量,处于所谓的 SOC 保持状态。对于车速变化频繁剧烈的工况,理想状态下的增程器功率输出尽量满足负载需求功率的需要,随其变化而变化,不足部分由蓄电池补充。

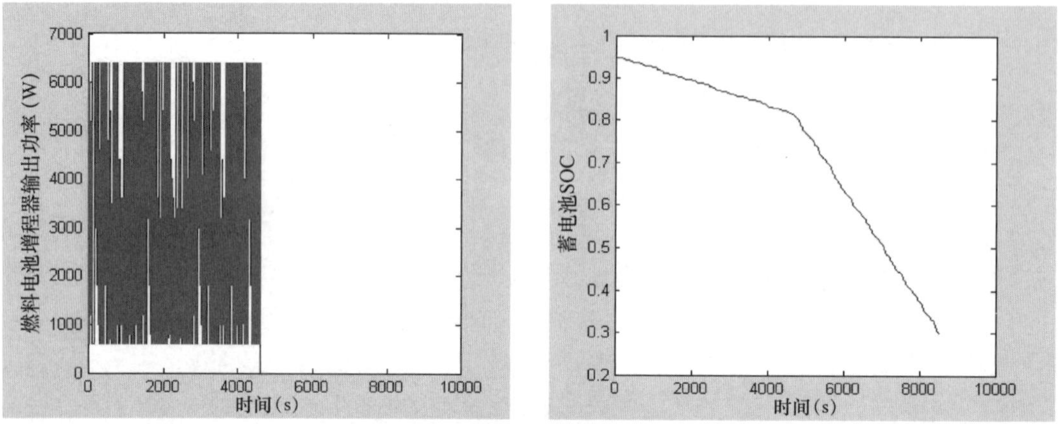

(a) UDDS_40

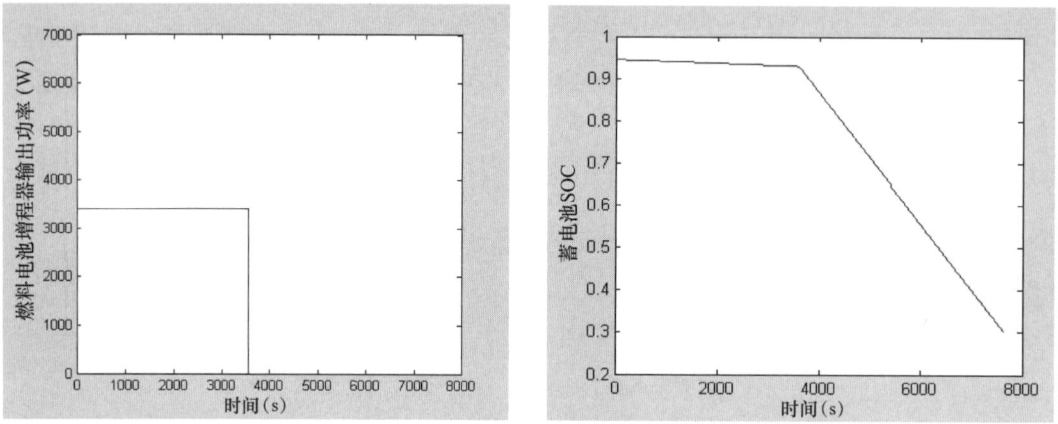

(b) CONSTANT_30

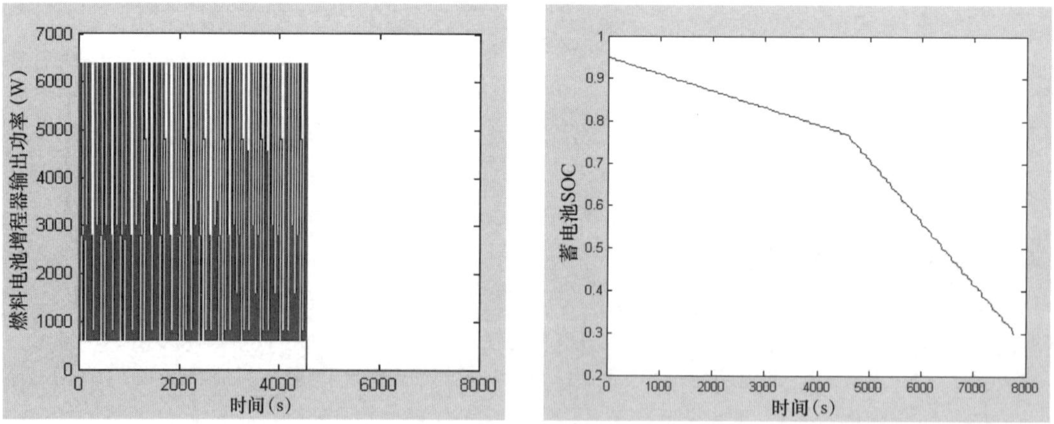

(c) ECE_40

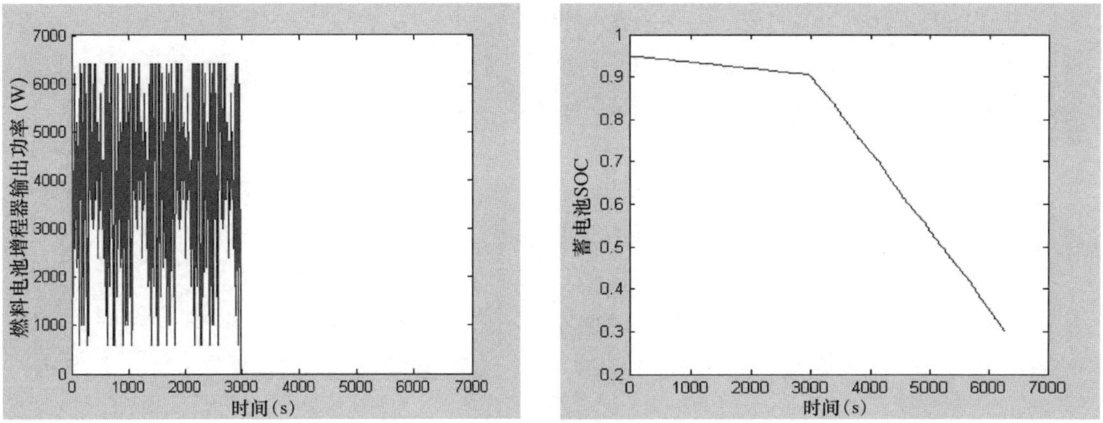

(d) HWFET_40

图 4-19　功率跟随能量管理策略仿真结果

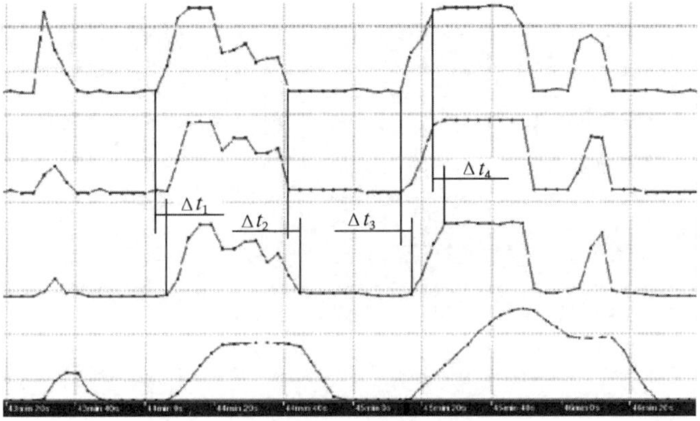

图 4-20　燃料电池增程器设定功率与实际功率关系

图 4-20 给出 ECE_40 工况一个循环中燃料电池增程器设定功率与实际功率之间的对应关系(试验结果)。从图中可以看出,控制器计算得出的增程器设定功率随车速工况的变换而动态变化,由于燃料电池增程器动态响应较慢,在急加速情况下增程器实际输出功率滞后于设定功率,二者之间的功率差值由动力蓄电池提供。因此,针对燃料电池增程式电动汽车设计使用功率跟随能量管理策略时,必须充分考虑燃料电池动态响应慢这一特性对本策略实际使用效果可能产生的影响。比如,蓄电池实际 SOC 下降速度可能比预期更快;给定燃料加注量情况下的燃料电池增程器实际工作时间可能比预期更长。

4.3.3　基于模糊逻辑理论的能量管理策略

4.3.3.1　模糊逻辑能量管理策略的控制器设计

前述两种基于确定量化规则的能量管理策略要么无法获得系统效率最优,要么对燃料电池动态响应提出严苛的要求，而燃料电池增程式电动汽车是非线性、多物理域耦合的时变系统，模糊逻辑控制方法借助所设计模糊控制器的模糊推理能力，根据实际行驶过程中车辆动力系统部件状态和系统负载的实际需求，将燃料电池增程器的功率输出限定在一些区域内，实现能量在增程器和动力蓄电池之间的较好配置。换言之，模糊逻辑能量管理策略，一方面保证了实时工况下的能量合理分配，提高系统效率；另一方面可缓解负载功率对燃料电池增程器系统动态响应的严格要求。

本书研究的增程式电动汽车，其能量管理策略的目的是根据当前蓄电池 SOC 状态及总线需求功率大小来判断燃料电池所应输出的功率，间接控制蓄电池输出的功率，从而实现能量分配。因此，该模糊控制系统中有两个输入变量和一个输出变量：锂电池 SOC 及总线需求功率 P_r 是输入变量，燃料电池输出功率 P_{out} 是输出变量。本书所使用的模糊控制器结构如图 4-21 所示。

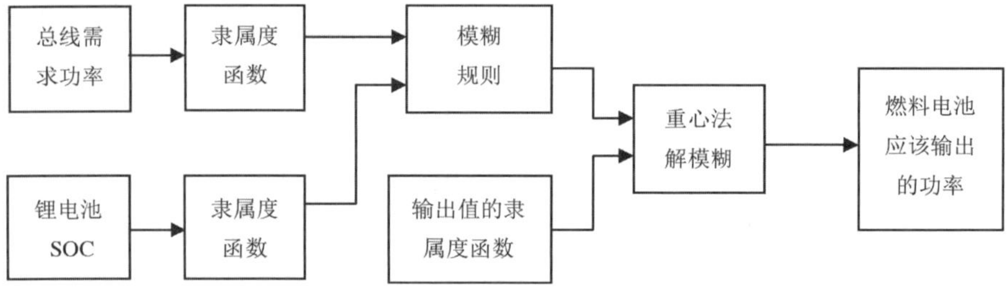

图 4-21　模糊逻辑能量管理策略的模糊控制器结构

以下结合 Matlab/Simulink 介绍如何实现以上控制器。其中的隶属度函数及模糊规则都通过遗传算法优化得到，具体内容将在后续阐述。

首先，通过数学变换对输入变量进行归一化处理，将其变成[0,1]范围内的变量，以简化隶属度函数的论域。如系统中锂电池的 SOC 变化范围为[0.2,0.95]，通过函数 $y=(x-0.2)/(0.95-0.2)$变换后其范围就变成了[0,1]。然后，针对经过数学变换后的两个变量建立隶属度函数。本书使用三角形函数和梯形函数混合的隶属度函数。由于在上一步中对参数进行了归一化处理，所以各隶属度函数的论域均为[0,1]。输入变量 SOC 和需求功率 P_r 的隶属度函数均由 5 个模糊子集组成，其中 SOC 的 5 个模糊子集是“SOC 低(SL)”“SOC 较低(SNL)”“SOC 中(SN)”“SOC 较高(SNH)”“SOC 高(SH)”，P_r 的 5 个模糊子集是“需求功率小(PS)”“需求功率较小(PNS)”“需求功率中(PN)”“需求功率较大(PNH)”“需求功率大(PH)”。

系统输出变量即燃料电池应输出的功率 P_{out} 则由 7 个模糊子集组成，分别是“很小(VS)”“小(S)”“较小(NS)”“中等(N)”“较大(NL)”“大(L)”“很大(VL)”。根据遗传算法得到的优化结果绘制各个隶属度函数，如图 4-22～图 4-24 所示。

模糊控制器的另一个重要组成部分是模糊规则，其基本形式为“若 A 且 B，则 U”，一般简记为$(A\cap B)\rightarrow U$，它表示着像“若 SOC 高且 P_r 小，则 P_{out}很小”这类条件命题。本书所使用的模糊规则如表 4-9 及图 4-25 所示。

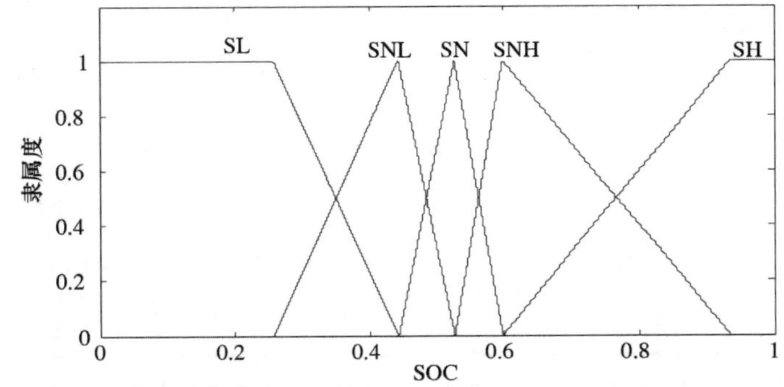

图 4-22　SOC 的隶属度函数

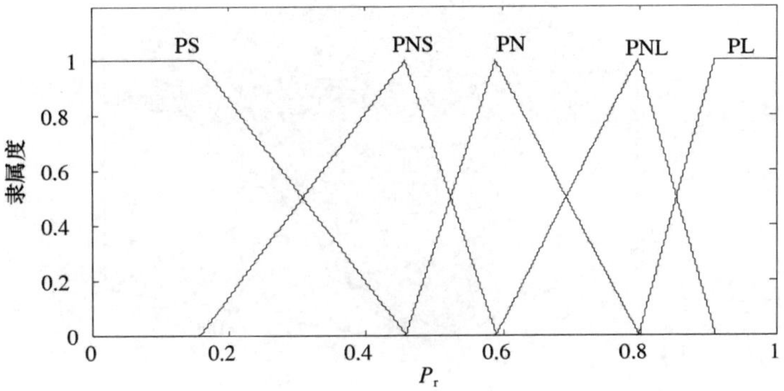

图 4-23　P_r 的隶属度函数

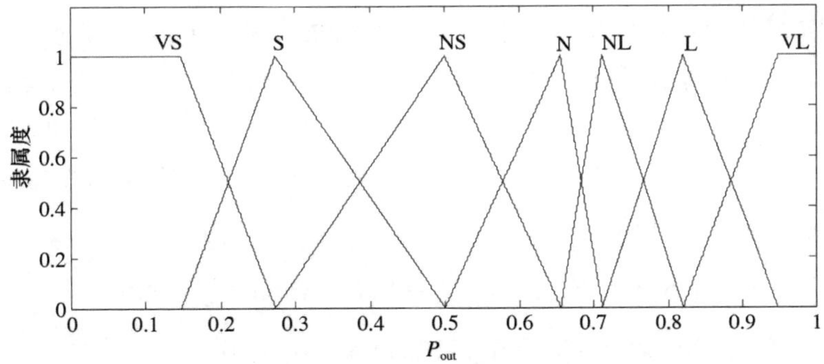

图 4-24　P_{out} 的隶属度函数

表 4-9　模糊逻辑能量管理策略的模糊规则

P_r \ SOC (P_{out})	SL	SNL	SN	SNH	SH
PS	NL	N	NS	NS	NS
PNS	L	N	NS	S	NS
PN	L	NL	N	NS	NS
PNH	VL	L	NL	NS	S
PH	VL	VL	VL	NL	S

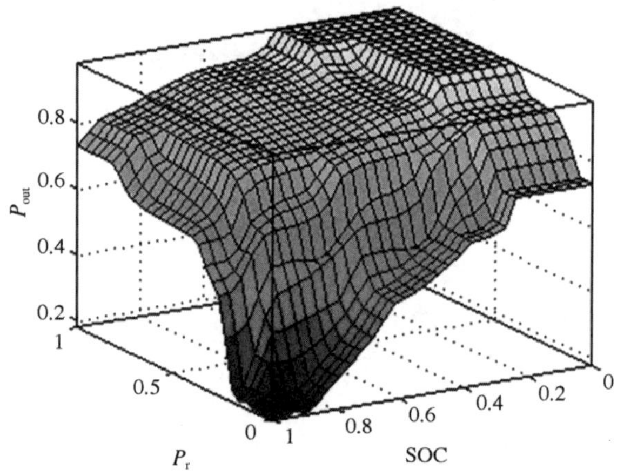

图 4-25　模糊逻辑策略的模糊规则面

介绍完隶属度函数和模糊规则后,接下来详细阐述整个模糊系统的工作流程及其在模型中的实现方法。首先输入变量 SOC 和 P_r 会通过隶属度函数变换后得到其对应各个模糊子集的隶属度,比如输入的 SOC 值代入隶属度函数后对应 SN 的隶属度为 0.6,对应 SNH 的隶属度为 0.4,P_r 对应 PNS 的隶属度为 0.3,对应 PN 的隶属度为 0.7。根据模糊规则能够得到以下 4 个条件式:

$$\text{if SOC=SN, and } P_r=\text{PNS, then } P_{out}=\text{NS} \quad \text{条件(1)}$$

$$\text{if SOC=SN, and } P_r=\text{PN, then } P_{out}=\text{N} \quad \text{条件(2)}$$

$$\text{if SOC=SNH, and } P_r=\text{PNS, then } P_{out}=\text{S} \quad \text{条件(3)}$$

$$\text{if SOC=SNH, and } P_r=\text{PN, then } P_{out}=\text{NS} \quad \text{条件(4)}$$

按照 Mamdani 推理算法,条件(1)中 SOC 值对应 SN 的隶属度为 0.6,P_r 的值对应 PNS 的隶属度为 0.3,二者是“and”关系,用最小隶属度法取二者隶属度的最小值,即为

0.3。然后，根据模糊规则，模糊子集 SN 和 PNS 对应地输出 P_{out} 的模糊子集为 NS，再对 NS 的隶属度函数与 0.3 取最小值，即得到隶属度小于 0.3 的 NS 隶属度函数，如图 4-26 所示，图中粗实线部分即为模糊推理后得到的隶属度函数。条件(2)～(4)的推理过程相同，得到另外 3 个隶属度函数。对这 4 个条件的推理结论再取最大值，其结果如图 4-27 所示，图中阴影部分就是总输出的模糊子集。

要由模糊子集得到精确的输出变量值，还需要进行解模糊化。本书使用的解模糊化方法是面积中心法，即求取图 4-27 中阴影部分的面积中心，其计算公式为

$$u_{cen}=\frac{\int_U A(u)u\mathrm{d}u}{\int_U A(u)\mathrm{d}u} \tag{4-7}$$

式中，u_{cen} 为面积中心对应的横坐标；$A(u)$ 为论域 U 上模糊集合 A 的隶属函数，$u\in U$。

经过解模糊化后，就能得到模糊控制系统输出变量的精确的数值，从而实现控制的目的。

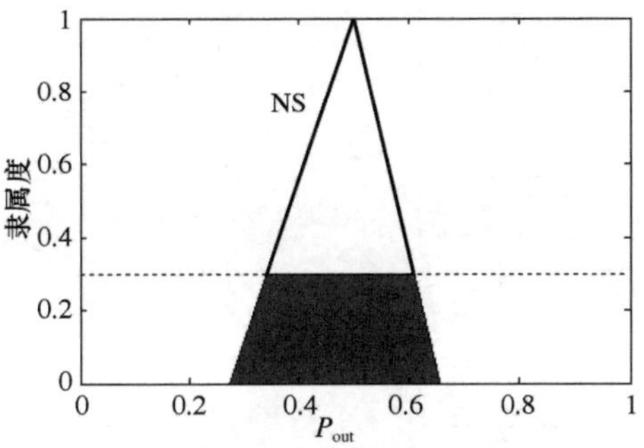

图 4-26　条件(1)得到的隶属度函数

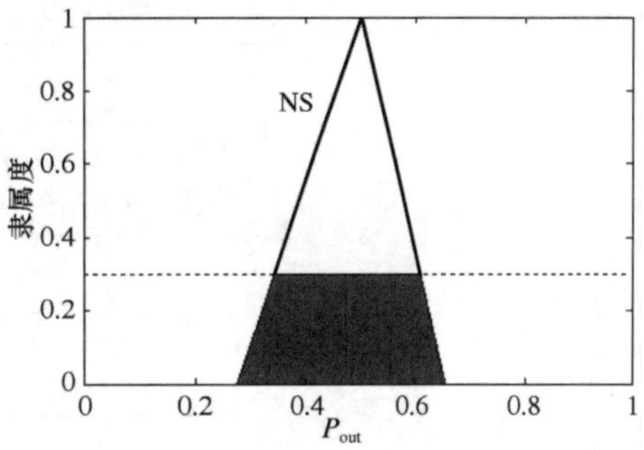

图 4-27　4 个条件下的输出功率 P_{out} 模糊表达

4.3.3.2　基于遗传算法的模糊控制参数优化

模糊控制虽然有较好的控制效果，但其隶属度函数和模糊规则的制定往往要依赖于设计者的工程经验，这样很难达到最优控制效果。因此，本书为了使模糊控制达到最优，引入了遗传算法对隶属度函数和模糊规则进行了最优化设计。关于遗传算法的理论介绍参见 4.3.1.2 小节，此处不再赘述。

模糊控制器中待优化的参数有：P_r，SOC 的隶属度函数中各 5 个待优化参数，P_{out} 隶属度函数中 7 个待优化参数，以及 25 个模糊规则参数。优化问题的优化目标是使得仿真车辆在给定工况、电量和氢气量条件下续驶里程最长。根据优化问题的描述，结合遗传算法的步骤建立整个优化流程，如图 4-28 所示。

1. *模糊参数编码*

1）隶属度函数编码

该模糊控制系统中使用的是三角形和梯形混合的隶属度函数，只要确定各三角形函

数下方的两个顶点坐标即可。图 4-29 所示为 P_r 的隶属度函数图，待优化参数为 x_1,x_2,x_3,x_4,x_5。若直接对 x_1,x_2,x_3,x_4,x_5 进行编码，难以保证 $x_1<x_2<x_3<x_4<x_5$ 这一约束条件。因而本书对 $x_1,(x_2-x_1)/(1-x_1),(x_3-x_2)/(1-x_2),(x_4-x_3)/(1-x_3),(x_5-x_4)/(1-x_4)$ 这 5 个值进行编码，只要这 5 个值在(0,1)范围内变化，即可保证 $0<x_1<x_2<x_3<x_4<x_5<1$，从而满足隶属度函数的要求。SOC 与 P_{out} 的优化参数设定与此类似。

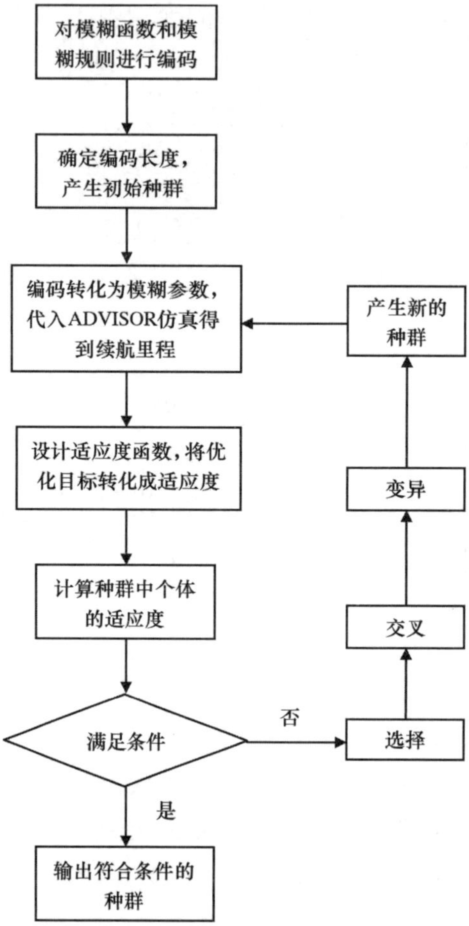

图 4-28　基于 GA 的模糊参数优化流程

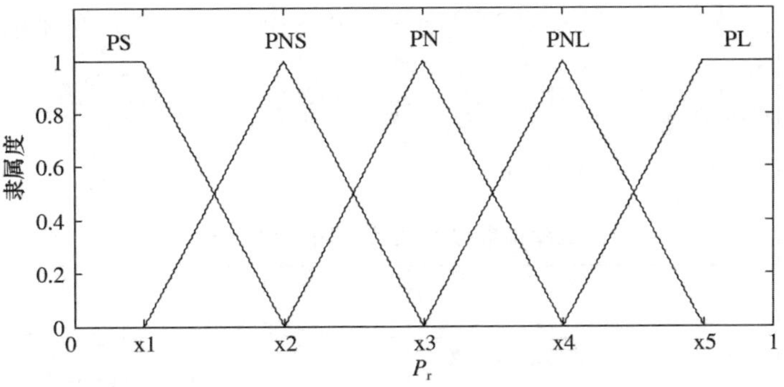

图 4-29　待优化隶属度函数图

编码的长度影响着参数的精度，编码越长，参数精度越高，但计算机优化所需时间也就越长。为兼顾优化精度和优化效率，隶属度函数的每个参数编码长度设为 5，这样能保证其精度达到 1/31。3 个隶属度函数中共有 17 个参数需要优化，因此隶属度函数的编码长度为 85。

2）模糊规则编码

如表 4-9 所示，模糊规则中共有 25 个参数待优化，每个规则的选取范围为{VS, S, NS, N, NL, L, VL}，这是一个离散的集合。为了把这个集合映射转化为遗传算法能够识别的编码串，该算法用数字集合{1, 2, 3, 4, 5, 6, 7}来代表模糊规则中的 7 个模糊子集。而 3 位二进制编码包含了集合{0, 1, 2, 3, 4, 5, 6, 7}，比模糊子集的集合多了一个元素，因此为了保持编码与原问题的映射关系，对二进制编码集合中的数字按照函数 $y=\text{mod}(1+0.9x)$进行变换，使得编码中的每一个元素都有原问题中的参数与之对应。模糊规则中共 25 个参数，每个参数的编码长度为 3，因此模糊规则的编码长度为 75。在与隶属度函数参数的编码合并后，总的编码长度为 160。

2. 适应度函数的设计

该优化问题的优化目标为求取车辆续航里程 dist 的最大值，因此可直接将目标函数作为适应度函数。但经过几次仿真发现，种群中不同个体对应的优化目标 dist 大都在 $36<\text{dist}<37.5$范围内变化，因此导致不同个体的适应度差别不大。在遗传算法的优胜劣汰环节中无法有效区分优秀个体与非优个体，使得遗传算法向着随机搜索的方向退化，很难快速地得到最优解。为增加优秀个体被选择的概率，设计适应度函数如下：

$$f(x)=(\text{dist}-35)^5 \tag{4-8}$$

这样，既增加优秀个体被选中的概率，又使得较差个体也有可能被选择，从而保证了种群多样性，有效防止算法的局部收敛。

3. 遗传参数的设计

种群和代数的大小影响着遗传算法的可靠度和速度。种群和代数越大，优化结果越可靠，但同时也会导致计算时间的增加。由于算法中编码长度较长，达到 160 位，因此，兼顾算法的可靠度和计算时间，设定种群大小为 100，代数为 100。交叉概率和变异概率分别选为 0.85 和 0.05。

4. 遗传算法优化结果

优化后的各模糊控制参数如表 4-10 所示。

表 4-10　　模糊控制参数遗传算法优化结果

P_r 母线需求功率隶属度值	优化值	SOC 状态隶属度值	优化值	P_{out} RE 输出功率隶属度值	优化值
PS	0.258065	SL	0.158065	VS	0.148031
PNS	0.442976	SNL	0.457232	S	0.273824
PN	0.525887	SN	0.590363	NS	0.5
PNH	0.598296	SNH	0.896876	N	0.656693
PH	0.935209	SH	0.910372	NL	0.711985
				L	0.820658
				VL	0.949396

4.3.3.3 仿真及试验结果分析

图 4-30～图 4-33 为模糊逻辑能量管理策略的仿真及试验结果。

从仿真及试验结果可以看出，当车辆蓄电池 SOC 较高时，模糊逻辑能量管理策略以消耗蓄电池能量为主，燃料电池增程器输出功率较小。随着 SOC 的逐步降低，燃料电池输出功率增加，减缓 SOC 降低的速率，使得蓄电池电荷尽量维持在较高的范围。整个行驶过程中，增程器几乎不为动力蓄电池充电，从而避免了电能在蓄电池中多次充放造成的额外损失。在实际燃料电池增程式电动汽车上使用该能量管理策略的时候，驾驶员可以根据实际需要，随时完成纯电动模式到增程模式的切换。模糊逻辑能量管理策略的一大特点是无需预先知道行驶路况信息，控制器完全可以根据实时 SOC 信息和负载需求功率信息完成增程器输出功率值的计算。

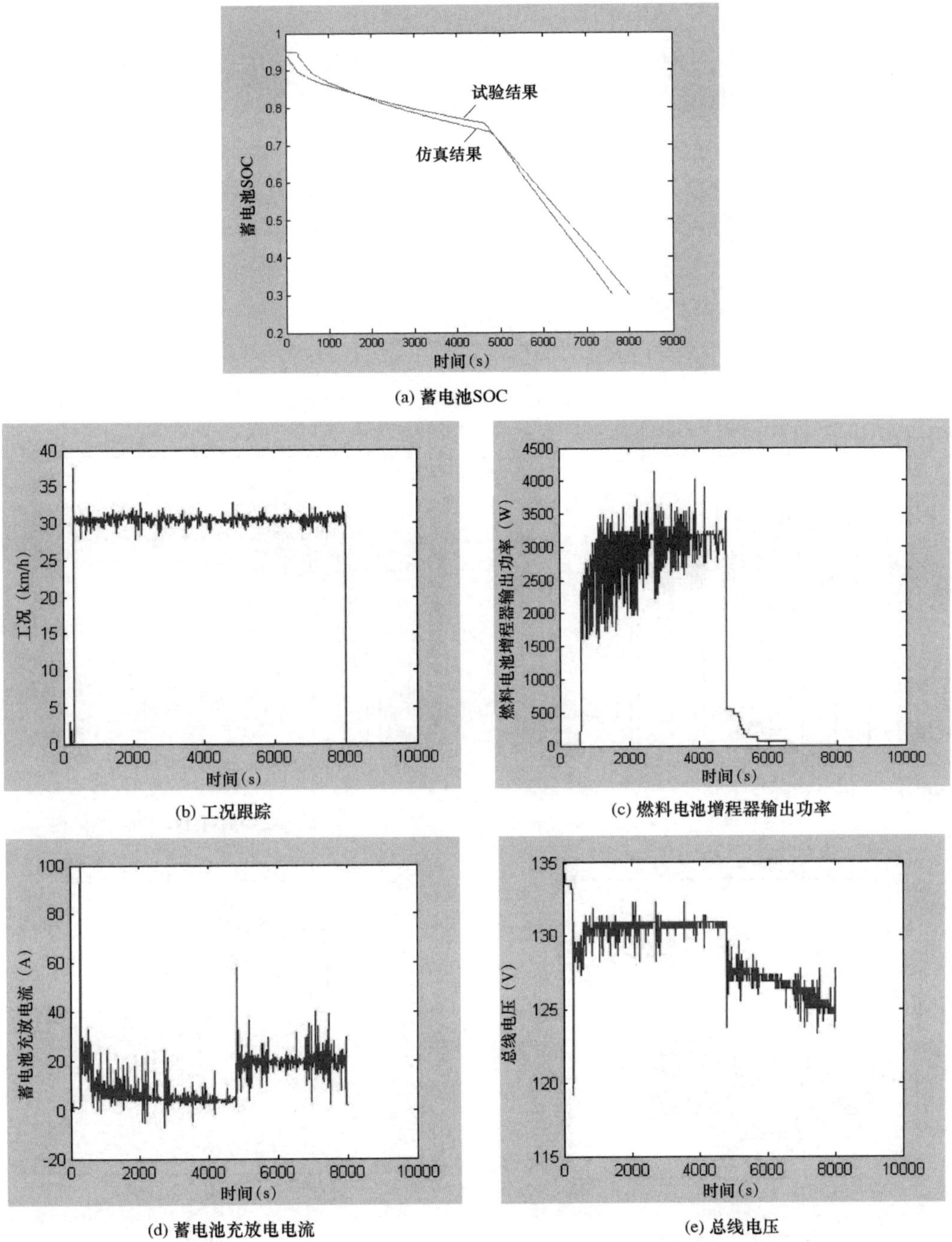

(a) 蓄电池SOC

(b) 工况跟踪

(c) 燃料电池增程器输出功率

(d) 蓄电池充放电电流

(e) 总线电压

图 4-30　仿真及试验结果对比 1

[CONSTNT_30 工况,模糊逻辑能量管理策略,(b)～(e)为试验结果]

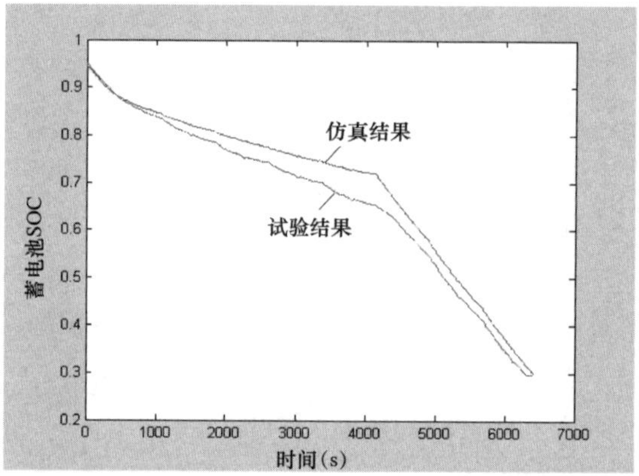

(a) 蓄电池SOC

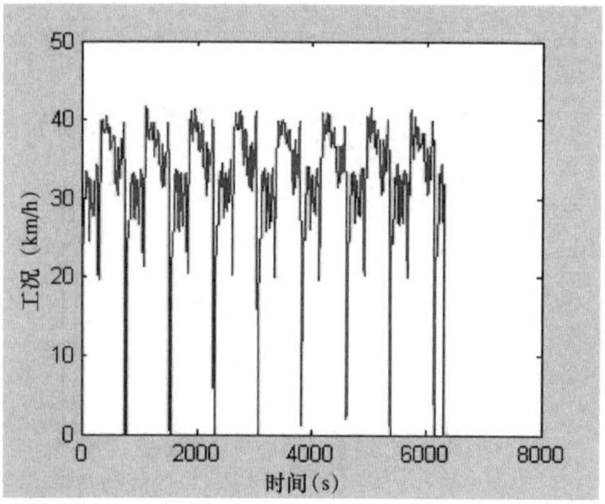

(b) 工况跟踪

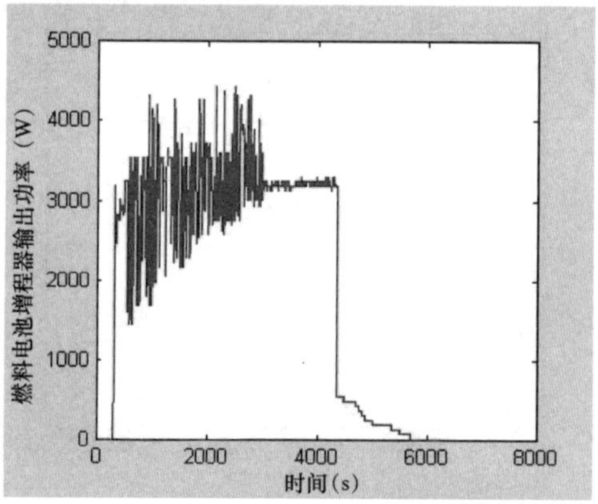

(c) 燃料电池增程器输出功率

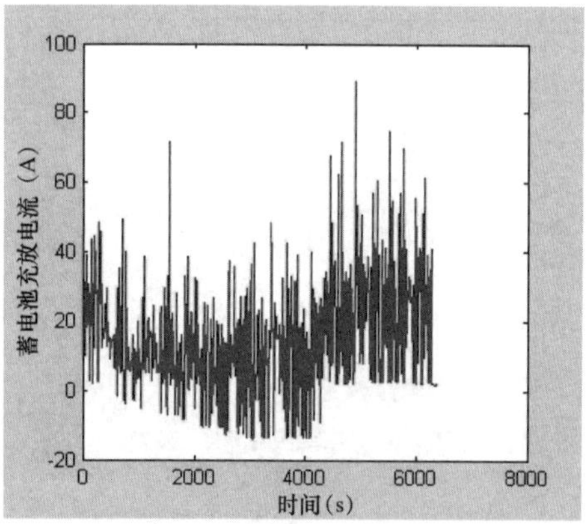

(d) 蓄电池充放电电流

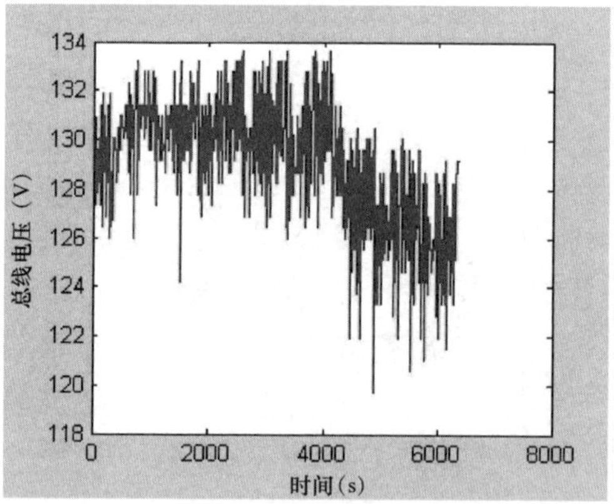

(e) 总线电压

图 4-31　仿真及试验结果对比 2

[HWFET_40 工况，模糊逻辑能量管理策略，(b)～(e)为试验结果]

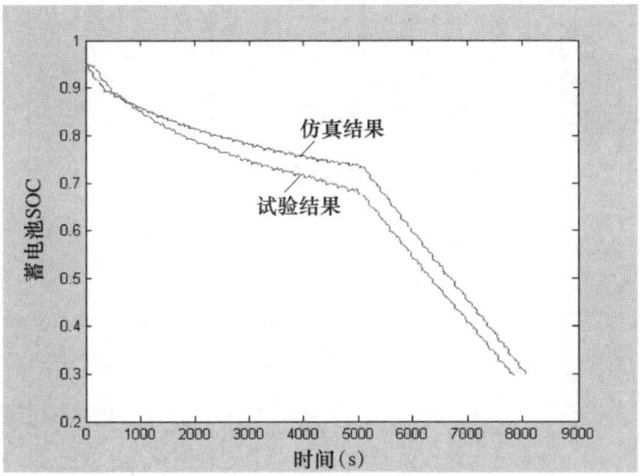

(a) 蓄电池SOC

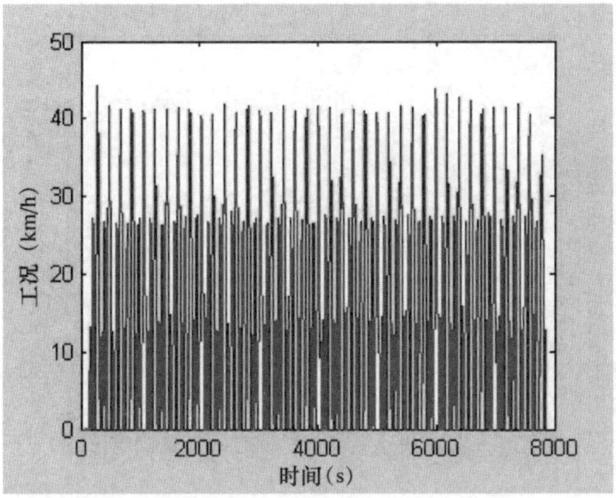

(b) 工况跟踪

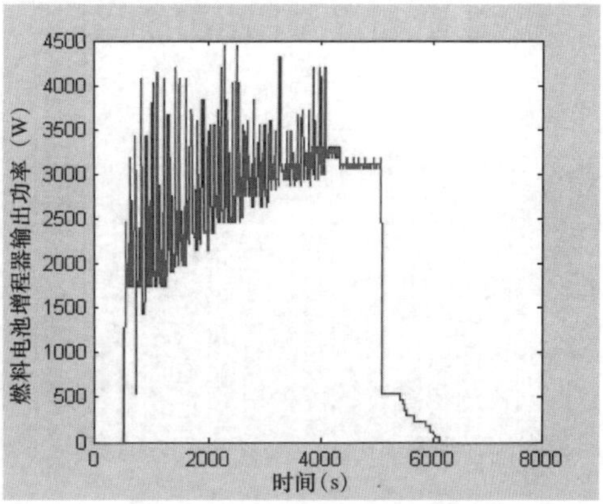

(c) 燃料电池增程器输出功率

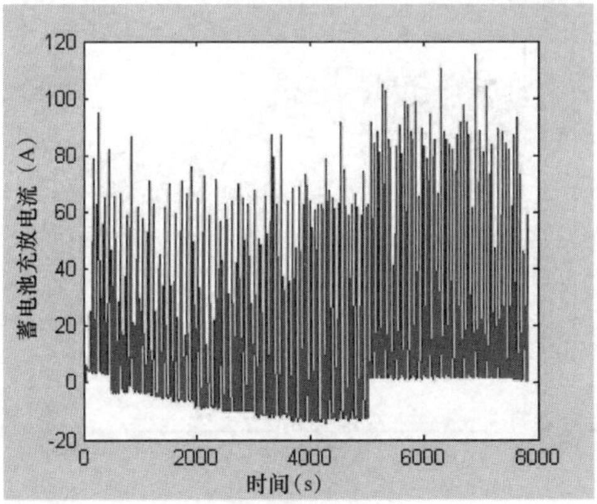

(d) 蓄电池充放电电流

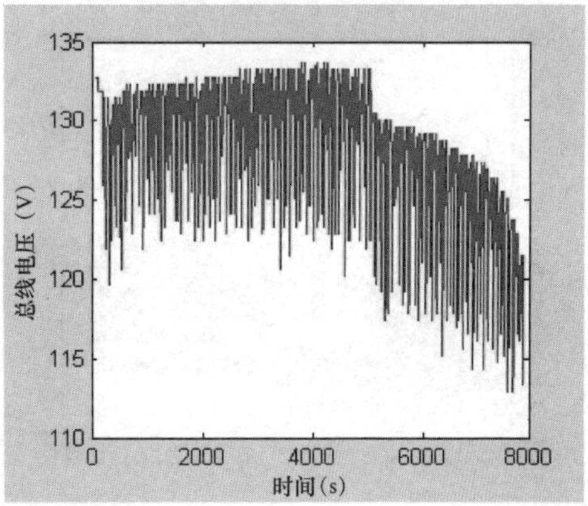

(e) 总线电压

图 4-32　仿真及试验结果对比 3

[ECE_40 工况,模糊逻辑能量管理策略,(b)~(e)为试验结果]

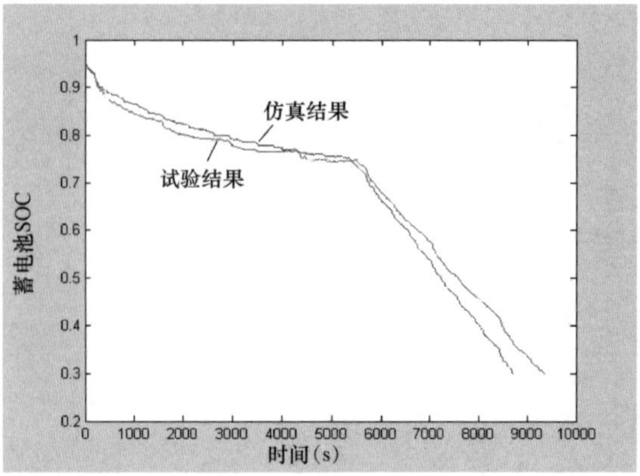

(a) 蓄电池SOC

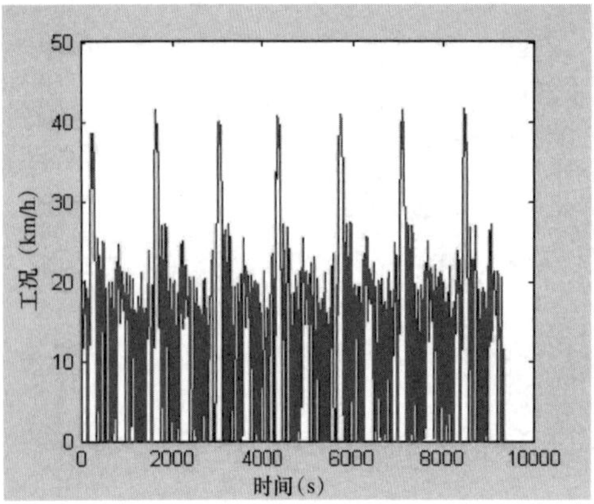

(b) 工况跟踪

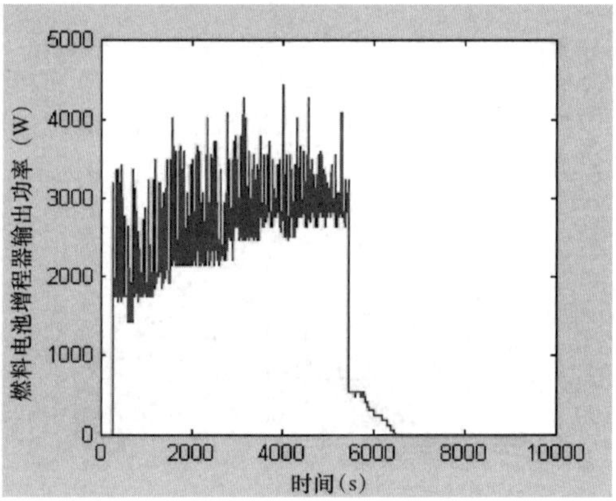

(c) 燃料电池堆输出功率

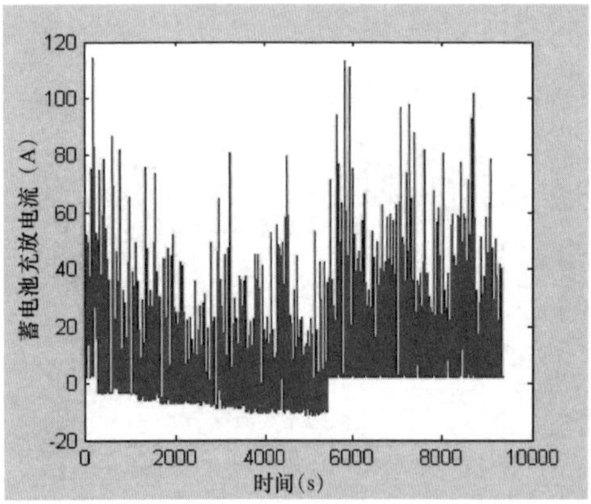

(d) 蓄电池充放电电流

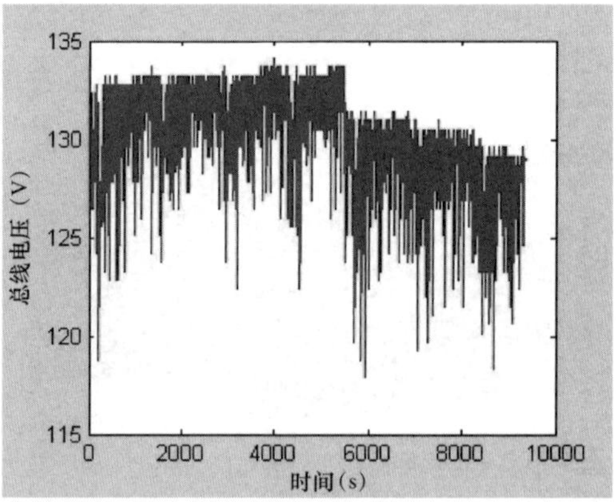

(e) 总线电压

图 4-33 仿真及试验结果对比 4

[UDDS_40 工况,模糊逻辑能量管理策略,(b)～(e)为试验结果]

4.3.4　基于损失功率最小的瞬时优化能量管理策略

4.3.4.1　瞬时优化能量管理策略的设计与实现

1. 瞬时功率损失最小策略离线计算

现有针对增程式电动汽车的能量管理策略多采用恒温器策略或功率跟随策略，均未考虑动力蓄电池在充放电时产生的能量损失。然而，燃料电池增程式电动汽车动力系统与传统串联式燃料电池混合动力汽车最大的区别在于动力蓄电池是主要能量源，具有较大的容量和功率。因此，在制定燃料电池增程式电动汽车能量管理策略时，理应把蓄电池部分损失的能量考虑在内，综合考虑蓄电池和燃料电池系统工作效率。这样做的好处有三点：一是能够尽量减少蓄电池充放电能量损失；二是实现动力蓄电池的“浅充浅放”，有利于蓄电池使用寿命；三是在动力蓄电池和燃料电池增程器之间实现功率合理分配，降低负载对增程器功率动态响应的要求。

本书所研究的燃料电池增程式电动汽车动力系统简图如图 4-34 所示。图中，P_{req} 表示负载需求功率，P_{fc_acc} 表示燃料电池辅助系统所需功率。

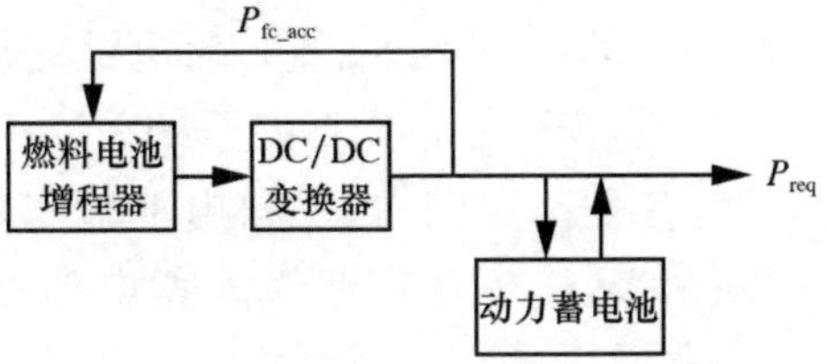

图 4-34　燃料电池增程式电动汽车动力系统简图

本书所提出的瞬时优化能量管理策略即是在满足燃料电池输出功率（经过 DC/DC 并除去附件功率）与蓄电池输出功率之和等于母线需求功率的条件下，合理分配燃料电池端与蓄电池端的输出功率，以达到系统总功率损失最小的目标。因此，优化问题可描述为

$$\begin{cases} P_{req} = P_{fc}\eta_{DC/DC} - P_{fc\_acc} + P_b \\ \min P_{Loss}(P_{fc}, P_b) \end{cases} \tag{4-9}$$

式中，P_{fc} 为燃料电池堆输出功率；$\eta_{DC/DC}$ 为 DC/DC 效率；P_b 为蓄电池输出功率。

系统总的功率损失可以表示为

蓄电池放电状态：

$$P_{Loss} = P_{fc}(\eta_{fc\_max} - \eta_{fc}) + P_b(1-\eta_{dis}) + P_b(\eta_{fc\_max} - \bar{\eta}_{fc})/\eta_{DC/DC}\bar{\eta}_{chr} \tag{4-10}$$

蓄电池充电状态：

$$P_{Loss} = P_{fc}(\eta_{fc\_max} - \eta_{fc}) + P_b(1-\eta_{chr}) + P_b\eta_{chr}(1-\bar{\eta}_{dis}) \tag{4-11}$$

式中，η_{fc_max}为燃料电池堆最高工作效率；η_{fc}为输出功率 P_{fc}时的燃料电池堆工作效率；$\bar{\eta}_{fc}$为蓄电池充电状态时的燃料电池堆平均工作效率；η_{chr}和 η_{dis}分别为蓄电池的充放电效率；$\bar{\eta}_{chr}$和 $\bar{\eta}_{dis}$分别为动力蓄电池的平均充放电效率。

$P_{fc}(\eta_{fc_max}-\eta_{fc})$表示燃料电池堆工作点偏离最高效率点产生的功率损失。$P_b(1-\eta_{dis})$，$P_b(1-\eta_{chr})$表示蓄电池以功率 P_b 进行充放电时产生的功率损失。$P_b(\eta_{fc_max}-\bar{\eta}_{fc})/\eta_{DC/DC}\bar{\eta}_{chr}$表示蓄电池所提供的放电功率 P_b 最初来源于燃料电池以平均效率 $\bar{\eta}_{fc}$发电，进而以平均效率 $\bar{\eta}_{chr}$给蓄电池充电这一系列过程所产生的功率损失。$P_b\eta_{chr}(1-\bar{\eta}_{dis})$表示蓄电池以功率 P_b 充电所获取的有效能量将来以平均效率 $\bar{\eta}_{dis}$放电所产生的功率损失。

利用公式(4-10)和公式(4-11)同时结合燃料电池堆和动力蓄电池工作特性的试验数据，便可得出以整车需求功率 P_{req}和蓄电池电量 SOC 为输入参数，燃料电池堆输出功率 P_{fc}为输出参数的能量管理控制规则。蓄电池效率采用公式(4-12)，燃料电池增程器工作效率参见本书附录表 C-1。

$$\eta_{battery}=0.5+0.5\times\sqrt{1-\frac{4\times R\times SOC}{U_E}} \tag{4-12}$$

式中，$\eta_{battery}$为蓄电池充放电效率；R 为不同 SOC 值时蓄电池充放电内阻；U_E 为开路电压。

表 4-11 为 SOC＝0.4 时不同功率分配情况下的系统总功率损失计算表。表格各行自上向下，总线需求功率越来越大；各列自左向右，燃料电池输出功率越来越大，蓄电池输出功率越来越小。表中浅灰、中灰和深灰部分分别代表蓄电池处于充电、放电和不工作状态；加粗字体代表计算出的总功率损失最小的燃料电池工作点。图 4-35 为在不同 SOC 和需求功率下的使总功率损失最小的燃料电池输出功率点平面，可以看出随着需求功率增大，燃料电池输出功率也有随之不断增大的趋势。

同时，表 4-11 的计算结果验证了蓄电池“浅充浅放”可提高混合动力系统综合效率的理论。由表中选取的高效率分配点分布可知：燃料电池在给蓄电池充电时输出功率较小(浅灰区域，$P_{fc}=1.596$，$P_{fc}=1.862$)，处于燃料电池最高效率功率点附近，实现了蓄电池“浅充”；燃料电池和蓄电池共同输出功率时，随着功率需求的增大，高效率分配点逐渐向着燃料电池输出功率增大蓄电池输出功率减小的方向偏移(中灰区域内的加粗字体代表功率点)，实现了蓄电池“浅放”。

表 4-11　　SOC =0.4 时不同功率分配情况下的系统总功率损失表

P_{fc} (kW) / P_{req} (kW)	0.000	0.266	0.532	0.798	1.064	1.330	1.596	1.862	2.128	2.394	2.660	2.926	3.191	3.457	3.723	3.989	4.255	4.521	4.787	5.053	5.319	6.583
0.25	**0.0136**	0.0963	0.0718	0.0384	0.0309	0.0238	0.0212	0.0215	0.0352	0.0514	0.0638	0.0775	0.0973	0.1204	0.1458	0.1735	0.2113	0.2785	0.3517	0.3843	0.4183	0.6640
0.5	0.0272	0.1098	0.0690	0.0355	0.0278	0.0206	**0.0178**	0.0180	0.0316	0.0476	0.0598	0.0734	0.0931	0.1160	0.1413	0.1688	0.2064	0.2735	0.3466	0.3790	0.4129	0.6579
0.75	0.0410	0.1235	0.0826	0.0327	0.0249	0.0175	0.0146	**0.0146**	0.0281	0.0439	0.0560	0.0694	0.0890	0.1118	0.1369	0.1642	0.2017	0.2687	0.3416	0.3739	0.4076	0.6519
1	0.0549	0.1373	0.0962	0.0462	0.0221	0.0146	0.0115	**0.0114**	0.0247	0.0404	0.0524	0.0656	0.0850	0.1077	0.1326	0.1598	0.1972	0.2640	0.3368	0.3689	0.4024	0.6461
1.25	0.0688	0.1511	0.1100	0.0599	0.0356	0.0118	0.0086	**0.0083**	0.0215	0.0371	0.0489	0.0619	0.0812	0.1037	0.1285	0.1556	0.1928	0.2594	0.3321	0.3641	0.3975	0.6404
1.5	0.0829	0.1651	0.1239	0.0737	0.0493	0.0254	0.0058	**0.0054**	0.0184	0.0338	0.0455	0.0584	0.0775	0.0999	0.1246	0.1515	0.1885	0.2551	0.3275	0.3594	0.3926	0.6349
1.75	0.0971	0.1792	0.1379	0.0875	0.0631	0.0390	0.0194	**0.0026**	0.0155	0.0308	0.0423	0.0551	0.0740	0.0962	0.1207	0.1475	0.1844	0.2508	0.3231	0.3549	0.3879	0.6295
2	0.1114	0.1934	0.1520	0.1015	0.0770	0.0528	0.0330	0.0161	**0.0127**	0.0278	0.0392	0.0518	0.0706	0.0927	0.1171	0.1437	0.1805	0.2467	0.3189	0.3505	0.3834	0.6242
2.25	0.1259	0.2077	0.1662	0.1156	0.0909	0.0667	0.0468	0.0298	0.0262	**0.0250**	0.0363	0.0488	0.0674	0.0894	0.1136	0.1401	0.1767	0.2427	0.3148	0.3462	0.3790	0.6191
2.5	0.1404	0.2222	0.1805	0.1298	0.1050	0.0807	0.0607	0.0436	0.0399	0.0386	**0.0335**	0.0458	0.0643	0.0861	0.1102	0.1365	0.1730	0.2389	0.3108	0.3421	0.3747	0.6142
2.75	0.1550	0.2367	0.1949	0.1441	0.1192	0.0948	0.0747	0.0574	0.0537	0.0523	0.0470	**0.0430**	0.0614	0.0831	0.1070	0.1332	0.1695	0.2353	0.3070	0.3381	0.3706	0.6094
3	0.1698	0.2513	0.2094	0.1585	0.1335	0.1090	0.0888	0.0714	0.0675	0.0660	0.0607	**0.0566**	0.0586	0.0801	0.1039	0.1299	0.1661	0.2318	0.3034	0.3343	0.3667	0.6047
3.25	0.1846	0.2661	0.2241	0.1731	0.1480	0.1233	0.1030	0.0855	0.0815	0.0799	0.0745	**0.0703**	0.0722	0.0773	0.1010	0.1269	0.1629	0.2284	0.2998	0.3307	0.3629	0.6002
3.5	0.1996	0.2809	0.2388	0.1877	0.1625	0.1377	0.1173	0.0997	0.0956	0.0939	0.0883	**0.0840**	0.0858	0.0909	0.0982	0.1239	0.1598	0.2252	0.2965	0.3272	0.3592	0.5959
3.75	0.2147	0.2959	0.2537	0.2024	0.1771	0.1522	0.1317	0.1140	0.1098	0.1080	0.1023	**0.0979**	0.0996	0.1046	0.1117	0.1211	0.1569	0.2221	0.2932	0.3238	0.3557	0.5916
4	0.2298	0.3109	0.2686	0.2173	0.1919	0.1668	0.1462	0.1284	0.1241	0.1222	0.1164	**0.1119**	0.1135	0.1183	0.1254	0.1347	0.1541	0.2192	0.2902	0.3206	0.3523	0.5876
4.25	0.2451	0.3261	0.2837	0.2323	0.2067	0.1816	0.1608	0.1430	0.1385	0.1365	0.1306	**0.1260**	0.1275	0.1322	0.1392	0.1484	0.1677	0.2164	0.2872	0.3175	0.3491	0.5837
4.5	0.2605	0.3414	0.2989	0.2473	0.2217	0.1964	0.1756	0.1576	0.1531	0.1509	0.1449	**0.1402**	0.1416	0.1462	0.1530	0.1621	0.1813	0.2299	0.2845	0.3146	0.3460	0.5799
4.75	0.2760	0.3568	0.3141	0.2625	0.2367	0.2114	0.1904	0.1724	0.1677	0.1654	0.1593	**0.1545**	0.1558	0.1603	0.1670	0.1760	0.1951	0.2436	0.2980	0.3118	0.3431	0.5763
5	0.2916	0.3723	0.3295	0.2778	0.2519	0.2265	0.2054	0.1872	0.1824	0.1801	0.1739	**0.1689**	0.1701	0.1745	0.1811	0.1900	0.2090	0.2574	0.3117	0.3253	0.3403	0.5728
5.25	0.3074	0.3879	0.3450	0.2932	0.2672	0.2416	0.2205	0.2022	0.1973	0.1948	0.1885	**0.1834**	0.1845	0.1888	0.1953	0.2041	0.2230	0.2712	0.3254	0.3390	0.3539	0.5694
5.5	0.3232	0.4036	0.3607	0.3087	0.2826	0.2569	0.2357	0.2172	0.2123	0.2097	0.2032	**0.1981**	0.1990	0.2032	0.2096	0.2183	0.2370	0.2852	0.3393	0.3528	0.3675	0.5663
5.75	0.3391	0.4195	0.3764	0.3243	0.2981	0.2723	0.2509	0.2324	0.2273	0.2246	0.2181	**0.2128**	0.2137	0.2177	0.2240	0.2326	0.2512	0.2993	0.3533	0.3666	0.3813	0.5632
6	0.3552	0.4354	0.3922	0.3400	0.3137	0.2878	0.2663	0.2477	0.2425	0.2397	0.2331	**0.2277**	0.2284	0.2324	0.2386	0.2470	0.2656	0.3135	0.3674	0.3806	0.3952	0.5603

续表

P_{req} (kW) \ P_{fc} (kW)	0.000	0.266	0.532	0.798	1.064	1.330	1.596	1.862	2.128	2.394	2.660	2.926	3.191	3.457	3.723	3.989	4.255	4.521	4.787	5.053	5.319	6.583
6.25	0.3713	0.4515	0.4082	0.3559	0.3294	0.3035	0.2818	0.2631	0.2578	0.2549	0.2481	**0.2426**	0.2432	0.2471	0.2532	0.2615	0.2800	0.3278	0.3816	0.3947	0.4092	0.5616
6.5	0.3876	0.4676	0.4242	0.3718	0.3453	0.3192	0.2975	0.2786	0.2732	0.2702	0.2633	**0.2577**	0.2582	0.2620	0.2679	0.2762	0.2945	0.3422	0.3959	0.4089	0.4232	0.5752
6.75	0.4040	0.4839	0.4404	0.3879	0.3612	0.3350	0.3132	0.2942	0.2887	0.2856	0.2786	**0.2729**	0.2733	0.2769	0.2828	0.2909	0.3091	0.3568	0.4103	0.4232	0.4374	0.5889
7	0.4205	0.5003	0.4566	0.4040	0.3773	0.3510	0.3290	0.3099	0.3043	0.3011	0.2940	**0.2882**	0.2885	0.2920	0.2978	0.3058	0.3239	0.3714	0.4248	0.4376	0.4518	0.6027
7.25	0.4371	0.5168	0.4730	0.4203	0.3934	0.3670	0.3450	0.3258	0.3200	0.3167	0.3095	**0.3036**	0.3037	0.3072	0.3128	0.3207	0.3387	0.3861	0.4395	0.4522	0.4662	0.6166
7.5	0.4538	0.5334	0.4895	0.4367	0.4097	0.3832	0.3610	0.3417	0.3359	0.3324	0.3251	**0.3191**	0.3191	0.3225	0.3280	0.3358	0.3537	0.4010	0.4542	0.4668	0.4807	0.6306
7.75	0.4706	0.5501	0.5061	0.4532	0.4261	0.3994	0.3772	0.3578	0.3518	0.3482	0.3408	0.3347	**0.3346**	0.3379	0.3433	0.3510	0.3688	0.4160	0.4691	0.4815	0.4953	0.6447
8	0.4875	0.5669	0.5228	0.4698	0.4426	0.4158	0.3934	0.3739	0.3679	0.3642	0.3567	0.3504	**0.3503**	0.3534	0.3587	0.3663	0.3839	0.4310	0.4840	0.4964	0.5101	0.6589
8.25	0.5046	0.5838	0.5396	0.4865	0.4592	0.4323	0.4098	0.3902	0.3840	0.3802	0.3726	0.3662	**0.3660**	0.3690	0.3742	0.3817	0.3992	0.4462	0.4991	0.5114	0.5249	0.6732
8.5	0.5217	0.6009	0.5566	0.5033	0.4759	0.4489	0.4263	0.4066	0.4003	0.3964	0.3887	0.3822	**0.3818**	0.3847	0.3898	0.3972	0.4146	0.4615	0.5143	0.5264	0.5399	0.6877
8.75	0.5390	0.6180	0.5736	0.5202	0.4927	0.4656	0.4429	0.4231	0.4167	0.4127	0.4048	0.3982	**0.3978**	0.4005	0.4055	0.4128	0.4301	0.4769	0.5296	0.5416	0.5550	0.7022
9	0.5564	0.6353	0.5908	0.5373	0.5096	0.4824	0.4596	0.4397	0.4332	0.4290	0.4211	0.4144	**0.4138**	0.4165	0.4214	0.4285	0.4457	0.4924	0.5450	0.5569	0.5701	0.7169
9.25	0.5739	0.6527	0.6080	0.5544	0.5267	0.4994	0.4764	0.4564	0.4498	0.4455	0.4375	0.4307	**0.4300**	0.4325	0.4373	0.4443	0.4615	0.5080	0.5605	0.5723	0.5854	0.7317
9.5	0.5914	0.6701	0.6254	0.5717	0.5438	0.5164	0.4934	0.4732	0.4665	0.4621	0.4540	0.4470	**0.4462**	0.4487	0.4534	0.4603	0.4773	0.5237	0.5761	0.5878	0.6008	0.7466
9.75	0.6091	0.6877	0.6429	0.5890	0.5611	0.5336	0.5104	0.4901	0.4833	0.4788	0.4706	0.4635	**0.4626**	0.4650	0.4695	0.4763	0.4932	0.5396	0.5918	0.6034	0.6163	0.7615
10	0.6270	0.7054	0.6605	0.6065	0.5785	0.5508	0.5276	0.5072	0.5002	0.4957	0.4873	0.4801	**0.4791**	0.4813	0.4858	0.4925	0.5093	0.5555	0.6076	0.6191	0.6319	0.7766
10.25	0.6449	0.7232	0.6782	0.6241	0.5959	0.5682	0.5448	0.5243	0.5173	0.5126	0.5041	0.4968	**0.4957**	0.4978	0.5022	0.5088	0.5255	0.5716	0.6236	0.6350	0.6477	0.7918
10.5	0.6629	0.7412	0.6960	0.6418	0.6135	0.5857	0.5622	0.5416	0.5344	0.5296	0.5210	0.5137	**0.5124**	0.5144	0.5187	0.5251	0.5417	0.5877	0.6396	0.6509	0.6635	0.8072
10.75	0.6811	0.7592	0.7139	0.6596	0.6312	0.6033	0.5797	0.5590	0.5517	0.5468	0.5381	0.5306	**0.5292**	0.5311	0.5353	0.5416	0.5581	0.6040	0.6558	0.6670	0.6794	0.8226
11	0.6993	0.7773	0.7319	0.6776	0.6491	0.6210	0.5973	0.5764	0.5690	0.5640	0.5552	0.5476	**0.5462**	0.5480	0.5520	0.5582	0.5746	0.6204	0.6721	0.6831	0.6955	0.8381
11.25	0.7177	0.7956	0.7501	0.6956	0.6670	0.6388	0.6150	0.5940	0.5865	0.5814	0.5725	0.5648	**0.5632**	0.5649	0.5688	0.5749	0.5912	0.6369	0.6884	0.6994	0.7117	0.8538
11.5	0.7362	0.8140	0.7683	0.7137	0.6850	0.6567	0.6328	0.6117	0.6041	0.5989	0.5898	0.5820	**0.5804**	0.5819	0.5857	0.5918	0.6079	0.6535	0.7049	0.7158	0.7279	0.8695
11.75	0.7548	0.8325	0.7867	0.7320	0.7032	0.6747	0.6507	0.6295	0.6218	0.6165	0.6073	0.5994	**0.5976**	0.5991	0.6028	0.6087	0.6247	0.6702	0.7215	0.7323	0.7443	0.8854
12	0.7735	0.8510	0.8052	0.7504	0.7214	0.6929	0.6687	0.6475	0.6396	0.6342	0.6249	0.6169	**0.6150**	0.6163	0.6199	0.6257	0.6417	0.6870	0.7383	0.7489	0.7608	0.9013
12.25	0.7923	0.8697	0.8238	0.7688	0.7398	0.7111	0.6869	0.6655	0.6576	0.6520	0.6426	0.6345	**0.6325**	0.6337	0.6372	0.6429	0.6587	0.7039	0.7551	0.7656	0.7774	0.9174

续表

P_{req} (kW) \ P_{fc} (kW)	0.000	0.266	0.532	0.798	1.064	1.330	1.596	1.862	2.128	2.394	2.660	2.926	3.191	3.457	3.723	3.989	4.255	4.521	4.787	5.053	5.319	6.583
12.5	0.8112	0.8886	0.8425	0.7874	0.7583	0.7295	0.7051	0.6836	0.6756	0.6699	0.6604	0.6522	**0.6501**	0.6512	0.6546	0.6601	0.6758	0.7210	0.7720	0.7824	0.7941	0.9336
12.75	0.8302	0.9075	0.8613	0.8061	0.7768	0.7480	0.7235	0.7019	0.6937	0.6880	0.6784	0.6700	**0.6678**	0.6688	0.6720	0.6775	0.6931	0.7381	0.7890	0.7993	0.8109	0.9499
13	0.8494	0.9265	0.8802	0.8249	0.7955	0.7666	0.7420	0.7203	0.7120	0.7061	0.6964	0.6879	**0.6856**	0.6865	0.6896	0.6950	0.7105	0.7554	0.8062	0.8164	0.8279	0.9663
13.25	0.8686	0.9457	0.8993	0.8439	0.8144	0.7853	0.7606	0.7387	0.7304	0.7244	0.7145	0.7060	**0.7035**	0.7043	0.7073	0.7126	0.7280	0.7727	0.8235	0.8335	0.8449	0.9828
13.5	0.8880	0.9649	0.9184	0.8629	0.8333	0.8041	0.7793	0.7573	0.7488	0.7427	0.7328	0.7241	**0.7215**	0.7222	0.7251	0.7303	0.7456	0.7902	0.8408	0.8508	0.8620	0.9995
13.75	0.9075	0.9843	0.9377	0.8820	0.8523	0.8230	0.7981	0.7760	0.7674	0.7612	0.7512	0.7424	**0.7397**	0.7403	0.7431	0.7481	0.7633	0.8078	0.8583	0.8681	0.8793	1.0162
14	0.9271	1.0038	0.9570	0.9013	0.8715	0.8420	0.8170	0.7948	0.7861	0.7798	0.7696	0.7607	**0.7579**	0.7584	0.7611	0.7660	0.7811	0.8255	0.8759	0.8856	0.8967	1.0330
14.25	0.9468	1.0234	0.9765	0.9207	0.8907	0.8612	0.8360	0.8138	0.8049	0.7985	0.7882	0.7792	**0.7763**	0.7767	0.7792	0.7841	0.7990	0.8433	0.8936	0.9032	0.9142	1.0500
14.5	0.9666	1.0431	0.9961	0.9402	0.9101	0.8804	0.8552	0.8328	0.8239	0.8173	0.8069	0.7978	**0.7948**	0.7950	0.7975	0.8022	0.8170	0.8613	0.9114	0.9209	0.9318	1.0671
14.75	0.9865	1.0629	1.0158	0.9597	0.9296	0.8998	0.8745	0.8520	0.8429	0.8362	0.8257	0.8165	**0.8134**	0.8135	0.8159	0.8205	0.8352	0.8793	0.9293	0.9387	0.9495	1.0842
15	1.0066	1.0828	1.0356	0.9795	0.9492	0.9193	0.8938	0.8712	0.8621	0.8553	0.8447	0.8353	**0.83208**	0.83210	0.8343	0.8388	0.8534	0.8974	0.9474	0.9567	0.9673	1.1015
15.25	1.0267	1.1029	1.0556	0.9993	0.9689	0.9389	0.9133	0.8906	0.8813	0.8744	0.8637	0.8542	0.8509	**0.8508**	0.8529	0.8573	0.8718	0.9157	0.9655	0.9747	0.9852	1.1189
15.5	1.0470	1.1230	1.0756	1.0192	0.9887	0.9586	0.9329	0.9101	0.9007	0.8937	0.8828	0.8733	0.8698	**0.8696**	0.8716	0.8759	0.8903	0.9341	0.9838	0.9928	1.0032	1.1364
15.75	1.0674	1.1433	1.0958	1.0392	1.0086	0.9784	0.9526	0.9297	0.9202	0.9130	0.9021	0.8924	0.8889	**0.8885**	0.8904	0.8946	0.9089	0.9525	1.0021	1.0111	1.0214	1.1541
16	1.0879	1.1637	1.1160	1.0594	1.0287	0.9983	0.9724	0.9494	0.9398	0.9325	0.9215	0.9117	0.9080	**0.9076**	0.9094	0.9134	0.9276	0.9711	1.0206	1.0295	1.0396	1.1718
16.25	1.1085	1.1841	1.1364	1.0797	1.0488	1.0184	0.9924	0.9692	0.9595	0.9521	0.9410	0.9310	0.9273	**0.9267**	0.9284	0.9323	0.9464	0.9898	1.0392	1.0479	1.0580	1.1896
16.5	1.1292	1.2047	1.1569	1.1000	1.0691	1.0385	1.0124	0.9891	0.9793	0.9718	0.9605	0.9505	0.9466	**0.9460**	0.9476	0.9514	0.9653	1.0086	1.0579	1.0665	1.0765	1.2076
16.75	1.1500	1.2255	1.1775	1.1205	1.0895	1.0588	1.0325	1.0092	0.9992	0.9916	0.9803	0.9701	0.9661	**0.9653**	0.9668	0.9705	0.9843	1.0276	1.0767	1.0852	1.0951	1.2256
17	1.1709	1.2463	1.1982	1.1411	1.1100	1.0792	1.0528	1.0293	1.0192	1.0116	1.0001	0.9898	0.9857	**0.9848**	0.9862	0.9898	1.0035	1.0466	1.0956	1.1040	1.1138	1.2438
17.25	1.1920	1.2672	1.2190	1.1618	1.1306	1.0997	1.0732	1.0496	1.0394	1.0316	1.0200	1.0096	1.0054	**1.0044**	1.0057	1.0091	1.0227	1.0657	1.1147	1.1230	1.1326	1.2621
17.5	1.2132	1.2883	1.2400	1.1827	1.1513	1.1203	1.0937	1.0699	1.0597	1.0518	1.0400	1.0296	1.0252	**1.0241**	1.0253	1.0286	1.0421	1.0850	1.1338	1.1420	1.1515	1.2805
17.75	1.2344	1.3095	1.2610	1.2036	1.1721	1.1410	1.1143	1.0904	1.0800	1.0720	1.0602	1.0496	1.0452	**1.0439**	1.0450	1.0482	1.0616	1.1044	1.1531	1.1611	1.1705	1.2990
18	1.2558	1.3307	1.2822	1.2247	1.1930	1.1618	1.1350	1.1110	1.1005	1.0924	1.0805	1.0698	1.0652	**1.0639**	1.0648	1.0679	1.0812	1.1239	1.1725	1.1804	1.1897	1.3176
18.25	1.2773	1.3521	1.3035	1.2458	1.2141	1.1828	1.1558	1.1318	1.1211	1.1129	1.1008	1.0900	1.0854	**1.0839**	1.0847	1.0877	1.1009	1.1434	1.1919	1.1998	1.2089	1.3363
18.5	1.2990	1.3736	1.3249	1.2671	1.2353	1.2038	1.1768	1.1526	1.1419	1.1335	1.1213	1.1104	1.1056	**1.1041**	1.1047	1.1077	1.1207	1.1632	1.2115	1.2193	1.2283	1.3552

续表

P_{req} (kW) \ P_{fc} (kW)	0.000	0.266	0.532	0.798	1.064	1.330	1.596	1.862	2.128	2.394	2.660	2.926	3.191	3.457	3.723	3.989	4.255	4.521	4.787	5.053	5.319	6.583
18.75	1.3207	1.3953	1.3464	1.2885	1.2565	1.2250	1.1978	1.1735	1.1627	1.1542	1.1419	1.1309	1.1260	**1.1243**	1.1249	1.1277	1.1406	1.1830	1.2312	1.2389	1.2478	1.3741
19	1.3425	1.4170	1.3680	1.3100	1.2779	1.2463	1.2190	1.1946	1.1836	1.1750	1.1627	1.1515	1.1465	**1.1447**	1.1452	1.1479	1.1607	1.2029	1.2511	1.2586	1.2674	1.3932
19.25	1.3645	1.4388	1.3897	1.3316	1.2994	1.2677	1.2403	1.2158	1.2047	1.1960	1.1835	1.1722	1.1671	**1.1652**	1.1655	1.1681	1.1808	1.2229	1.2710	1.2784	1.2871	1.4124
19.5	1.3866	1.4608	1.4116	1.3534	1.3211	1.2892	1.2617	1.2370	1.2258	1.2170	1.2044	1.1930	1.1878	**1.1858**	1.1860	1.1885	1.2011	1.2431	1.2910	1.2983	1.3069	1.4317
19.75	1.4088	1.4829	1.4335	1.3752	1.3428	1.3108	1.2832	1.2584	1.2471	1.2382	1.2255	1.2140	1.2086	**1.2065**	1.2066	1.2090	1.2215	1.2634	1.3112	1.3183	1.3268	1.4511
20	1.4311	1.5051	1.4556	1.3972	1.3646	1.3325	1.3048	1.2799	1.2685	1.2595	1.2466	1.2350	1.2296	**1.2273**	1.2274	1.2296	1.2420	1.2837	1.3314	1.3385	1.3469	1.4706
20.25	1.4535	1.5274	1.4778	1.4193	1.3866	1.3544	1.3265	1.3016	1.2900	1.2809	1.2679	1.2562	1.2506	1.2483	**1.2482**	1.2503	1.2626	1.3042	1.3518	1.3588	1.3670	1.4902
20.5	1.4760	1.5498	1.5001	1.4414	1.4087	1.3763	1.3484	1.3233	1.3116	1.3024	1.2893	1.2775	1.2718	1.2693	**1.2691**	1.2712	1.2833	1.3248	1.3723	1.3791	1.3873	1.5099
20.75	1.4987	1.5723	1.5225	1.4637	1.4309	1.3984	1.3703	1.3451	1.3334	1.3240	1.3108	1.2989	1.2931	1.2905	**1.2902**	1.2921	1.3041	1.3455	1.3929	1.3996	1.4077	1.5298
21	1.5214	1.5949	1.5450	1.4862	1.4532	1.4206	1.3924	1.3671	1.3552	1.3457	1.3324	1.3204	1.3145	1.3118	**1.3113**	1.3131	1.3251	1.3664	1.4136	1.4202	1.4282	1.5497
21.25	1.5443	1.6177	1.5677	1.5087	1.4756	1.4429	1.4146	1.3892	1.3772	1.3676	1.3542	1.3420	1.3360	1.3332	**1.3326**	1.3343	1.3461	1.3873	1.4345	1.4410	1.4488	1.5698
21.5	1.5673	1.6406	1.5904	1.5313	1.4981	1.4653	1.4369	1.4114	1.3993	1.3895	1.3760	1.3637	1.3576	1.3547	**1.3540**	1.3556	1.3673	1.4084	1.4554	1.4618	1.4695	1.5900
21.75	1.5904	1.6636	1.6133	1.5541	1.5207	1.4878	1.4593	1.4337	1.4214	1.4116	1.3980	1.3856	1.3793	1.3763	**1.3755**	1.3770	1.3886	1.4295	1.4765	1.4827	1.4903	1.6103
22	1.6136	1.6867	1.6363	1.5770	1.5435	1.5105	1.4818	1.4561	1.4437	1.4338	1.4201	1.4075	1.4012	1.3980	**1.3971**	1.3985	1.4099	1.4508	1.4976	1.5038	1.5113	1.6307
22.25	1.6369	1.7099	1.6594	1.5999	1.5664	1.5332	1.5045	1.4786	1.4662	1.4561	1.4422	1.4296	1.4231	1.4199	**1.4189**	1.4201	1.4315	1.4722	1.5189	1.5249	1.5323	1.6512
22.5	1.6604	1.7332	1.6826	1.6230	1.5894	1.5561	1.5272	1.5012	1.4887	1.4785	1.4645	1.4518	1.4452	1.4418	**1.4407**	1.4419	1.4531	1.4937	1.5403	1.5462	1.5535	1.6718
22.75	1.6839	1.7566	1.7059	1.6463	1.6125	1.5791	1.5501	1.5240	1.5113	1.5011	1.4870	1.4741	1.4674	1.4639	**1.4627**	1.4637	1.4748	1.5153	1.5618	1.5676	1.5748	1.6926
23	1.7076	1.7802	1.7294	1.6696	1.6357	1.6022	1.5731	1.5469	1.5341	1.5237	1.5095	1.4965	1.4897	1.4861	**1.4848**	1.4857	1.4967	1.5371	1.5834	1.5891	1.5962	1.7134
23.25	1.7314	1.8039	1.7529	1.6930	1.6590	1.6254	1.5962	1.5699	1.5570	1.5465	1.5321	1.5191	1.5121	1.5084	**1.5070**	1.5077	1.5186	1.5589	1.6052	1.6107	1.6177	1.7344
23.5	1.7553	1.8277	1.7766	1.7166	1.6824	1.6487	1.6194	1.5929	1.5799	1.5693	1.5549	1.5417	1.5346	1.5308	**1.5293**	1.5299	1.5407	1.5809	1.6270	1.6325	1.6393	1.7555
23.75	1.7793	1.8516	1.8004	1.7403	1.7060	1.6722	1.6427	1.6162	1.6030	1.5923	1.5778	1.5645	1.5573	1.5534	**1.5517**	1.5522	1.5629	1.6030	1.6490	1.6543	1.6610	1.7767
24	1.8034	1.8756	1.8243	1.7640	1.7297	1.6957	1.6662	1.6395	1.6263	1.6154	1.6007	1.5873	1.5800	1.5760	**1.5742**	1.5746	1.5852	1.6251	1.6710	1.6763	1.6829	1.7980

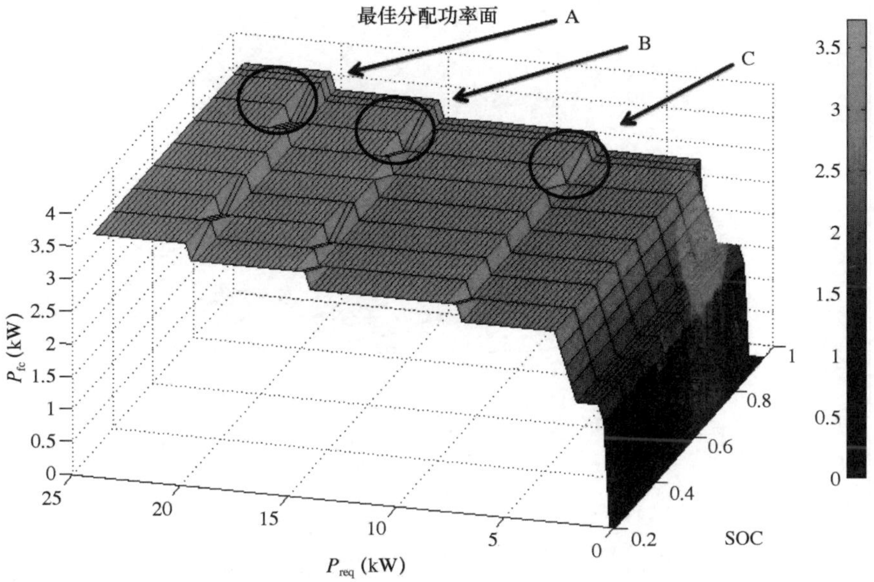

图 4-35 总功率损失最小的燃料电池输出功率点平面

2. 控制规则的神经网络拟合

以上离线计算过程制定了以 SOC 和总线需求功率为输入量，燃料电池堆输出功率为输出量的能量控制规则，如图 4-35 所示。从图中可看出，区域 A，B，C 处的规则输入输出关系十分复杂，实际控制程序（控制器）如果使用简单的线性插值方法将无法准确得到这些功率控制量。神经网络能够以任意精度逼近任意复杂的非线性映射，并且具有良好的学习、归纳和泛化能力，并且在计算运用时拥有很好的实时性，因此通过训练神经网络来实现本书的瞬时优化能量管理策略的控制规则。

图 4-36 是利用样本数据简单插值获得的控制规则燃料电池输出功率曲面，图 4-37 是通过神经网络方法拟合得到的控制规则输出功率曲面。显然，图 4-37 所示曲面比图 4-36 所示曲面更加细致，更能反映数据变化的总体趋势。若取相同的 SOC 和需求功率，在两曲面上取得的数据点差异较大，图 4-36 所示曲面上点的坐标为（0.425，15，3.2575），图 4-37所示曲面上点的坐标为（0.425，15，3.4441）。由此可见，利用神经网络理论拟合的最优燃料电池输出功率曲面的泛化程度要好于使用简单插值方法获得的输出功率曲面。

反向传播神经网络（BP 神经网络）如果设计合理，理论上能够模拟任意复杂的非线性映射。因此，使用图 4-38 所示的含有 2 个隐含层的 4 层 BP 神经网络结构。其中输入层包含 2 个神经元，分别对应 P_{req}和 SOC，输出层包含 1 个神经元，代表燃料电池堆输出功率，隐含层中各层的神经元个数在训练时采用试凑法确定。

获取神经网络训练样本时，为了保证样本的多样性和均匀性，首先均匀设置不同的 SOC（例如 SOC 从 0.3 变化到 0.9，间隔为 0.1），在不同 SOC 下均匀设置不同的需求功率 P_{req}，利

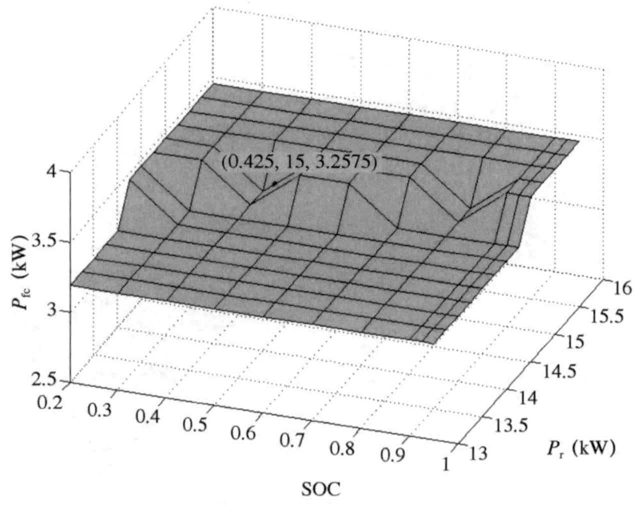

图 4-36 样本数据插值所得输出功率规则曲面

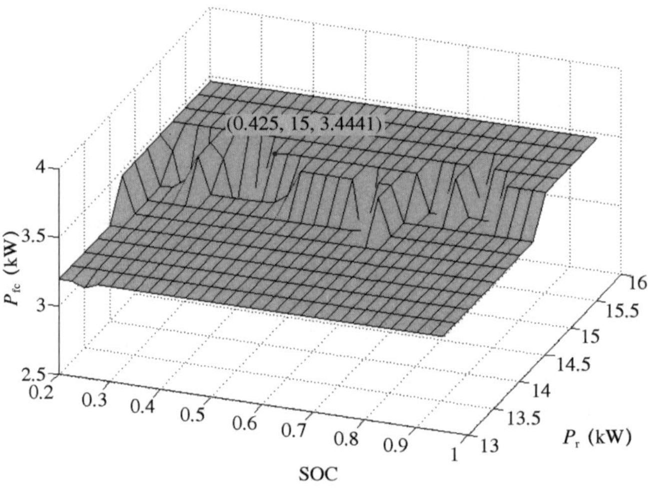

图 4-37 神经网络方法拟合所得输出功率规则曲面

用公式(4-9)和公式(4-10)即得到图 4-35 所示分布均匀、多样性好的离散样本集。得到样本后，利用 Matlab 软件编写程序建立神经网络并训练。鉴于 BP 神经网络存在训练时间长并且容易陷入局部最优等缺点，可以采用 Levenberg-Marquardt 算法进行训练。该算法结合了牛顿法和梯度下降法的各自优点，既可以获得较快的收敛速度，又能在最优值附件产生一个理想的搜索方向。

得到训练好的神经网络控制规则后便可以将其嵌入到 20-sim 软件建立的整车模型中，构建如图 4-39 所示的能量管理策略模块。

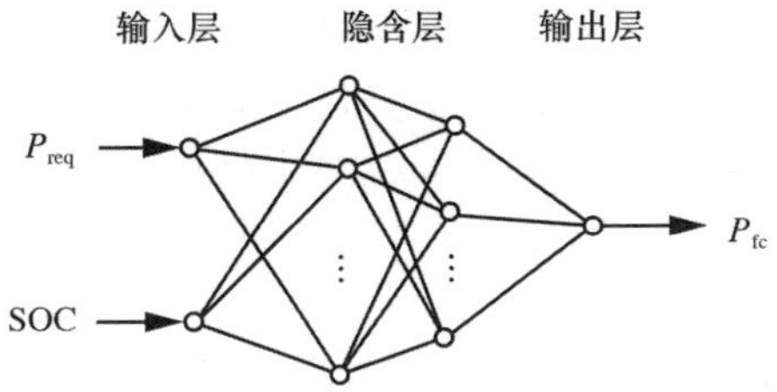

图 4-38　神经网络结构示意图

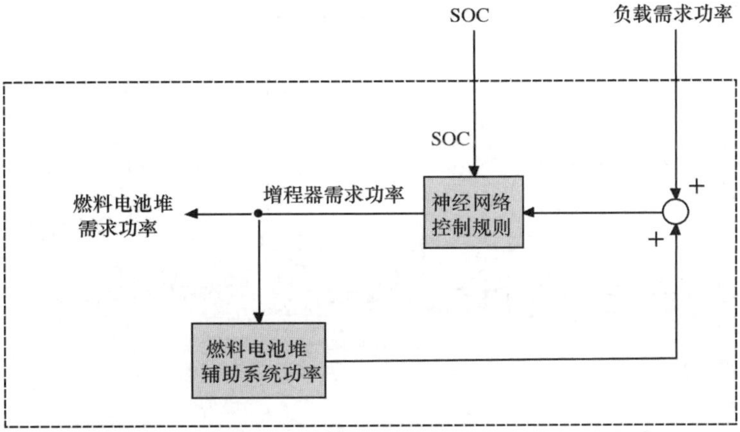

图 4-39　神经网络能量管理策略模块

4.3.4.2　局部最优问题的解决——燃料电池功率增益系数的引入

由于基于整车实时状态的瞬时优化能量管理策略在制定时仅以瞬时总效率最高(损失功率最小)为设计目标,没有考虑到蓄电池与燃料电池之间的能量比例,以及车辆行驶的工况,因而在实车使用时将可能出现以下几种情况:

A. 氢气与蓄电池电量同时用完。

B. 氢气先于蓄电池电量使用完。

C. 蓄电池电量先于氢气使用完:

C1. 燃料电池功率不能单独驱动电机以满足工况需求;

C2. 燃料电池功率能够单独驱动电机以满足工况需求。

其中,情况 A 为理想情况,动力系统综合效率最高,且能够满足动力性需求;情况 B 较为理想,动力系统综合效率较高,且动力性不受影响;情况 C 中,C1 会导致动力性不足,C2 中燃料电池单独驱动电机会大大影响动力系统综合效率。该情况出现的本质在于以系统瞬时损失功率最小为目标的优化问题仅获得局部最优解,在整个行驶过程中无法保证全局最优。因此,为避免出现情况 C,引入燃料电池功率增益系数,使燃料电池增程器在氢气较多时,以较大功率工作;氢气较少时,以原始功率(神经网络控制规则决定的功率)工作。为实现动态调整,将燃料电池功率增益系数 K 设计为与氢气消耗量有关的幂函数,见公式(4-13)。其中，P_{dis}为燃料电池与蓄电池一起放电时的燃料电池堆最小输出功率(表4-11中 $P_{fc}=2.926$kW)；P_{adj}为系数调节功率；H_{2max}为氢气最大储量；H_{2cons}为氢气消耗量。

$$K=\left(\frac{P_{adj}}{P_{dis}}\right)^{\frac{H_{2max}-H_{2cons}}{H_{2max}}} \tag{4-13}$$

因而，带有燃料电池功率增益系数的瞬时优化能量管理策略的控制模块如图 4-40 所示。

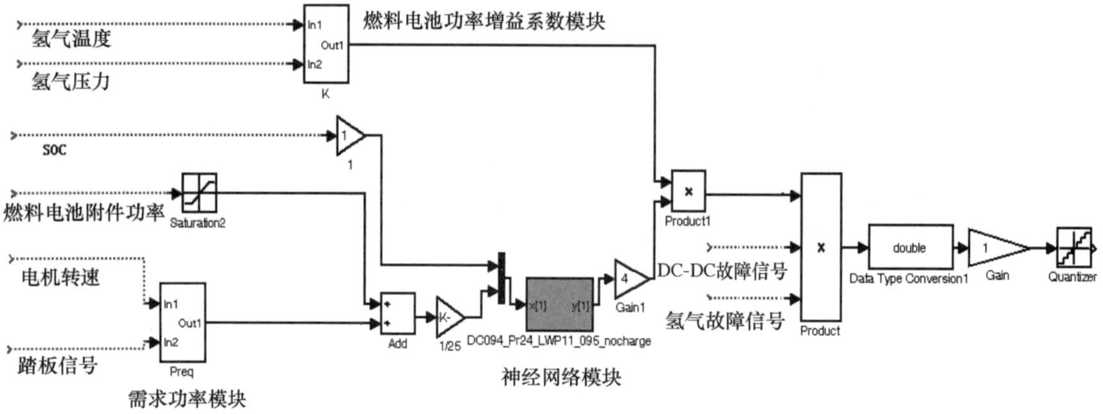

图 4-40　带燃料电池增益系数的瞬时优化能量管理策略控制模块

在相同初始条件下(初始 SOC＝0.5，氢气量为 418.09g，氢气总体积为 16.94L，起始氢气为 25MPa、298.15K，终了氢气为 2MPa、317.15K)对不同大小的增益系数进行仿真研究，得到表 4-12 和图 4-41 所示结果。由图表结果可以看出，未使用 K 增益系数的情况下

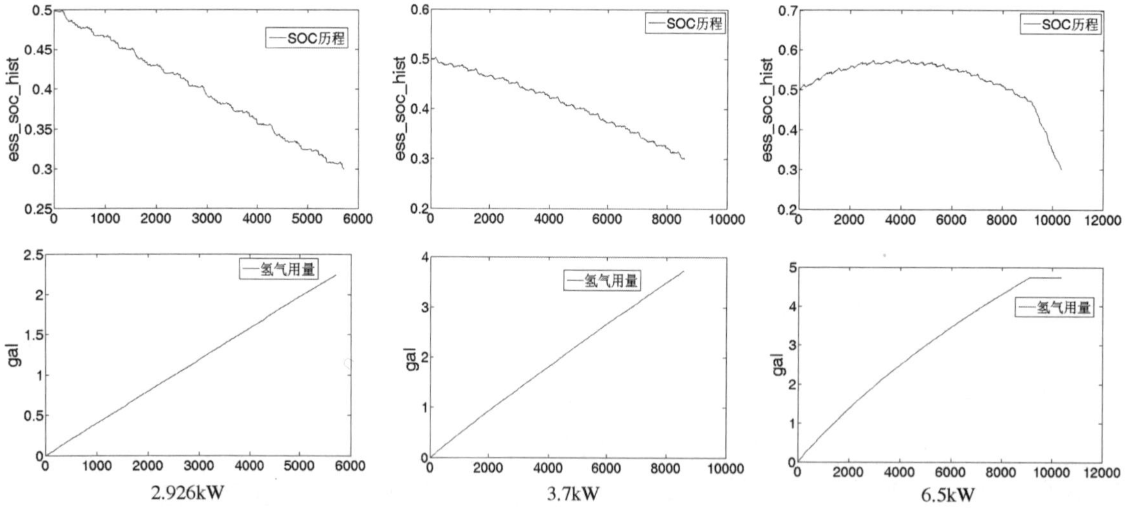

图 4-41　不同增益系数 SOC 变化过程及氢消耗过程(UDDS_40 工况)

(P_{adj}=2.926kW车辆达到 SOC 下限停机状态时,SOC=0.3)氢气没有用完,意即车载能量未能充分利用。而使用了 K 增益系数之后,燃料电池输出功率提高,氢气用量增加,蓄电池电能和氢气几乎同时耗尽,续驶里程得到较大提高。同时由于燃料电池增程器输出功率增加,蓄电池放电功率间接减小,SOC 下降平缓甚至能够略微升高(充电),实现了"浅充浅放"。

表 4-12　　不同工况、不同功率增益系数的续驶里程及氢气使用量

工况 / P_{adj}(kW)	CONSTANT_30		UDDS_40		HWFET_40	
2.926	48.5km	11.06741L	22.9km	8.70115L	28.2km	5.73111L
3.7	72.5km	17.89894L	34.6km	14.65863L	38.5km	8.84916L
6.5	69.9km	17.97124L	40.3km	17.97124L	64.2km	17.27321L

值得注意的是,增益系数并非越大越好,增益系数过大,将使燃料电池增程器部分输出功率给蓄电池充电,从而增加电能多次充放的损失,这也正是 30km/h 匀速工况下 P_{adj}=6.5kW时续驶里程低于 P_{adj}=3.7kW 时续驶里程的原因。过高的增益系数带来的另一个问题是当蓄电池初始 SOC 很高时,如果负载需求功率低,那么增程器将持续给蓄电池充电,导致其过充,如图 4-42 所示。解决的方法有以下两种:

(1) 降低 P_{adj} 的取值,即限制 K 系数的大小。但是这同时限制了其调节氢气使用速率的能力。特别是对于车载氢气储存量较大、燃料电池功率较小的情况,该种方法氢气用量调节效果不明显。

(2) 在设计瞬时损失功率最小控制规则时将高 SOC、低负载功率区段的增程器输出功率设定为 0,如图 4-43 所示。由公式(4-12)可知,如果将负载功率 P_{req} 的上限设定至燃料电池增程器峰值功率,则可以保证各负载功率情况下均不会出现蓄电池过充现象。该种方法具有普适性,但是由于对公式(4-9)和公式(4-10)计算得到的最优控制规则作出一定的修改调整,调整点处的系统总效率将降低。

4.3.5 基于工况识别的多模式切换能量管理策略

4.3.5.1 基于工况识别多模式切换能量管理策略的提出

汽车实际行驶工况复杂多样,如城市工况、郊区工况和高速工况等。相同的能量管理策略在不同的运行工况下会得到完全不同的燃料经济性。不存在一种单一能量管理策略在所有的运行工况下均能取得最好的燃料经济性。

由前面的研究结果发现,恒温器能量管理策略简单可靠,并且能使增程器工作在恒定输出功率状态,对于保护燃料电池使用寿命十分有利。进一步研究发现,针对某一典型工况通过优化算法设计得到的恒温器能量管理策略在对应工况下能取得很好的燃料经济性。但是一旦工况改变,前一工况的最优控制策略参数值将使燃料经济性降低,甚至无法

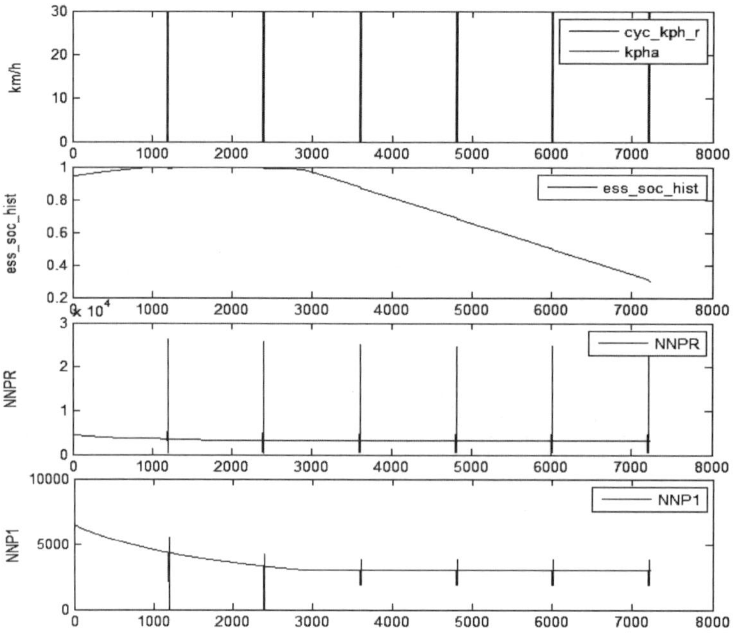

图 4-42　蓄电池过充

SOC / P_{req}	0.2	0.3	0.4	0.5	0.6	0.7	0.8	0.9	0.925	0.95
0	0	0	0	0	0	0	0	0	0	0
0.25	0	0	0	0	0	0	0	0	0	0
0.5	1.596	1.596	1.596	1.596	1.596	1.596	1.596	1.596	0	0
0.75	1.862	1.862	1.862	1.862	1.862	1.862	1.862	1.862	0	0
1	1.862	1.862	1.862	1.862	1.862	1.862	1.862	1.862	0	0
1.25	1.862	1.862	1.862	1.862	1.862	1.862	1.862	1.862	0	0
1.5	1.862	1.862	1.862	1.862	1.862	1.862	1.862	1.862	0	0
1.75	1.862	1.862	1.862	1.862	1.862	1.862	1.862	1.862	0	0
2	2.128	2.128	2.128	2.128	2.128	2.128	2.128	2.128	0	0
2.25	2.394	2.394	2.394	2.394	2.394	2.394	2.394	2.394	0	0
2.5	2.66	2.66	2.66	2.66	2.66	2.66	2.66	2.66	0	0
2.75	2.926	2.926	2.926	2.926	2.926	2.926	2.926	2.926	0	0
3	2.926	2.926	2.926	2.926	2.926	2.926	2.926	2.926	0	0
3.25	2.926	2.926	2.926	2.926	2.926	2.926	2.926	2.926	0	0
3.5	2.926	2.926	2.926	2.926	2.926	2.926	2.926	2.926	0	0
3.75	2.926	2.926	2.926	2.926	2.926	2.926	2.926	2.926	0	0
4	2.926	2.926	2.926	2.926	2.926	2.926	2.926	2.926	2.926	2.926
4.25	2.926	2.926	2.926	2.926	2.926	2.926	2.926	2.926	2.926	2.926
4.5	2.926	2.926	2.926	2.926	2.926	2.926	2.926	2.926	2.926	2.926

图 4-43　瞬时损失功率最小控制规则(部分)

满足蓄电池低SOC状态下车辆动力性要求(增程器输出功率偏小)。经常采用能够满足所有工况动力性要求的最大燃料电池输出功率,但是这样会降低整车的经济性,无法达到整个工况范围内的燃料利用率最优。本书提出的多模式切换控制策略即是通过典型工况特征参数的提取进行工况识别,将能量管理策略切换到对应工况下的最优恒温器能量管理策略,从而在整个行驶工况范围内获取较好的燃料经济性和车辆动力性。

4.3.5.2 基于工况识别的多模式切换能量管理策略的结构

图4-44是基于工况识别的多模式切换能量管理策略控制框图。汽车在行驶过程中不断记录当前行驶工况信息,控制器能够根据得到的工况信息计算出当前行驶过程的特征参数值,如某段行驶时间内的平均速度、平均加速度和平均减速度等值。随后,工况识别器将计算得到的工况特征信息与典型工况的特征信息进行对比,判断目前汽车行驶工况所属的类型,通过切换算法将当前汽车整车控制策略切换到最优的单模式控制策略。图4-45为基于工况信息的工况识别流程。

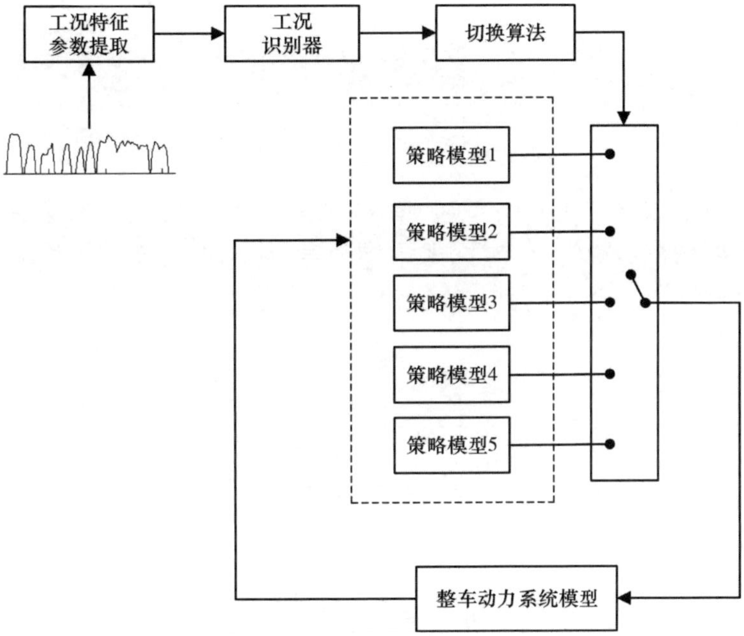

图4-44 基于工况识别的多模式切换能量管理策略控制框图

1. 工况特征参数提取

在汽车行驶过程中,传感器不断采集汽车的车速和道路坡度等工况特征信息,取汽车行驶当前时间之前的100s为工况特征参数计算时间区间,数据采样间隔时间设定为5s,即计算汽车行驶当前时间之前100s内的20个采样点的工况特征信息。假设汽车行驶当前时间为t,那么采样点的时间分别为

$$T_s=\{t-5,t-10,t-15,\cdots,t-95,t-100\}$$

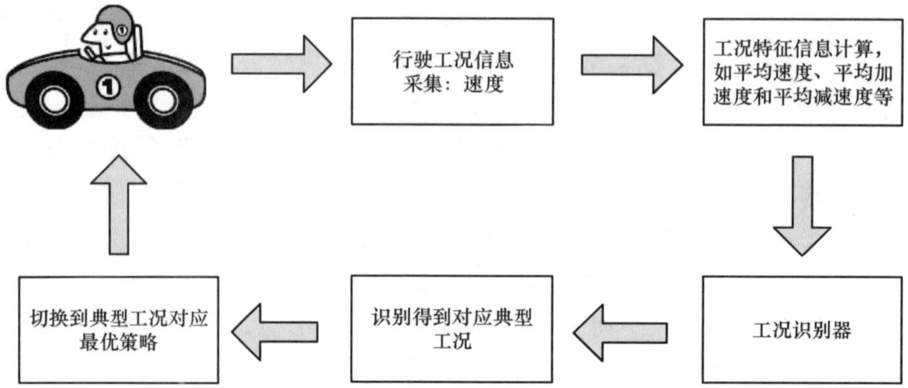

图 4-45　工况识别流程

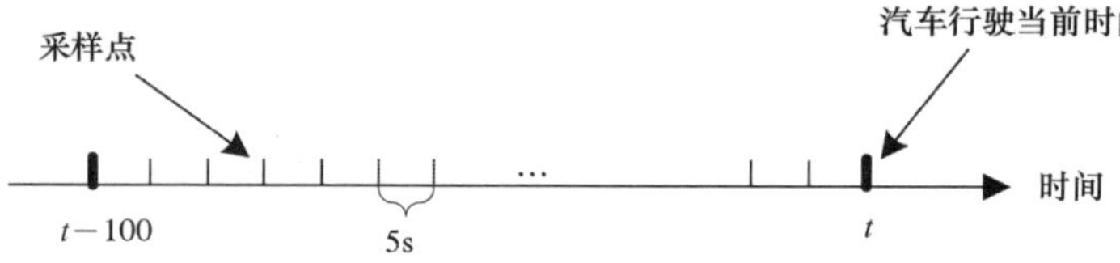

图 4-46　工况特征信息采集方式

工况特征信息的采集方式如图 4-46 所示。根据在采样区间内采集到的信息，进而就可以计算采样区间内的工况特征参数，即平均速度、平均加速度和平均减速度，其计算方式见公式(4-14)～公式(4-16)。

1）平均速度 $\bar{v}$

$$\bar{v}=\frac{1}{20}\sum_{i=1}^{20} v_i \tag{4-14}$$

式中，i 为采样点编号，v_i 为采样点时刻汽车行驶速度。

2）平均加速度 $\bar{a}_{\text{accel}}$

$$\bar{a}_{\text{accel}}=\frac{1}{n}\sum_{i=1}^{i=n}\frac{\mathrm{d}v_i}{\mathrm{d}t} \tag{4-15}$$

式中，n 为采样时段内加速度出现的个数。当 $\frac{\mathrm{d}v_i}{\mathrm{d}t}>0$ 时，汽车为加速状态。

3）平均减速度 $\bar{a}_{\text{decet}}$

$$\bar{a}_{\text{decet}}=\frac{1}{m}\sum_{i=1}^{i=m}\frac{\mathrm{d}v_i}{\mathrm{d}t} \tag{4-16}$$

式中，m 为采样时段内减速度出现的个数。当 $\frac{\mathrm{d}v_i}{\mathrm{d}t}<0$ 时，汽车处于减速状态。

2. 工况识别器

目前，国内外主要采用两种方法对工况识别进行研究。一是利用车载导航系统(GPS)和地理信息系统等途径获取未来行驶道路的目标车速、坡度等数据，即基于未来预测行驶信息提前判断行驶工况，以决定当前车辆能量管理策略，虽然此方法能够较大幅度地提高整车经济性，但该方法实现困难，精确度不高，在实际推广应用方面存在一定难度；二是基于汽车当前和历史行驶信息计算得出工况特征参数，并与典型工况的特征参数进行比较，判断当前汽车行驶的工况类别。

本书采用第二种方法来进行车辆行驶工况的识别。所选典型工况及工况特征参数见图 4-14 和表 4-4。工况识别器的作用是将采集计算得到的平均速度、平均加速度和平均减速度三种信息与典型工况的特征参数进行对比，当采集计算得到的工况特征参数值位于典型工况特征参数允许变动范围内时，此时便可认为目前汽车行驶的工况类型为典型工况所代表的工况类型，进而决定整车此时的单模式控制策略。评价当前行驶信息与典型工况的匹配程度，一般采用有限时域长度内二者之间的误差来衡量，以确定选取何种模式或者分配模式权值。

3. 切换算法与单模式切换策略

切换算法是在完成当前行驶工况类型判断之后，按照预先设定的能量管理策略分配规则，将当前的能量管理策略转换为对应典型工况的单模式控制策略。

本书所选 4 种典型工况对应着 4 种单模式控制策略。由于工况识别器识别误差、汽车行驶起始之前工况信息无法采集、出现非典型工况等情况的存在，在工况无法辨识的情况下，另外设定一种单模式控制策略，以保证整车行驶的稳定性和连续性。因此，经过工况识别器得到的识别结果存在 5 种情况，分别以编号 1,2,3,4,5 表示，以此对应着 5 种单模式控制策略。

恒温器能量管理策略因其结构简单、性能可靠，成为目前燃料电池增程式电动汽车上应用最为广泛的能量管理策略。通过优化方法设计得到的恒温器能量管理策略能够取得很好的燃料经济性。但是能量管理策略中主要控制参数(燃料电池输出功率、蓄电池上下限值)与工况关联度极高，优化得到的参数仅在对应工况下能获得好的燃料经济性。一旦工况改变，原有策略作用下的整车动力性及经济性将受到很大影响，具体内容见 4.3.1 小节所述。为此，本书将利用自适应遗传算法优化得到控制策略参数值作为对应典型工况下的单模式控制策略进行切换，而对于无法辨识的工况，采用基于损失功率最小的瞬时优化能量管理策略。最终得到的单模式控制策略与工况识别器得到的识别结果匹配如图 4-47所示。

基于工况识别的多模式切换能量管理策略的控制效果详见 4.3.6 小节。

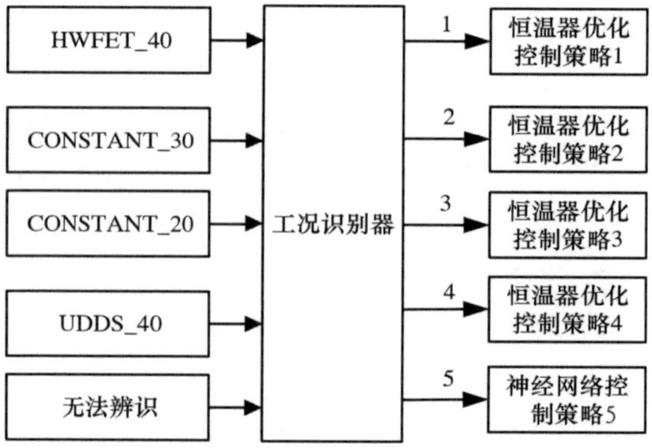

图 4-47 工况辨识结果与单模式控制策略匹配关系

4.3.6 多种能量管理策略应用比较分析

为了综合评价各种能量管理策略的控制效果,本小节将从以下 5 个方面进行考核:①动力性;②经济性(蓄电池/氢气一次加注续驶里程);③不同策略对燃料电池增程器功率输出离散程度的影响;④针对燃料电池增程器性能衰减的策略适应度分析;⑤针对一周典型工况的策略经济性分析。

4.3.6.1 动力性

本项考核内容主要评价不同能量管理策略对整车动力性的影响,选取 0～30km/h 加速时间和最高车速为评价指标。通常,动力蓄电池处于较低 SOC 状态时端电压较低,放电性能降低,从而使得纯电动汽车的加速性能和所能达到的最高车速降低。而增程式电动汽车的增程器能够在蓄电池 SOC 较低时为蓄电池充电,从而有助于提高蓄电池输出电压,进而使得车辆在低 SOC 状态下依然保持较好的动力性能。为着重考察增程式电动汽车这一突出特点,在不同 SOC 状态下完成仿真及实车试验,结果如表 4-13 和表 4-14 所示。

从仿真及试验结果中可以看出,模型仿真结果与试验误差较小,进一步验证了模型及仿真结果的正确性。产生误差的原因主要是真实车辆上驾驶员踏板信号输入直至电动机转动这一过程中的信号及能量传递路径较仿真模型长,实际加速命令的传达与执行需要更多的时间。另外,由于 CANcase 记录存在采样误差,实际采样速度值比 30km/h 略大,约为 32km/h。

表 4-13　　**不同能量管理策略的加速时间及最高车速仿真结果**

策略 / SOC	纯电动		恒温器能量管理策略 4kW		恒温器能量管理策略 2615W*		功率跟随能量管理策略		模糊逻辑能量管理策略*		瞬时优化能量管理策略		多模式切换能量管理策略	
	t_a(s)	V_{max}(km/h)	t_a(s)	V_{max}(km/h)	t_a(s)	V_{max}(km/h)	t_a(s)	V_{max}(km/h)	t_a(s)	V_{max}(km/h)	t_a(s)	V_{max}(km/h)	t_a(s)	V_{max}(km/h)
SOC=0.9	9.3	50.5	9.3	50.5	9.3	50.5	9.3	50.5	9.3	50.5	9.3	50.5	9.3	50.5
SOC=0.5	9.3	50.5	9.3	50.5	9.3	50.5	9.3	50.5	9.3	50.5	9.3	50.5	9.3	50.5
SOC=0.3	9.3	50.5	9.3	50.5	9.3	50.5	9.3	50.5	9.3	50.5	9.3	50.5	9.3	50.5

注:1. 恒温器能量管理策略 2615W*:采用 UDDS_40 工况优化参数;模糊逻辑能量管理策略*:采用 UDDS_40 工况优化参数。

2. 电机峰值功率限定在 2kW。

表 4-14　　**不同能量管理策略的加速时间及最高车速转鼓试验结果**

策略 / SOC	纯电动		恒温器能量管理策略 4kW		恒温器能量管理策略 2615W*		功率跟随能量管理策略		模糊逻辑能量管理策略*		瞬时优化能量管理策略		多模式切换能量管理策略	
	t_a(s)	V_{max}(km/h)	t_a(s)	V_{max}(km/h)	t_a(s)	V_{max}(km/h)	t_a(s)	V_{max}(km/h)	t_a(s)	V_{max}(km/h)	t_a(s)	V_{max}(km/h)	t_a(s)	V_{max}(km/h)
SOC=0.9	13.04	51.6	—	—	—	—	13.01	51.6	13.02	51.7	—	—	—	—
SOC=0.5	13.06	51.6	—	—	—	—	13.04	51.6	13.1	51.7	13.09	51.8	—	—
SOC=0.3	16.25①	48.5	13.11	51.7	13.18	51.4	13.04	51.6	13.02	51.6	13.04	51.5	—	—

注:1. 恒温器能量管理策略 2615W*:采用 UDDS_40 工况优化参数;模糊逻辑能量管理策略*:采用 UDDS_40 工况优化参数;①:纯电动三次试验平均值。

2. 电机峰值功率限定在 2kW。

低 SOC 状态下增程式电动汽车的动力性明显优于纯电动汽车。当动力蓄电池放电能力降低时，增程器能够提供额外的电能，满足车辆加速及最高车速行驶的需要。另外，因为动力系统部件参数匹配合理，同时策略制定时以满足动力性为前提，所以各种策略下的车辆动力性能差异不大，均能满足设计要求。值得注意的是，恒温器能量管理策略在低 SOC 区域的加速性能和最高车速行驶能力要低于其他能量管理策略。原因在于恒温器能量管理策略中增程器恒定功率值无法根据实际车辆功率需求的变化而变化，当车辆需求功率激增，同时蓄电池放电能力不足时，可能出现无法满足负载功率需求的情况。而其他几种策略充分考虑了车辆功率需求的变化，能根据需求功率变化而调整增程器功率输出。理论上可以通过提高增程器功率设定值来随时满足负载大功率需求，但是如4.3.1.4小节所述，过高的增程器设定功率会导致蓄电池充放电能量损失增加，降低车辆的经济性，这是恒温器能量管理策略固有的一对矛盾。

4.3.6.2 经济性

车辆续驶里程是考核其燃油经济性的重要指标。燃料电池增程式电动汽车具有两种车载能量源，分别是蓄电池存储的电能和氢气储存的化学能(催化反应转化为电能)。国家标准《轻型混合动力电动汽车能量消耗量试验方法》(GB/T 19753－2005)建议在考核混合动力汽车燃料经济性时将电能消耗与燃料消耗分开计算，并给出加权计算公式(4-17)。

燃料电池消耗量的加权平均值：

$$C=(D_e \cdot C_1+D_{av} \cdot C_2)/(D_e+D_{av}) \tag{4-17a}$$

式中：C——燃油消耗量(L/100km)；

C_1——条件 A 试验中所得燃油消耗量，$C_1=100 \cdot c_1/D_{test1}$(L/100km)；

C_2——条件 B 试验中所得燃油消耗量，$C_2=100 \cdot c_2/D_{test2}$(L/100km)；

D_e——按照国家标准《轻型混合动力电动汽车能量消耗量试验方法》(GB/T 19753－2005)附录 B 规定的试验方法，所测得的纯电动续驶里程(km)；

D_{av}——25km(假设的储能装置两次充电之间的平均行驶里程)。

在 C_1 中，D_{test1} 是条件 A 试验中车辆时间行驶的距离(km)。

在 C_2 中，D_{test2} 是条件 B 试验中车辆时间行驶的距离(km)。

电能消耗量加权平均值：

$$E=(D_e \cdot E_1+D_{av} \cdot E_2)/(D_e+D_{av}) \tag{4-17b}$$

式中：E——电能消耗量(Wh/km)；

E_1——条件 A 试验中所得电能消耗量，$E_1=e_1/D_{test1}$(Wh/km)；

E_2——条件 B 试验中所得电能消耗量，$E_2=e_2/D_{test2}$(Wh/km)。

其中，条件 A 为储能装置处于充电终止的最高荷电状态；条件 B 为储能装置处于运行放电结束的最低荷电状态。

但是公式(4-17)仅适用于纯电动续驶状态(仅靠蓄电池存储的电能驱动，增程器不工作)与混合驱动状态能够清楚区分的能量管理策略。对于自始至终蓄电池与增程器同时提供电能的能量管理策略，基于其复杂的能量转换与消耗机理，目前还没有统一的燃料消耗计算公式。因此，本书用相同初始条件下的续驶里程来表征不同工况下不同能量管理策略的燃料经济性控制效果。仿真及转鼓试验初始条件：初始 SOC 为 0.95，终了 SOC 为 0.3；初始氢气压强为 11MPa，终了氢气压强为 2MPa。为解决每次实车转鼓试验初始氢气加注量不一致的问题，提出以下续驶里程修正公式：

$$S_{adj}=S_{dynam}+(S_{dynam}-S_{battery})\cdot\frac{m_{H2\_test}}{m_{H2\_ref}} \tag{4-18}$$

$$m_{H2\_res}=\left(\frac{P_1\cdot V}{Z_1\cdot R\cdot T_1}-\frac{P_2\cdot V}{Z_2\cdot R\cdot T_2}\right)n \tag{4-19}$$

式中，S_{adj} 为修正后的续驶里程(km)；S_{dynam} 为转鼓试验里程(km)；$S_{battery}$ 为蓄电池纯电动续驶里程(km)；m_{H2_test} 为转鼓试验时氢气加注量(g)；m_{H2_ref} 为参考基准氢气量(g)；P_1，P_2，T_1，T_2 分别为试验初始与终了时刻的氢气压强(MPa)和温度(K)。Z_1，Z_2 为对应状态下的气体压缩系数；R 为气体常数，取 8.314J/mol；n 为氢气摩尔质量，取 2.016g/mol。

不同工况及策略下的续驶里程仿真及转鼓试验结果如表 4-15、和表 4-16 所示。从表 4-15中可以得出以下结论。

(1) 运用优化方法设计的恒温器能量管理策略在对应工况下的续驶里程最长。未经优化的 4kW 恒温器能量管理策略由于未考虑氢燃料与蓄电池电能的合理分配，蓄电池多次充放电造成电能损失，在各工况下的续驶里程均最短。但需要指出的是，优化设计的恒温器能量管理策略仅针对优化时所选工况能够获得最长续驶里程，用于其他工况时往往无法获得较好的经济性。

(2) 基于工况识别的多模式切换能量管理策略能够根据工况特点自动切换到预先设定的最佳策略状态，因而在各个工况均具有较好的续驶里程。

(3) 在匀速工况下采用功率跟随能量管理策略能够获得较长的续驶里程，但对于车速(负载功率需求)变化频繁的工况，功率跟随能量管理策略会使燃料电池增程器长期工作在较低效率点，导致燃料经济性降低。

(4) 基于模糊逻辑理论的能量管理策略和基于损失功率最小的瞬时优化能量管理策略综合考虑负载需求功率的变化与 SOC 状态，针对车速变化频繁的工况能获得较好的经济性。不同于优化恒温器能量管理策略必须针对对应工况才能获得较好的经济性，这两种能量管理策略对工况的适应性较强，市区工况及高速工况均能获得较长的续驶里程。

从表 4-16 中可以看出，转鼓试验结果与仿真结果的误差较小，验证了所建立的模型精度满足工程需要。不同工况下不同策略续驶里程的排序结果与仿真排序结果基本吻合，如图 4-48～图 4-50 所示。由此证明所设计策略在实车上的应用能够真实地反映设计意图，所开发的策略行之有效。需要指出的是，由于试验用燃料电池增程器性能衰减，试验过程中燃料电池堆实际功率输出无法与设定输出功率完全吻合，导致 ECE_40 和 UDDS_40 工况下的试验结果与仿真结果误差较大，影响了续驶里程排序。

表 4-15　　不同策略、不同工况的续驶里程仿真结果(km)

工况＼策略	纯电动	恒温器能量管理策略 4kW	恒温器能量管理策略优化值	功率跟随能量管理策略	模糊逻辑能量管理策略（UDDS_40 优化值）	瞬时优化能量管理策略	多模式切换能量管理策略
CONSTANT_30		60.1	63.4	63.4	62.9	62.8	63.2
排序	—	6	1	1	4	5	3
ECE_40		31.4	33.4	31.7	32.7	32.9	33.4
排序	—	6	1	5	4	3	1
HWFET_40		54.8	57.5	56	57.2	57.1	57.5
排序	—	6	1	5	3	4	1
UDDS_40		32.3	34.6	33.2	34	34.2	34.5
排序	—	6	1	5	4	3	2

表 4-16　　不同策略、不同工况的续驶里程转鼓试验结果(km)

工况＼策略	纯电动	恒温器能量管理策略 4kW	恒温器能量管理策略优化值	功率跟随能量管理策略	模糊逻辑能量管理策略（UDDS_40 优化值）	瞬时优化能量管理策略	多模式切换能量管理策略
CONSTANT_30	36.5	61.6	64.4	63.9	64.1	62.1	—
与仿真误差(%)		2.44	1.55	0.78	1.87	−1.13	
排序	—	5	1	3	2	4	—
ECE_40	19	30.4	33.7	27.7	31.4	31.8	—
与仿真误差(%)		−3.29	−4.05	−14.4	−4.14	−3.46	
排序	—	4	1	5	3	2	—
HWFET_40	34.2	51.1	56.4	53.0	55.0	53.4	—
与仿真误差(%)	—	−7.21	−1.95	−5.66	−3.93	−6.87	—
排序		5	1	4	2	3	
UDDS_40	19.9	33.7	36.2	31.7	35.8	36.0	—
与仿真误差(%)		4.22	4.31	−4.76	5.03	5.08	
排序	—	4	1	5	3	2	—

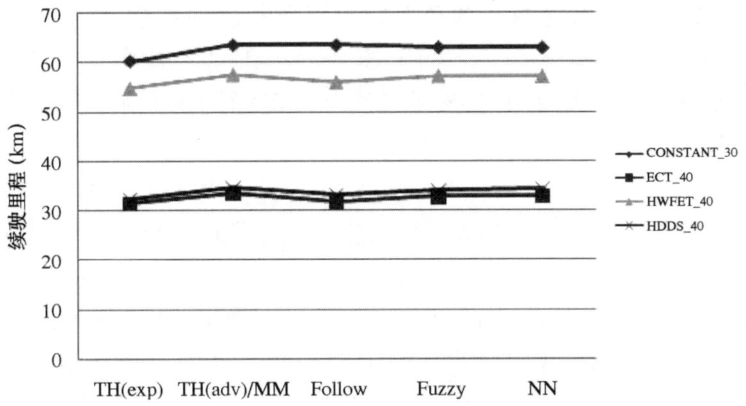

图 4-48　排序仿真结果

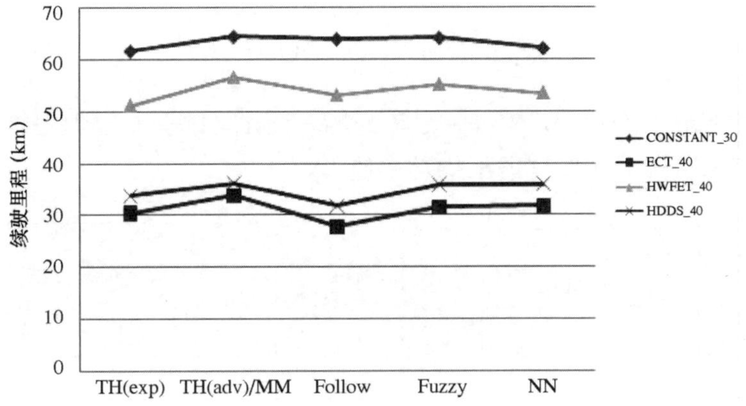

图 4-49　排序转鼓结果

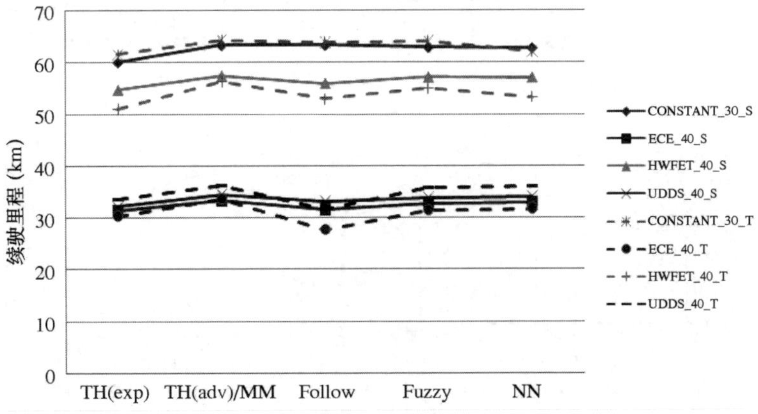

图 4-50　仿真及试验续驶里程排序结果对比

4.3.6.3 不同策略对燃料电池增程器功率输出离散程度的影响

众多研究结果显示,燃料电池动态响应速度远小于动力蓄电池。为了有效保护燃料电池,延长其使用寿命,使用过程中应该尽量避免大范围功率需求突变。图 4-51～图 4-54 为不同工况下采用不同策略时燃料电池增程器输出功率图。从图中可以看出,在匀速 30km/h 工况下,恒温器能量管理策略和功率跟随能量管理策略的燃料电池增程器输出功率恒定。模糊逻辑能量管理策略和瞬时优化能量管理策略的燃料电池增程器输出相对平滑。其余三种工况下,除了恒温器能量管理策略以外的其他三种能量管理策略,燃料电池增程器的输出功率均呈现动态变化的状态,并且每种策略下的燃料电池输出功率差异较大,主要表现为功率输出值的离散程度存在不同。为了有效表征不同策略对燃料电池增程器输出功率动态变化幅度的影响,选取燃料电池输出功率的标准偏差(Standard Deviation,STD)$STD_{\text{power_fc}}$作为考核指标,其计算公式为

$$STD_{\text{power\_fc}} = \sqrt{\frac{1}{N}\sum_{i=1}^{N}(P_i - \bar{P})^2} \tag{4-20}$$

式中,N 为样本空间功率样本个数;P_i 为第 i 个样本点燃料电池增程器输出功率值(W);$\bar{P}$ 为整个运行工况燃料电池增程器平均功率值(W)。

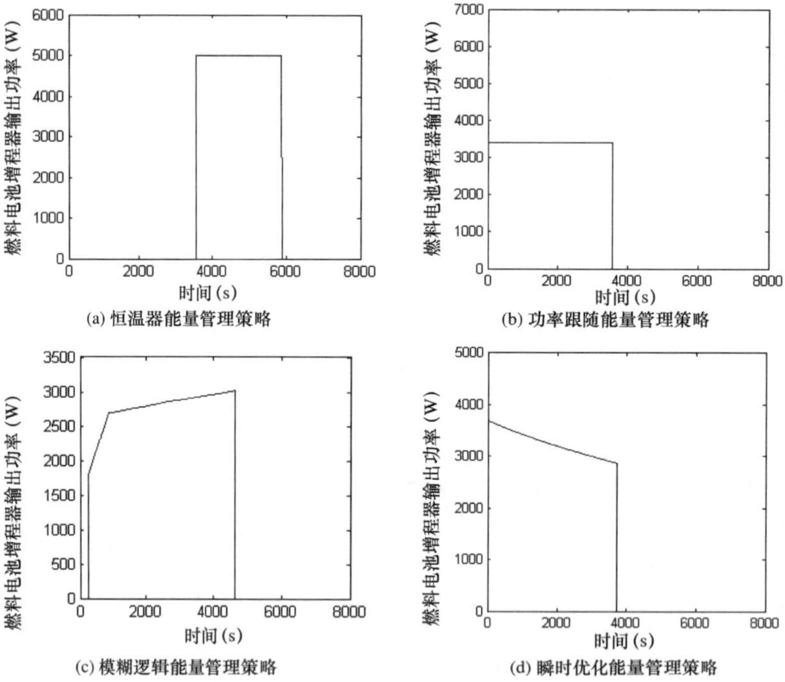

图 4-51 CONSTANT_30 工况下不同能量管理策略的燃料电池输出功率

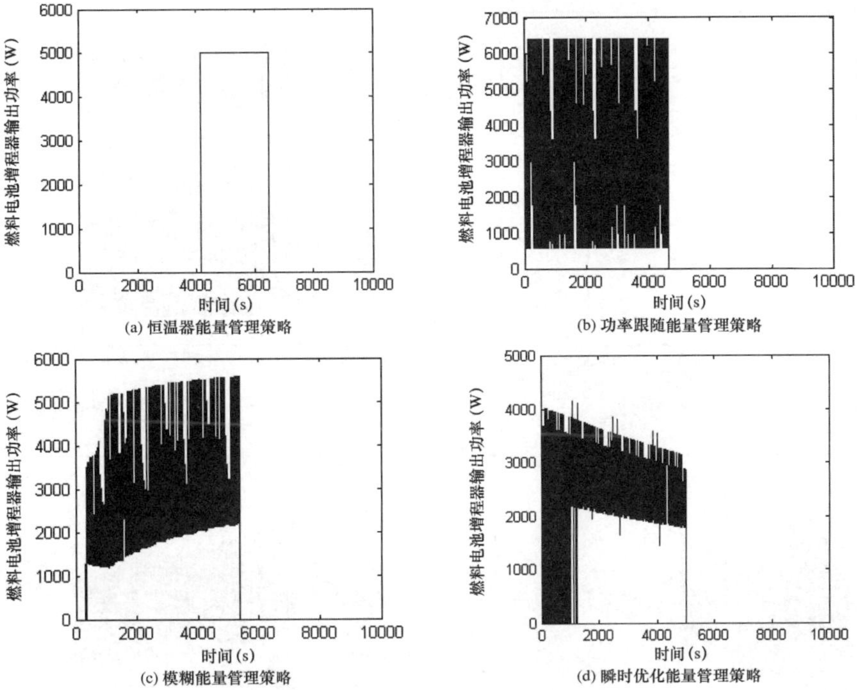

图 4-52　UDDS_40 工况下不同能量管理策略的燃料电池输出功率

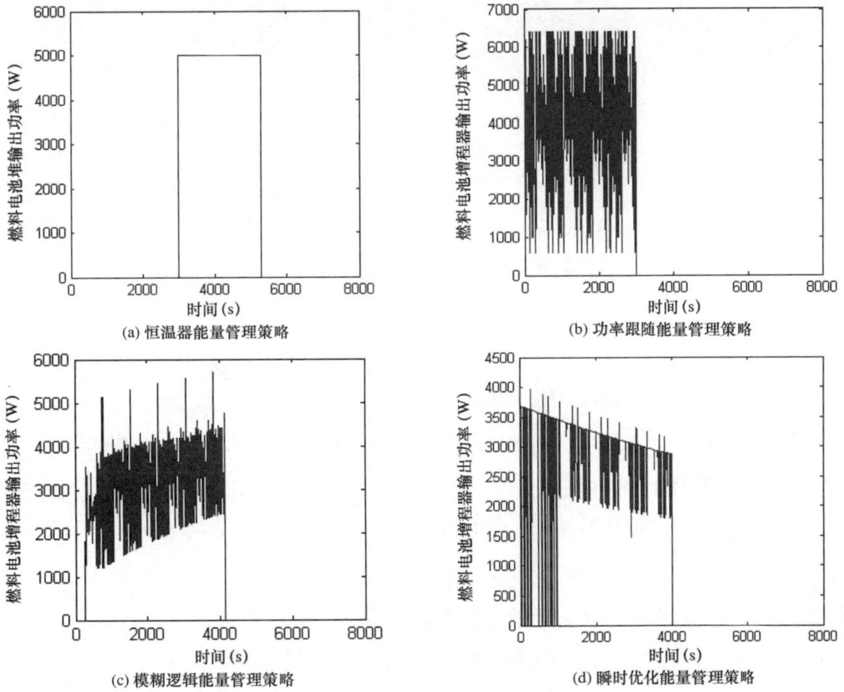

图 4-53　HWFET_40 工况下不同能量管理策略的燃料电池输出功率

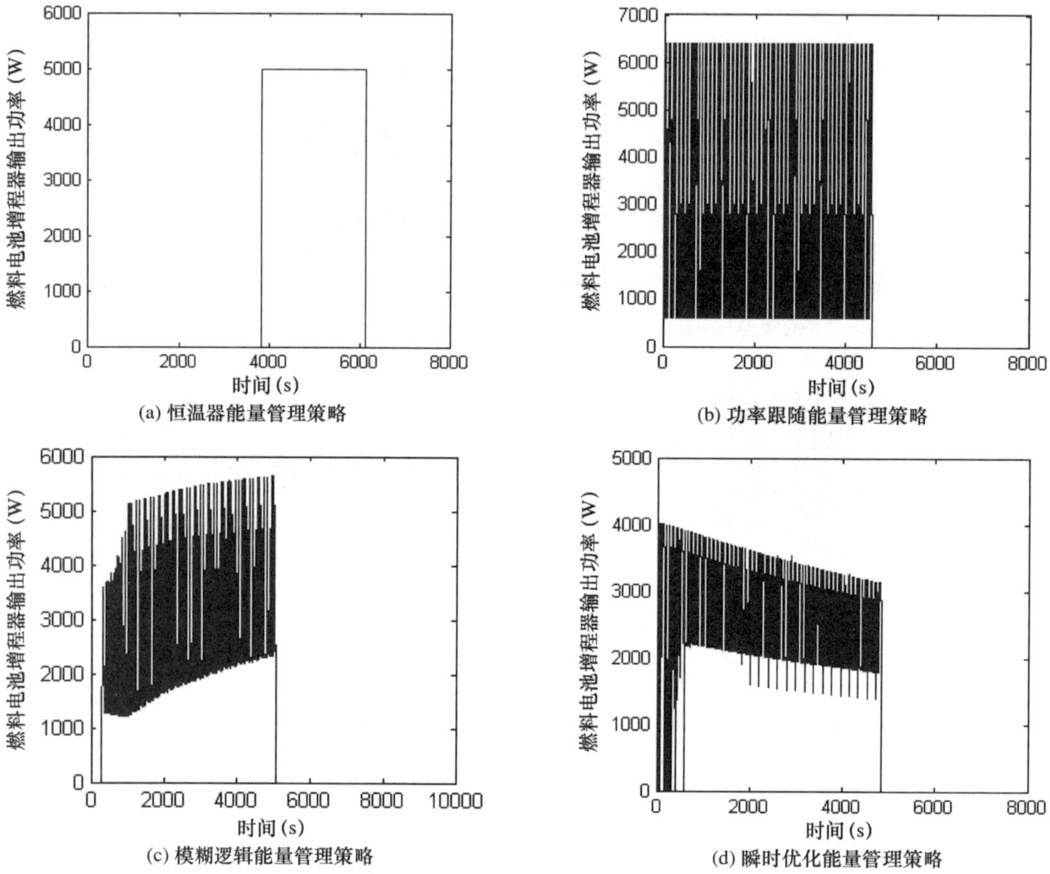

图 4-54 ECE_40 工况下不同能量管理策略的燃料电池输出功率

图 4-55～图 4-58 分别给出不同工况下选取不同能量管理策略时燃料电池增程器输出功率标准偏差。从图中看出，恒温器能量管理策略的显著特点是燃料电池功率输出恒定，系统对其动态响应的要求低，有利于保护燃料电池使用寿命。功率跟随能量管理策略下的燃料电池增程器功率输出随工况负载功率的变化而变化，功率波动范围大，对燃料电池动态响应性能要求高，不利于保护燃料电池使用寿命。另外，从各个工况的标准偏差值可以看出，模糊逻辑能量管理策略和瞬时优化能量管理策略的燃料电池离散程度介于恒温器能量管理策略和功率跟随能量管理策略之间。瞬时优化能量管理策略的燃料电池增程器输出功率在所选 4 种典型工况下的离散程度要优于模糊逻辑能量管理策略，对燃料电池动态响应特性的要求适中，有利于保护燃料电池使用寿命。

4.3.6.4 针对燃料电池增程器性能衰减的策略适应度分析

作为一项新的车载动力技术，燃料电池的实际使用可靠性存在一定的问题。性能衰减是目前燃料电池普遍存在的技术问题，也是制约其大规模商业化的主要因素之一。除通过增加燃料电池本身材料性能、提高系统设计水平这些方法以外，制定合理有效的能量

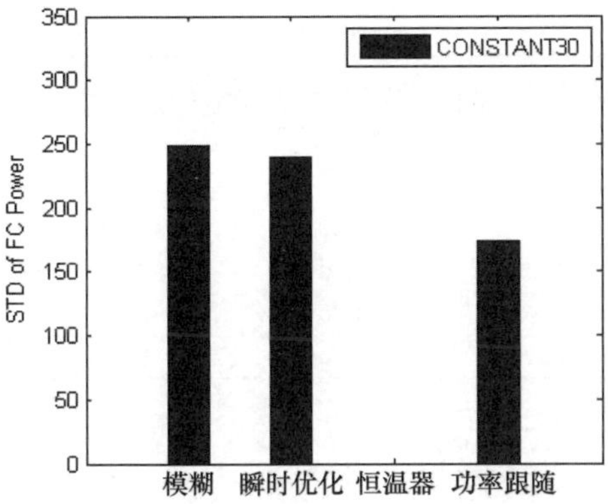

图 4-55　CONSTANT_30 工况不同能量管理策略燃料电池输出功率标准偏差

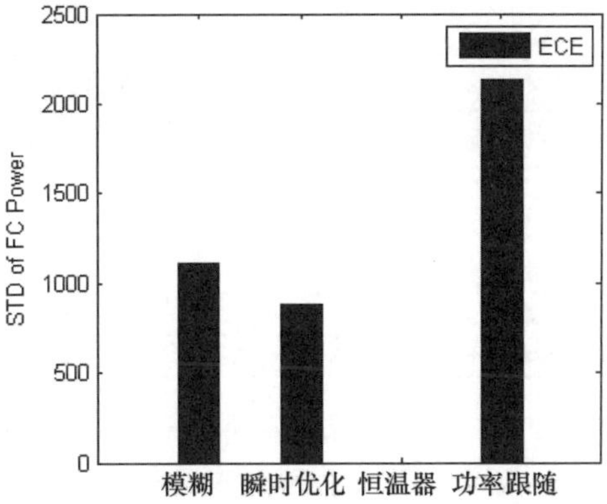

图 4-56　ECE_40 工况不同能量管理策略燃料电池输出功率标准偏差

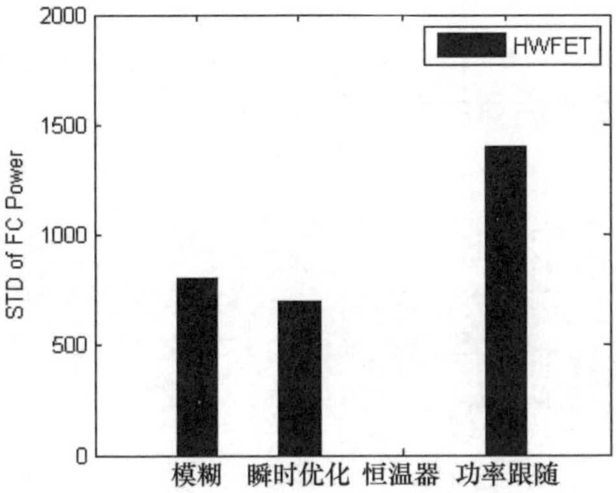

图 4-57　HWFET_40 工况不同能量管理策略燃料电池输出功率标准偏差

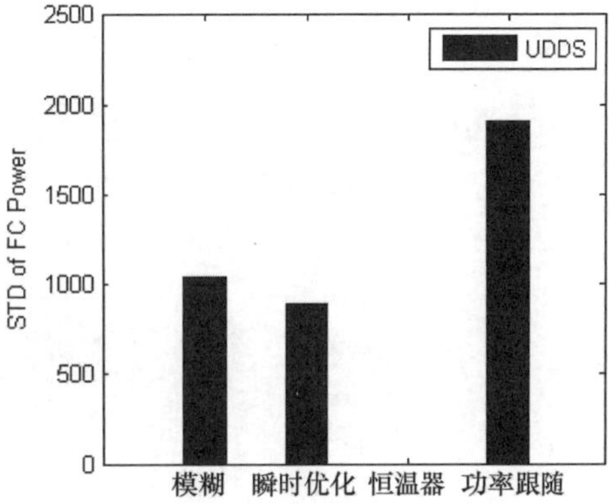

图 4-58　UDDS_40 工况不同能量管理策略燃料电池输出功率标准偏差

管理策略也是提高整车动力性、经济性的有效手段。以下对燃料电池性能衰减情况下，各能量管理策略在增程式电动车上的经济性表现作深入研究。假设原用燃料电池堆性能发生衰减，最大输出功率由最初的 6.5kW 降低至 3.5kW。

选取 HWFET_40 工况作为测试工况，仿真参数见表 4-17。续驶里程、氢气消耗量等仿真结果见表 4-18。不同能量管理策略下的燃料电池需求功率与实际输出功率关系如图 4-59～图 4-63 所示。

表 4-17　　仿真参数

	燃料电池峰值功率	初始 SOC	终了 SOC	初始氢气压强	终了氢气压强	可用氢气总量
数值	3.5kW	0.95	0.3	11MPa	2MPa	7.81650L

表 4-18　　仿真结果

	续驶里程(km)		衰减后的氢气消耗量(L)	0～30km/h 加速时间(s)	最高车速(km/h)
	衰减后	衰减前			
恒温器能量管理策略 4kW	43.7	54.8	4.99939	9.3	50.5
功率跟随能量管理策略	52.9	56	7.81650	9.3	50.5
模糊逻辑能量管理策略	54.4	57.2	7.81650	9.3	50.5
瞬时优化能量管理策略	54.8	57.1	7.81650	9.3	50.5
多模式切换能量管理策略	51.5	57.5	7.01664	9.3	50.5

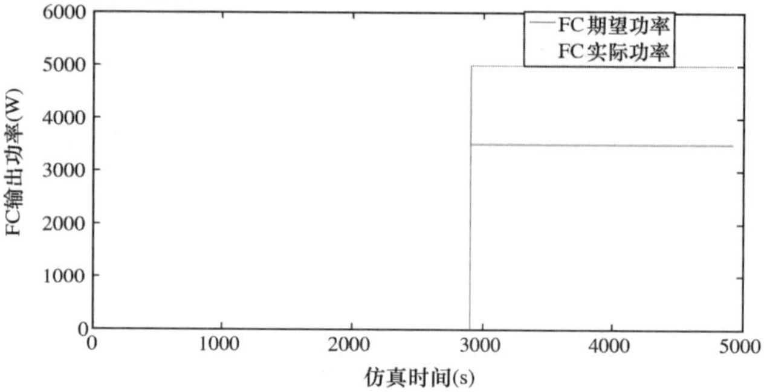

图 4-59　4kW 恒温器能量管理策略

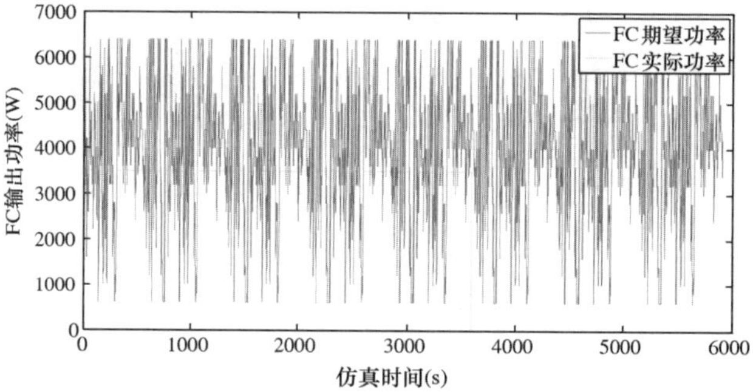

图 4-60　功率跟随能量管理策略

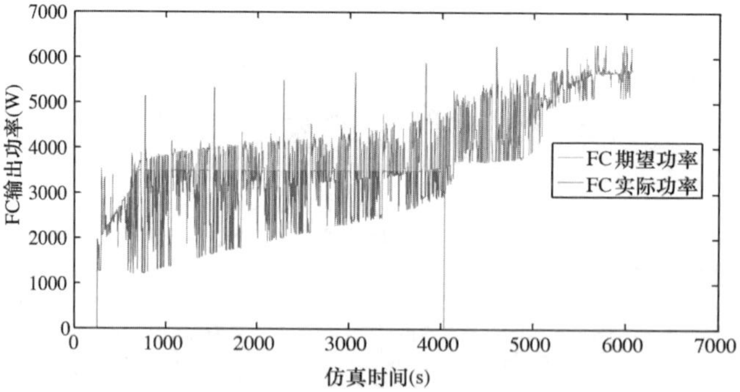

图 4-61　模糊逻辑能量管理策略

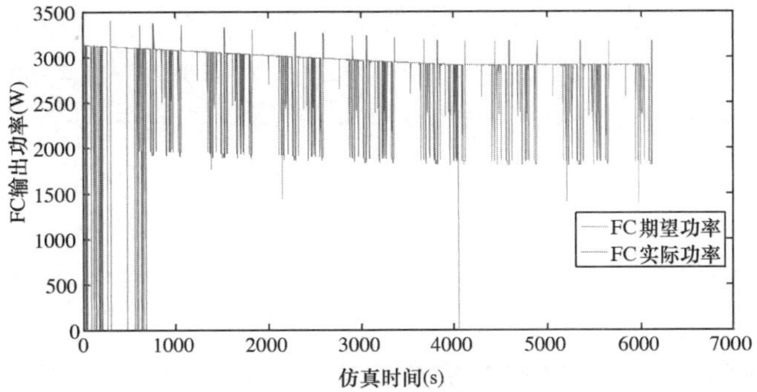

图 4-62　瞬时优化能量管理策略

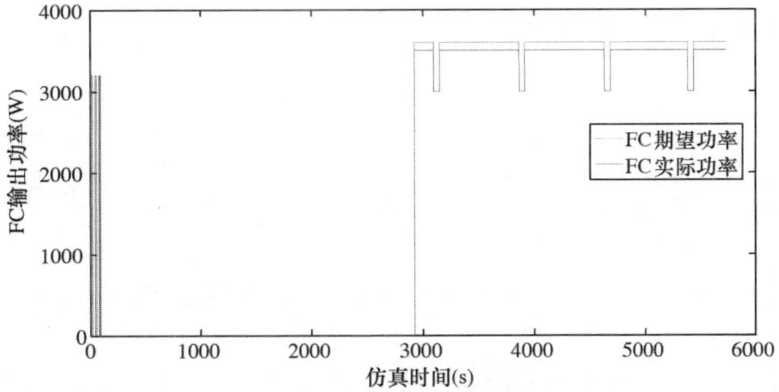

图 4-63　多模式切换能量管理策略

由以上图表可以看出，由于增程式电动汽车以动力蓄电池为主要动力源，增程器输出功率的衰减主要降低车辆的经济性，导致续驶里程减少，对车辆的动力性影响不大。恒温器能量管理策略的燃料电池输出功率以燃料电池实际能提供的功率上限为限，该值远小于策略设定的燃料电池输出功率值，既无法给蓄电池充电，也无法维持蓄电池 SOC，从而导致蓄电池达到工作下限时氢气还有剩余，极大地降低了续驶里程。对于基于规则的输出功率恒定的能量管理策略，当增程器功率性能发生衰减之后，一旦期望功率输出无法达到，那么此前所做的能量管理策略参数优化将失效，这是设计时值得关注的问题。

其余 3 种能量管理策略因为一开始增程器即介入给动力系统提供电能，从而使蓄电池 SOC 下降幅度趋缓，不存在氢气剩余现象，能够充分利用车载氢能。功率跟随能量管理策略下的燃料电池实际输出功率与设定功率之间的偏差最大，同时为满足负载总的功率需求，燃料电池性能衰减时系统对蓄电池的放电功率要求也随之提高。因此，认为功率跟随能量管理策略会同时加剧燃料电池增程器和动力蓄电池的性能衰减。模糊逻辑能量管理策略和瞬时优化能量管理策略的控制思想是使蓄电池与燃料电池协调工作，燃料电池设定输出功率得到一定的约束，因而即使发生燃料电池性能衰减的情况，实际输出功率与设定功率之间的偏差相对较小，并且这两种策略下燃料电池增程器实际输出功率的变化幅度不大,有利于保护燃料电池系统,减缓燃料电池的衰减。值得指出的是,本书研究的瞬时优化能量管理策略综合考虑了燃料电池功率效率关系、蓄电池充放电效率以及氢气剩余量三方面的因素,因而最初的燃料电池设定功率即避免出现满功率负荷状态。可以明显地看出,相比于其他几种能量管理策略,燃料电池最大输出功率从 6.5kW 衰减至 3.5kW 时瞬时优化策略下的实际燃料电池功率输出与设定输出功率之间的偏差非常小。因此,本书设计的瞬时优化能量管理策略能够在一定程度上有效应对燃料电池增程器输出功率性能衰减问题。

4.3.6.5 针对一周典型行驶工况的能量管理策略经济性分析

统计研究发现,欧美国家大多数汽车用户的日行驶里程小于 60km。因此,通常认为增程式电动汽车的使用场景一般工作日白天以纯电动行驶为主,且行驶里程以中短距离为主,夜间通过电网补充电能,周末可能用于中长距离的行驶。针对本书所研究燃料电池增程式电动汽车的动力结构配置,为进一步研究各种策略在日常使用场景下的燃料经济性控制效果,设计了 3 种增程式电动汽车典型行驶工况及 5 种典型驾驶方案。

1. 3 种典型行驶工况

1) 60km 工作日行驶工况

该工况模拟日常在城市内的驾驶场景,例如上下班等。相关组成参数和时间/车速关系如表 4-19 和图 4-64 所示。

表 4-19　　3 种增程式电动汽车典型行驶工况

工况	工况组成			
	里程/时间	UDDS_40	CONSTANT_30	HWFET_40
60km 工作日行驶工况	60km/8461s	10.52km	18.38km	31.1km
90km 工作日行驶工况	90km/11790s	10.52km	18.38km	61.1km
160km 周末行驶工况	160km/22220s	26.3km	45.95km	87.75km

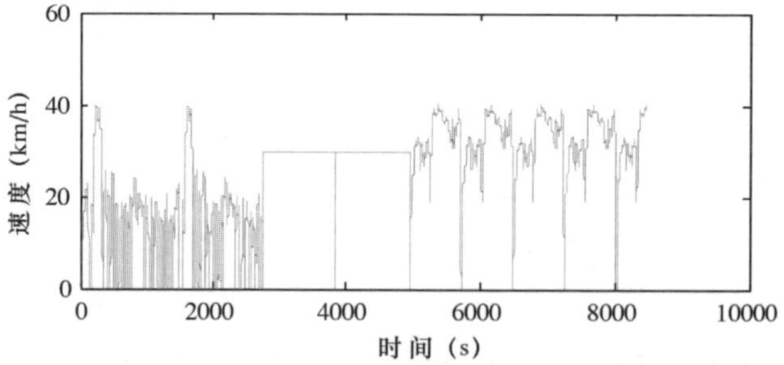

图 4-64　60km 工作日行驶工况

该工况由 3 种典型行驶工况 UDDS_40、CONSTANT_30、HWFET_40 混合而成。其

中，UDDS_40代表日常行驶过程中存在频繁加减速的市区工况，HWFET_40 代表城市中以较高车速行驶的高架道路工况，CONSTANT_30 表示交通状况较好情况下的城市道路工况。

2) 90km 工作日行驶工况

该工况所选组成工况与 60km 工作日行驶工况相同，不同点在于增加了 30km 的 HWFET_40 工况。增加的里程用于模拟超出纯电动续驶里程，需要启用增程器工作的那部分行驶距离。具体工况参数和时间/车速关系如表 4-19 和图 4-65 所示。

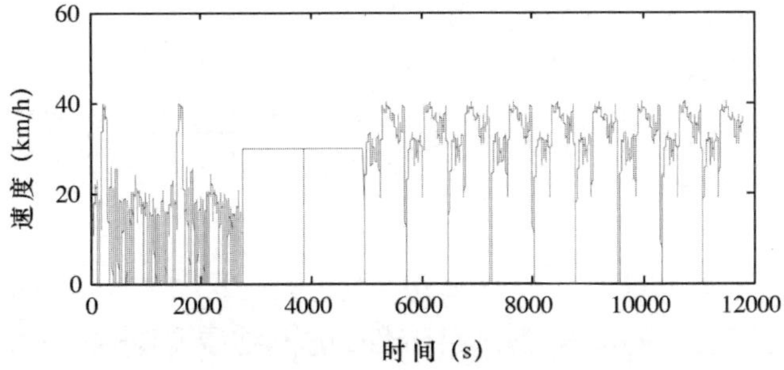

图 4-65　90km 工作日行驶工况

3) 160km 周末行驶工况

该工况模拟周末利用车辆在不同城市之间运行的使用场景，例如从 A 城市的市区道路出发，历经高速路段，然后再进入城市 B 的市区路段。因而在前两种行驶工况的基础上增加了模拟城市市区工况和高速道路的工况距离。具体工况参数和时间/车速关系如表 4-19 和图 4-66 所示。

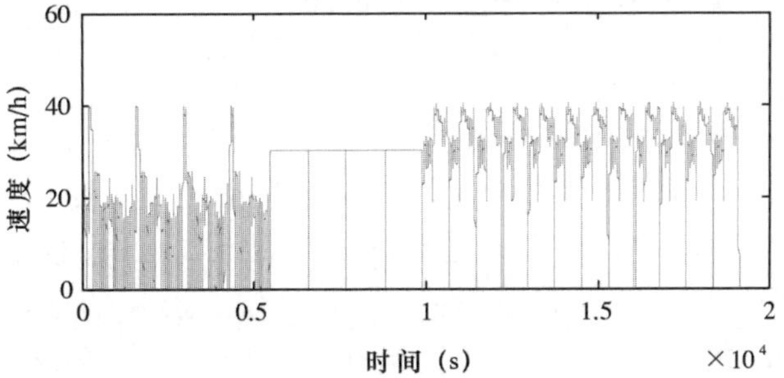

图 4-66　160km 周末行驶工况

2. 5 种典型驾驶方案

1) 60km 纯电动模式(系列 1)

增程式电动汽车的基础是纯电动汽车，为了充分利用车载蓄电池存储的电能，设定车辆完全以蓄电池存储的电能完成“60km 工作日行驶工况”，夜间利用电网的电能给动力蓄电池充电。

2）60km 纯电动模式＋30km 混合增程模式（系列 2）

该驾驶方案主要针对“90km 工作日行驶工况”，即当车辆以纯电动模式运行 60km 之后，无法通过电网方式补充电能，而利用增程器提供 30km 额外续驶里程。

3）90km 混合增程模式（系列 3）

该驾驶方案主要针对“90km 工作日行驶工况”，但全程均以混合增程模式行驶。

4）60km 混合增程模式（系列 4）

如果用户未在夜间利用电网的电能给动力蓄电池充电，则第二天车辆将从一开始便以混合增程模式在“60km 工作日行驶工况”下运行。

5）160km 混合增程模式（系列 5）

该驾驶方案主要针对“160km 周末行驶工况”，模拟车辆在完成蓄电池充电和燃料加载后完成中长距离的行驶。

3. *仿真计算与分析*

分别将不同能量管理策略用于设计的 5 种增程式电动汽车典型驾驶方案，通过耗氢量来表征不同工况及策略下的车辆燃料经济性，仿真结果见表 4-20 所示。仿真所用参数如表 4-21 所示。

因为增程式电动汽车的蓄电池在一个行驶工况中 SOC 变化较大，充放电的代数和不为零，即续驶里程数是氢气和蓄电池共同作用的结果。为了综合反映燃料的经济性，将蓄电池消耗的电能折算为氢气消耗量，利用美国工程师学会（SAE）建议的公式（4-21）计算得到总的等效耗氢量：

$$M_{\mathrm{H2}} = M_{\mathrm{H2\_fc}}\left(1 + \frac{\int_0^{\mathrm{T}} I_{\mathrm{bat}} U_{\mathrm{bat}}\,\mathrm{d}t}{\int_0^{\mathrm{T}} I_{\mathrm{RE}} U_{\mathrm{RE}}\,\mathrm{d}t}\right) \tag{4-21}$$

式中，M_{H2} 为等效耗氢量；$M_{\mathrm{H2\_fc}}$ 为增程器系统耗氢量；I_{bat} 为蓄电池输入、输出电流；U_{bat} 为蓄电池母线电压；I_{RE}，U_{RE} 分别为燃料电池增程器输出的电流和电压。

从表 4-20 系列 1 可以看出，增程式电动汽车在短距离行驶过程中可以仅以纯电动模式运行，电能补给来自电网，这样就能够极大降低对化石燃料的依赖（此处不考虑电网电能获取方式）。系列 2 首先以蓄电池单独供能行驶 60km，余下 30km 增程器开启以增程模式行驶。仿真结果显示，基于工况的多模式切换能量管理策略消耗的氢气量最少，恒温器策略能量管理消耗氢气量最多。系列 3 模拟用混合增程模式跑完全部 90km 里程的情况。仿真结果显示，多模式切换能量管理策略的氢消耗量远远小于功率跟随能量管理策略，减少约 12.6%。系列 4 所模拟的情况是夜间忘记给蓄电池充电，第二天直接以增程模式行驶 60km 的情况。不同策略仿真结果比较显示，基于工况识别的多模式切换能量管理策略消耗氢气量最少。该策略的氢消耗量比恒温器能量管理策略的氢消耗量降低约 18.7%。对于周末中长距离行驶系列 5，多模式切换能量管理策略体现出在多工况、长距离行驶条件下的优势,等效氢耗量最少。恒温器能量管理策略的等效氢消耗量最多。表 4-22 是各策略等效氢耗量排序表。

由以上仿真结果可以看出,本书设计的 5 种能量管理策略燃料经济性从劣到优的排序基本为:恒温器能量管理策略、模糊逻辑能量管理策略、功率跟随能量管理策略、基于损失功率最小的瞬时优化策略、基于工况识别的多模式切换能量管理策略。其中,恒温器能量管理策略存在电能在蓄电池内多次充放带来电能额外损失的问题,除典型驾驶方案系列 3 外各个假设工况下的燃料经济性均为最差。针对恒温器能量管理策略存在的问题,模糊逻辑能量管理策略综合考虑蓄电池 SOC 状态及负载需求功率的变化,使增程器以不同的功率输出,避免低负荷状态下富裕电能给蓄电池充电带来的额外内阻损失。

针对不同的行驶工况,理论上说应该选取不同的模糊控制隶属度函数,表 4-20 所用模糊逻辑能量管理策略的隶属度函数基于 UDDS_40 工况优化得到。在复杂多工况情况下该模糊逻辑能量管理策略的燃料经济性比恒温器能量管理策略有较大幅度的提高,但低于其他几种能量管理策略。

功率跟随能量管理策略突出体现了“增程器不给蓄电池充电”这一策略思想,增程器仅提供负载需求功率,尽量避免富裕电能在蓄电池中多次充放引起的损失。仿真结果显示,其在系列 2、系列 4 情况下能取得较好的燃料经济性。但是对于其余几种工况,由于工况负载功率需求的变化,不可避免地存在增程器在低负载功率区以较低效率工作的情况,从而影响了燃料有效利用率。

本书提出的基于损失功率最小的瞬时优化能量管理策略以燃料电池增程器和蓄电池总的瞬时功率损失最小为目标,兼顾二者的工作点效率,并加入氢气量调节因子,从而有效解决了该能量管理策略局部最优问题。仿真结果显示,该能量管理策略在各行驶工况下均能获得很好的燃料经济性。

在对恒温器能量管理策略增程器输出功率值进行优化设计的过程中发现,对应不同行驶工况会得到不同的优化值。由此提出基于工况识别的多模式切换能量管理策略,即对行驶工况进行识别,将增程器输出功率值设定为对应的最优值。仿真结果显示,该能量管理策略的燃料经济性确实较恒温器能量管理策略有较大幅度的提高,并优于单一模糊逻辑能量管理策略。由 4.3.6.2 小节中的研究结果可知,对应行驶工况下优化后的恒温器能量管理策略具有最高的燃料经济性,理论上说多模式切换能量管理策略的燃料经济性应该是最优的,仿真结果显示该策略下的燃料经济性确实优于其他几种单一能量管理策略。

综上所述,为了提高燃料电池增程式电动汽车的燃料经济性,所制定的能量管理策略必须包含不给动力蓄电池充电的设计思想。同时综合考虑燃料电池增程器不同功率区段的工作效率和蓄电池充放电效率,将有效提高系统总的燃料经济性。

表 4-20　增程式电动汽车一周典型行驶工况经济性比较

系列号	行驶工况	能量管理策略	耗氢量	SOC 变化	等效耗氢量(g)	备注
1	60km 工作日行驶	EV(60)	0	0.95～0.4068	268.5300	—
2.1	90km 工作日行驶	EV(60)＋TH(30)	11.11548L 258.5991g	0.95～0.4068(EV) 0.4068～0.4967(TH)	470.6134g	蓄电池充电
2.2	90km 工作日行驶	EV(60)＋Follow(30)	6.97538L 162.2766g	0.95～0.4068(EV) 0.4068～0.3890 (Follow)	441.2370	蓄电池不充电
2.3	90km 工作日行驶	EV(60)＋Fuzzy(30)	11.27333L 262.2697g	0.95～0.4068(EV) 0.4068～0.5062 (Fuzzy)	468.9437	蓄电池充电
2.4	90km 工作日行驶	EV(60)＋NN(30)	7.36641L 171.3809g	0.95～0.4068(EV) 0.4068～0.4041 (NN)	441.1265	蓄电池不充电
2.5	90km 工作日行驶	EV(60)＋MM(30)	7.49247L 174.3125g	0.95～0.4068(EV) 0.4068～0.4138 (MM)	438.1873	蓄电池不充电
3.1	90km 工作日行驶	TH(90)	10.93757L 254.4623g	0.95～0.4930	530.6333	消耗电池电能为主
3.2	90km 工作日行驶	Follow(90)	21.74568L 505.9080g	0.95～0.8725	551.5875	消耗氢气为主
3.3	90km 工作日行驶	Fuzzy(90)	17.52646L 407.7512g	0.95～0.7326	534.8649	消耗氢气为主
3.4	90km 工作日行驶	NN(90)	20.52867L 477.5978g	0.95～0.8534	531.5192	消耗氢气为主
3.5	90km 工作日行驶	MM(90)	7.40767L 172.3370g	0.95～0.4111	483.9197	消耗电池电能为主
4.1	60km 工作日行驶	TH(60)	27.88372L 648.7119g	0.4068～0.7030 (TH)	461.9782	蓄电池充电

续表

系列号	行驶工况	能量管理策略	耗氢量	SOC 变化	等效耗氢量(g)	备注
4.2	60km 工作日行驶	Follow(60)	14.93345L 347.4244g	0.4068～0.3463 (Follow)	382.4078	蓄电池不充电
4.3	60km 工作日行驶	Fuzzy(60)	22.82073L 530.9203g	0.4068～0.6049 (Fuzzy)	410.6373	蓄电池充电
4.4	60km 工作日行驶	NN(60)	16.39083L 381.3301g	0.4068～0.4132 (NN)	375.8828	蓄电池充电
4.5	60km 工作日行驶	MM(60)	17.86563L 415.6367g	0.4068～0.4720 (MM)	375.7220	蓄电池充电
5.1	160km 周末行驶工况	TH(160)	41.93820L 975.6856g	0.95～0.7835 (TH)	1068.4463	消耗氢气为主
5.2	160km 周末行驶工况	Follow(160)	39.44664L 917.7177g	0.95～0.7989 (Follow)	1006.3404	消耗氢气为主
5.3	160km 周末行驶工况	Fuzzy(160)	35.83195L 833.6241g	0.95～0.6923 (Fuzzy)	982.0958	消耗氢气为主
5.4	160km 周末行驶工况	NN(160)	37.27798L 867.2627g	0.95～0.7474 (NN)	981.9438	消耗氢气为主
5.5	160km 周末行驶工况	MM(160)	28.07905L 653.2527g	0.95～0.4693 (MM)	924.8672	消耗电池电能为主

表 4-21　增程式电动汽车一周典型行驶工况仿真参数

蓄电池容量	蓄电池电压	储氢瓶	增程器峰值功率	整车质量	风阻系数	迎风面积	滚阻系数	NN 策略系数调节功率
80Ah	270V	26×2L,35MPa	6.5kW	1100kg	0.35	$2.8m^2$	0.01	$P_{adj}=3.7kW$

表 4-22　一周典型行驶工况等效氢耗量排序

驾驶方案＼排序	1	2	3	4	5
系列 2	MM	NN	Follow	Fuzzy	TH
	−6.89%	−6.27%	−6.24%	−0.35%	0.00%
系列 3	MM	TH	NN	Fuzzy	Follow
	−12.27%	−3.80%	−3.64%	−3.03%	0.00%
系列 4	MM	NN	Follow	Fuzzy	TH
	−18.67%	−18.64%	−17.22%	−11.11%	0.00%
系列 5	MM	NN	Fuzzy	Follow	TH
	−13.44%	−8.10%	−8.08%	−5.81%	0.00%

注：在表 4-20～表 4-22 中，EV 指纯电动行驶模式；MM 为基于工况识别的多模式切换能量管理策略；NN 为基于损失功率最小的瞬时优化能量管理策略；Follow 为功率跟随能量管理策略；Fuzzy 为模糊逻辑能量管理策略；TH 为经验值恒温器能量管理策略。

4.4 本章小结

能量管理策略是增程式电动汽车动力系统开发过程中的核心技术环节，合理设计的能量管理策略能使动力系统各关键部件协调工作，获得更好的整车动力性和燃料经济性。基于前述章节建立的动力系统仿真模型，本章首先深入研究了几种常见燃料电池增程式能量管理策略的控制特点(恒温器能量管理策略、功率跟随能量管理策略、模糊逻辑能量策略)，并进行了控制参数灵敏度分析和优化设计方面的探索，以此为基础创新性地提出了两种新的能量管理策略：基于损失功率最小的瞬时优化能量管理策略、基于工况识别的多模式切换能量管理策略。从动力性、经济性、对燃料电池增程器功率输出离散程度的影响、燃料电池增程器功率输出性能衰减情况下策略适应度以及一周典型行驶工况下策略经济性等五方面对所制定的能量管理策略进行了深入研究。主要研究结论如下。

(1) 本书提出的损失功率最小瞬时优化能量管理策略，通过查找 4 层 BP 神经网络构建控制策略，来使燃料电池增程器输出功率工作在使能量源系统效率最高的点(损失功率最小)。为避免出现局部最优，引入燃料电池输出功率增益因子，根据车载燃料剩余量对燃料电池输出功率进行动态调整，尽量使车载燃料与电能同时用完，从而获得逼近全局最优解的燃料经济性。基于本书所采用的研究对象和测试工况，仿真及实车试验结果显示该能量管理策略的燃料经济性相较常规能量管理策略有大幅度提高。同时该策略具有以下突出优点：①控制规则的制定不依赖特定行驶工况，因而对实际行驶工况的适应性很高；②燃料电池输出功率波动幅度较小，有利于保护燃料电池使用寿命；③燃料电池不工作在功率高负荷状态，燃料电池一定程度内的性能衰减对蓄电池和燃料电池实际功率分配影响不大，有利于保证燃料的有效利用，延缓燃料电池和蓄电池性能进一步衰减。

(2) 实际行驶工况千变万化，不存在一种能量管理策略保证在所有行驶工况下均能获得最好的燃料经济性，而往往通过优化算法得到的策略针对对应行驶工况能够获得优于其他能量管理策略的燃料经济性。因此，基于工况识别的多模式切换能量管理策略，即是通过获取行驶工况信息对实际行驶工况进行辨识，针对不同的行驶工况给出相应的最优能量管理策略。本书选取 3 种典型工况下优化得到的恒温器能量管理策略作为基本策略，瞬时优化能量管理策略作为补充策略，辨识成功的行驶工况自动切换到对应的优化恒温器能量管理策略下运行，无法辨识的行驶工况切换到瞬时优化能量管理策略下运行。仿真结果显示，本书设计的工况识别器能够较准确地对行驶工况进行识别，这种能量切换策略大大提高了单一能量管理策略下的燃料经济性，并有效克服了单一优化恒温器能量管理策略无法适用不同行驶工况的难题。

(3) 为了提高燃料电池增程式电动汽车的燃料经济性，所制定的能量管理策略应该尽量包含不给动力蓄电池充电的设计思想。同时综合考虑燃料电池增程器不同功率区段的工作效率和蓄电池充放电效率，使两种车载能量源协调工作，将有效提高系统总的工作效率，改善燃料经济性。

第 5 章　基于键合图模型的增程式电动汽车能量管理策略硬件在环研究

前述章节建立了增程式电动汽车的动力系统键合图仿真模型,并基于模型开发了多种面向应用的能量管理策略。本章将构建基于键合图模型的能量管理策略硬件在环(Hardware-in-the-Loop,HiL)仿真平台,一方面对所设计的增程式电动汽车能量管理策略在半实物环境中的控制可靠性及效果进行实时验证,另一方面充分利用键合图理论在建立动力系统仿真模型方面的优势,完善利用键合图理论进行能量管理策略设计与试验验证的开发方法工具链。

5.1　键合图理论运用于硬件在环技术的优势

在硬件在环仿真试验过程中,仿真模型部分占据非常重要的地位。最终试验的精度和可靠性往往取决于模型的准确有效,并且实际试验台架搭建过程中会根据需要不断对仿真模型进行修改,直至最终台架调试成功,并获得可靠的实时仿真结果。因而,一种能够便于修改、建模精度灵活的建模仿真方法将非常适合用于硬件在环测试平台的模型搭建。键合图理论的优点表现在以下几个方面。

5.1.1　多物理域图形化建模方法

现代的机电液等复杂系统都是多物理域相互耦合的系统,涵括了机械、电力电子、液压、控制等多能域。系统本身的复杂性导致了设计者对系统认知和研究的难度。现在流行的 Matlab 等建模仿真软件基于物理系统变量的数学表达式来建立模型,前提条件是知道系统变量之间的数学关系,一旦不预先知道系统内部的数学关系,建模工作将无法进行。事实上,复杂系统变量间的数学本构关系往往难以获取,这样就增加了建模工作的难度。键合图理论是一套基于功率流图形化表述的系统动力学建模与仿真方法,借助能量守恒原理统一描述多物理域中的能量转换关系。通过图形化的手段,表述多物理域耦合系统中功率的转化、传输、贮存以及耗散。有效地利用势、流、位移和动量四个广义状态变量,按各能量单元实际物理连接方式以及能量守恒关系,以一组相当少的理想元件构成复杂系统的动态响应模型。

5.1.2　模型修改方便

为了能够真实反映系统特性,建立的系统模型常常需要进行修改。键合图模型的修改,可以通过直接在原有模型基础上增减基本键合图元件来完成,而不像其他建模方法那样,变量间相互耦合,计算结构关系错综复杂。

图 5-1、图 5-2 分别是永磁同步电机的键合图模型与 Simulink 模型,可以对比看出键合图模型比 Simulink 模型更加简洁明了,功率关系更加明确直观。同时键合图模型基于功率流的特点决定了电机键合图模型的输入输出量为各相相电压和相电流,输出量即为电机转矩和转速。而如果要在 Simulink 模型中获得电机转矩转速,则需要增加额外的计算模块,如图 5-3 所示。

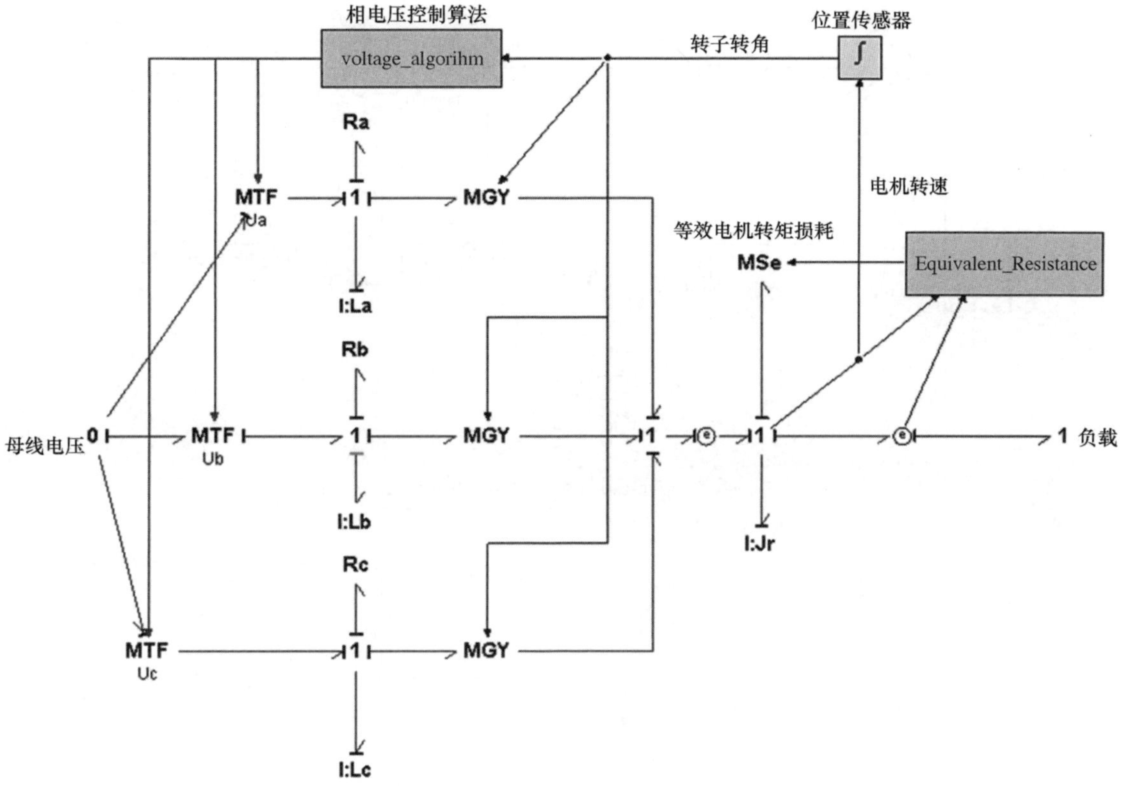

图 5-1 永磁同步电机键合图模型

5.1.3 由键合图模型推导系统状态方程

键合图的每一个基本建模元件均被赋予了固定的数学本构关系。这样,当键合图模型建立之后,系统本身的动态数学模型即状态方程也就自动包含在其中。这是其他绝大多数建模方法所不具备的特点,由此可以非常方便地根据系统键合图模型推导出相应的数学模型。而在相应的仿真软件环境下(如 20-sim),通过输入各参数初始值便可直接进行模型运算。

目前国外键合图理论发展的新动向,是借助该理论强有力的建模及系统动力学分析

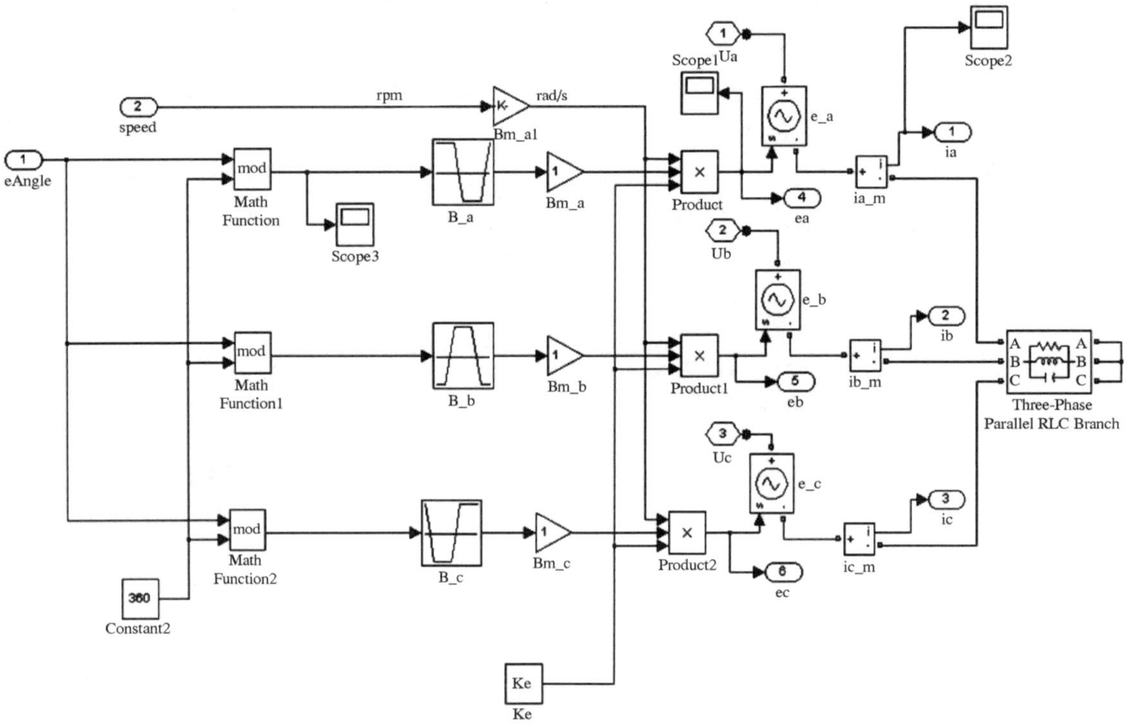

图 5-2　永磁同步电机 Simulink 模型

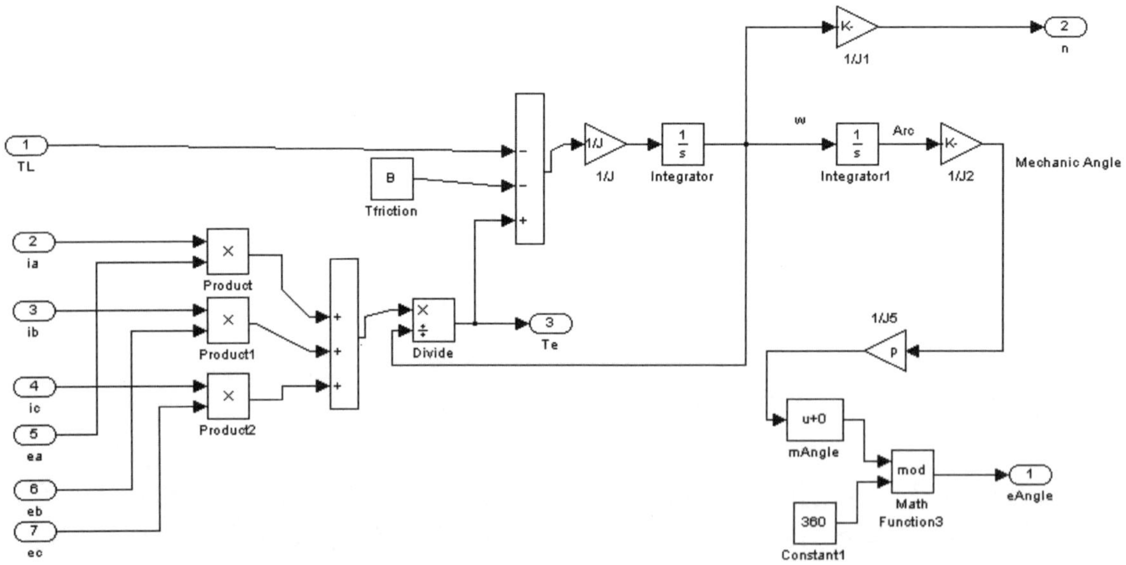

图 5-3　Simulink 电机转矩转速计算模块

能力，建立系统的键合图模型，然后根据仿真试验结果对键合图模型及控制策略进行修正，而后借助于快速原型技术和硬件在环仿真平台，完成控制器及控制策略的调试验证。国内目前只是将键合图理论用于系统建模，未曾应用于控制器快速原型开发及硬件在环仿真测试。

国内硬件在环仿真平台目前大多基于 Matlab/Simulink 软件以及 dSPACE、ETAS 公司系列软硬件产品。Matlab/Simulink 是目前比较通用的一套建模仿真软件，多数控制工程师对其比较熟悉。而 dSPACE、ETAS 工作平台实现了与 Matlab/Simulink 的无缝连接，硬件在环设备功能端口齐全，性能稳定，是比较成熟的一款设备。

搭建的基于 20-sim/20-sim 4C 的键合图硬件在环仿真平台与传统的 Matlab/Simulink-dSPACE 方案相比具有如下优点。

(1) 成本低。本书选用的建模软件为荷兰 ControlLab 公司的 20-sim，价格远低于 Matlab/Simulink；硬件在环仿真平台所需上位机试验软件为 20-sim 4C，价格同样远低于 dSPACE 公司的 ControlDesk；实现键合图硬件在环试验的目标硬件可以自己开发或者选购，价格也仅需数百欧元，而 dSPACE 的产品需要数十万元，甚至上百万元。

(2) 减少生成代码与硬件的关联。20-sim 4C 可以将生成的控制代码与硬件信息相分离，即可以应用于许多不同的嵌入式硬件系统。ControlDesk 将控制代码与 dSPACE 系列硬件平台相关联，用户扩展性不强。

(3) 仿真模型易于建立与修改。20-sim 软件适用于键合图建模方法，可以采用图形化建模方法建立复杂的多物理域系统模型，模型可读性强。Matlab/Simulink 建模的前提是需要知道系统的数学方程，而复杂系统的数学方程往往难以获取，复杂模型可读性差。同时，20-sim 中修改键合图模型非常方便，可以直观地通过增减建模元件来完成。而 Simulink 中模型变量相互耦合，更改其中一个变量往往牵扯多个模块和层级，甚至破坏模型的运算结构，造成模型无法运行。

基于以上几点，本章将键合图这一先进的建模方法运用到增程式电动汽车能量管理策略硬件在环仿真试验中，验证各能量管理策略的有效性，同时也丰富完善了基于键合图理论的能量管理策略及试验验证方法。

5.2 基于 20-sim 4C 的硬件在环仿真平台搭建

5.2.1 基于 20-sim 4C 的硬件在环仿真平台构成

硬件在环仿真平台是将真实的系统部件与具有实时仿真能力的模型相连而完成的试验测试环境。硬件在环仿真的核心内容在于整个仿真过程中，仿真模型的输入输出量与真实部件具有相同的时间依赖度。硬件在环仿真是一种实时仿真，图 5-4 给出了几种不同实时仿真的分类。从图中看出，硬件在环仿真平台中被控对象或被控过程以模型的形式存在(全部或部分)，控制器硬件以实物形式存在。其中，ECS(Embedded Control System)

为嵌入式控制系统，I/O 为输入输出设备，Plant 为被控对象或被控过程。

本章内容旨在对增程式电动汽车能量管理策略在控制器中的实际控制效果进行研究，因此将下载有能量管理策略的整车控制器作为实物形式的嵌入式控制系统，而其他动力系统关键部件以键合图模型的形式存在，通过 I/O 信号传输设备与控制器相连。本书所搭建的基于 20-sim 4C 的硬件在环仿真平台构成如图 5-5 所示。

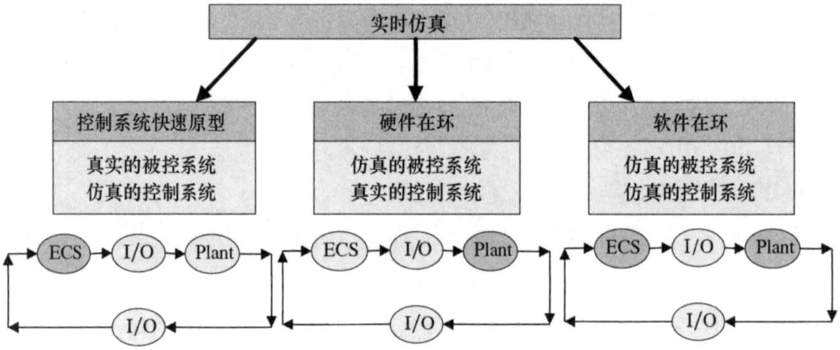

图 5-4　实时仿真分类

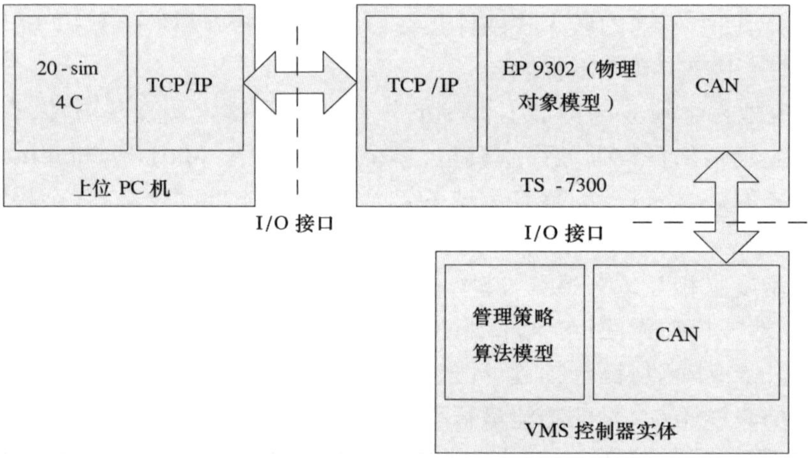

图 5-5　基于键合图的硬件在环仿真平台构成图

其中，组成系统的三大部分分别为：①上位 PC 机，在其中运行 20-sim 4C 软件环境，主要功能是仿真模型快速原型及仿真运行数据监测；②仿真模拟器，由 TS-7300 嵌入式硬件目标板和 TS-CAN1 CAN 通信扩展板组成，主要功能是运行增程式电动汽车动力系统仿真模型，进行仿真器与目标控制器以及上位 PC 机之间的数据交互；③控制器实体，即嵌入了能量管理策略的整车控制器 VMS(Vehicle Management System)。其中上位机与仿真模拟器通过 TCP/IP 以太网完成通信和数据交互，仿真模拟器与 VMS 控制器通过 CAN 通信实现实时数据交互。

20-sim 4C 是荷兰 ControlLab 公司开发的快速原型(Rapid Prototyping)软件环境，如

图 5-6 所示。基于该软件环境可以在 ARM-9 芯片以及 PC 机处理器等硬件平台上运行手动形式编写的或自动编译生成的 C 代码。可以完成以下软硬件开发工作。

(1) 控制目标硬件。通过 20-sim 4C 可以完成代码向外部目标控制器的下载,进而用目标控制器对被控对象进行控制。在 20-sim 4C 的 GUI 用户界面下可以进行控制器运行或停止操作,并根据需要更改仿真参数的设置。

(2) 快速原型。可以通过 20-sim 4C 将外部软件(例如 20-sim)建立的模型自动编译生成 C 代码,由此形成一套完整的嵌入式系统开发流程:设计(20-sim)、代码生成(20-sim)、测试(20-sim 4C)。

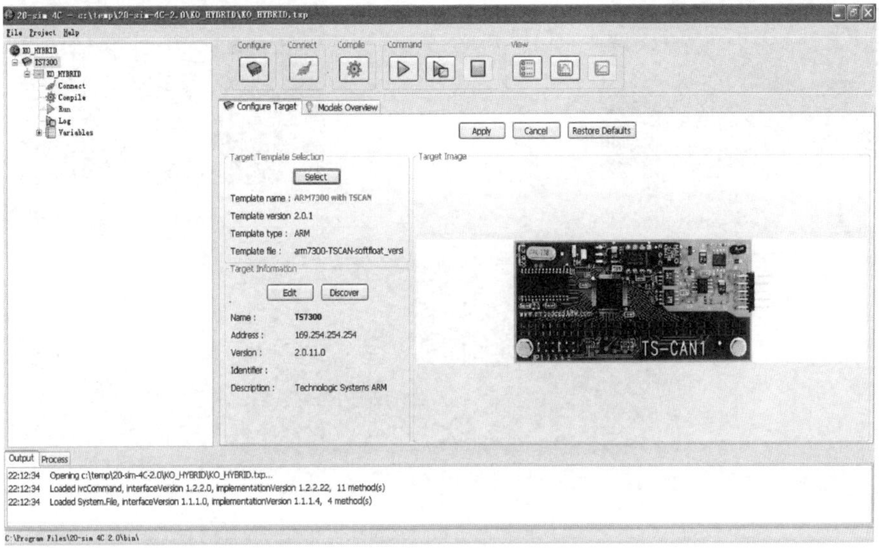

图 5-6　20-sim 4C 快速原型软件环境

首先在上位 PC 机中建立基于 20-sim 软件的增程式电动汽车动力系统键合图模型,该模型需要编译并加载到仿真模拟器中。20-sim 4C 为模型提供快速原型的环境,在 Windows 环境下为模型提供交叉编译器,模型由该编译器生成 C 代码,然后通过网线自动完成向目标硬件的加载。同时在硬件在环仿真过程中,上位机提供用户观测界面,可以通过操作界面设置硬件在环的仿真参数,选择和记录观测变量,同时还能够在界面中完成仿真的开始、暂停和停止操作。

仿真模拟器是整个硬件在环系统的核心部件,当上位机模型生成 C 代码之后,便可下载至 TS-7300 内。TS-7300 是美国 Technological Systems 公司基于 Cirrus EP9302 ARM9 处理器开发的单板机系统。该款模拟器具有很强的单/双精度浮点运算能力,同时提供了丰富的外部接口功能端口及模块,如高速 I/O 口、A/D 转换端口、RS-232、USB 等常见端口,并且支持多种嵌入式操作系统,如 Linux、Windows CE 等,如图 5-7 所示。本书所用 TS-7300 单板机已经预先架构了 RTAI-Linux 嵌入式操作系统。由于本书所用 VMS

采用 CAN(Controller Area Network)通信方式,并且这种通信方式在现代汽车中运用广泛,功能稳定,所以本书在 TS-7300 上新增了 TS-CAN1 通信模块,重新加载了相关模块的驱动,后面章节将对其进行具体的论述。VMS 通过 CAN 发送必要的数据及指令至 TS-7300,TS-7300 通过相应程序对输入数据指令进行解析,并且与其上运行的模型进行交互,同时将数据量传递至模型中的各个变量中,模型根据实时变量值进行仿真,随后将反馈量通过 CAN 网络发送至 VMS,VMS 再对获得的数据进行相应的判断及动作。

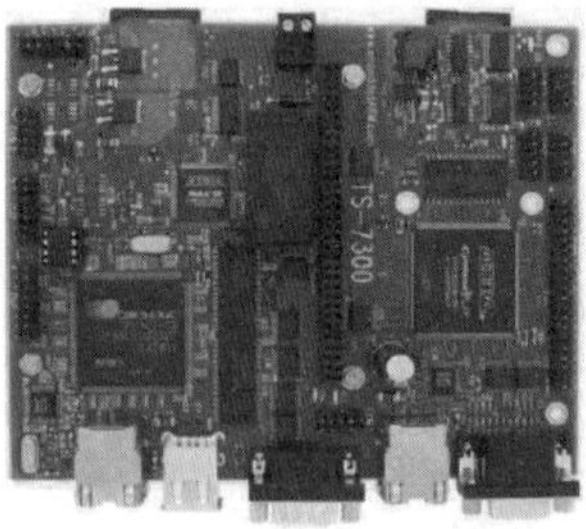

图 5-7　TS-7300 模拟器

图 5-8　整车控制器 VMS

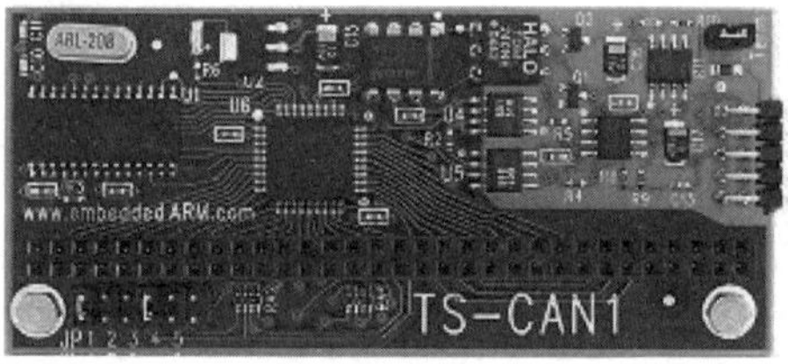

图 5-9　TS-CAN1

目标控制器实体就是 VMS,即整车控制器,也就是需要验证的目标对象。本书选用的 VMS 是基于 Motorola MPC555 微控制器开发的,其上运行增程式电动汽车能量管理策略,可以完成对所设计能量管理策略的硬件在环仿真验证,如图 5-8 所示。

5.2.2　CAN 通信系统在 TS-7300 上的架构

本书所采用的 TS-7300 开发板本身不支持 CAN 通信,但支持基于 PC/104 标准的外围功能扩展。PC/104 是 ISA(Industrial Standard Architecutre)总线标准的延伸,是一种专门为嵌入式控制系统定义的工业控制总线。为了使 TS-7300 能够与 VMS 直接通过 CAN 通信交互数据,本书在 TS-7300 上基于 PC/104 标准扩展 CAN 通信功能,所选用的 CAN 通信硬件为 TS-CAN1 扩展板。TS-CAN1 基于 PHILIPS 公司的 SJA1000 芯片,通过 PC/104 与 TS-7300 进行数据连接,并提供一路 CAN 便于用户自定义配置,如图 5-9 所示。TS-CAN1 的 CAN 结构基于 OCERA(Open Components for Embedded Real-time Applications)框架,其中包括 LinCAN 通信系统。LinCAN 是 CAN 在 Linux 系统上的实现,支持多种硬件设备。

目前,Linux 系统中使用较多的两类串口工具分别是 Kermit 和 Minicom。本书选择 Kermit 完成 LinCAN 驱动的加载安装。首先通过串口进入 TS-7300 系统根目录,在 Linux 系统终端输入:

root@username-desktop:~# kermit

(/root/)C-Kermit>C

随后宿主上位机将自动与 TS-7300 根目录相连。将 LinCAN 驱动文件进行解压:

root@OpenWrt:/# cd /usr

root@OpenWrt:/usr# tar zxvf oceralincan_arm. tar. gz-c

root@OpenWrt:/usr# tar zxvf lincan_arm. tar. gz-c

完成解压之后便会在/usr 文件下出现 LinCAN 目录,随后进入/usr/lincan/modules 目录完成相关参数设置:

root@OpenWrt:/usr/lincan/modules# insmod - f lincan. o hw=tscan1

io=0x150 baudrate=500

此处所设置的硬件名称为 tscan1,I/O 偏移地址为 0x150。因为 VMSCAN 通信设定的波特率为 500bps,所以设定 TS-CAN1 通信波特率也为 500bps,以便统一整个嵌入式系统网络设置。至此,本节已经完成了 TS-CAN1 在 TS-7300 上的架构。下一步将利用该平台完成对所开发增程式能量管理策略进行硬件在环仿真验证。

5.3 基于键合图模型的硬件在环仿真试验及结果分析

5.3.1 基于 20-sim 4C 的硬件在环仿真试验

整个硬件在环设备组成如图 5-10 所示,包括 2 台 PC 电脑、仿真模拟器 TS-7300、整车控制器 VMS 以及各部件之间的数据连接线。其中装载有 Linux 系统的 PC1 通过串口与仿真模拟器 TS-7300 连接,每次试验前需进入 TS-7300 的 RTAI-Linux 系统根目录下完成对 LinCAN 驱动的加载。PC2 作为上位机使用,在其上安装 20-sim 软件和 20-sim 4C 软件。20-sim 用于建立增程式电动汽车动力系统键合图模型,由 20-sim 4C 为 20-sim 中的键合图模型提供快速原型的运行环境。一方面使得键合图模型能够被编译成硬件可执行 C 代码,将生成的执行代码通过 TCP/IP 端口下载到仿真模拟器中;另一方面可以将输入输出端口的变量同硬件上的端口进行对应,完成数据的读取与发送,通过图形化人机交互界面实现硬件在环仿真的开始与停止。仿真模拟器 TS-7300 与整车控制器 VMS 之间通过 CAN 线连接,实现仿真信号数据的实时交互。

在将硬件在环仿真平台各部件进行正确连接之后,便可进行基于键合图模型的硬件在环仿真试验,整个试验步骤如图 5-11 所示。

步骤一:离线仿真键合图模型的建立与离线仿真

这一步的主要工作是在 20-sim 中建立增程式电动汽车动力系统的键合图模型,该模

图 5-10　基于键合图模型的硬件在环仿真试验平台

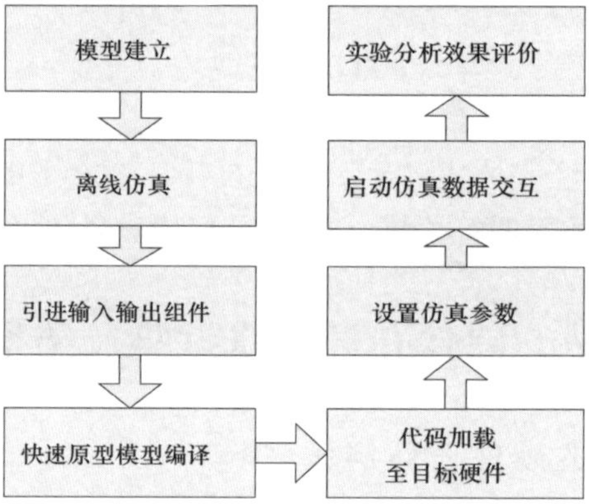

图 5-11　硬件在环一般试验步骤

型是不包括能量管理策略的动力系统模型。同时充分利用键合图修改模型方便的特点，根据建模目的来修改完善仿真模型。为了能够进行硬件在环实时仿真，须确定模型中没有错误和代数环。同时实时仿真试验对模型中运算求解器的积分算法有严格的要求，通常应具有以下特点。

(1) 算法的快速性。实时仿真过程中要求设备或模型能够在一个固定的时间间隔内对输入作出响应，给出下一个采样时刻的实时输出。因而，快速性是实时仿真算法最基本的需求。

(2) 算法的鲁棒性。即指在不同的复杂计算环境下，都应该能给出合理的计算结果，算法及程序有良好的运算能力。

常用的实时仿真算法有：低阶多步 Adams-Bashforth(AB)型算法，即 Euler 算法；低阶多步 Adams-Moulton(AM)型算法，即后向 Euler 算法；1—3 阶 Runge-Kutta 算法。此外，离线仿真情况下的循环工况是通过调用文本文档来输入目标车速，但是在硬件在环仿真试验中无法实时调用文本文档。因此，将行驶工况通过数组调用的方式来实现。

步骤二：引进输入输出组件

完成系统键合图模型的建立和离线仿真调试之后，需要为在仿真模型与真实硬件之间传输的变量建立数据端口。如前面章节所述，本硬件在环试验中仿真模拟器 TS-7300 发往 VMS 的数据量包括蓄电池 SOC、氢气剩余量、整车负载需求功率、电机转矩、电机转速以及实际车速；从真实 VMS 控制器发往仿真模拟器 TS-7300 的数据量为增程器设定功率、工况识别编号、等效消耗转矩。数据交互变量定义见表 5-1。添加数据量输入输出端口后的仿真模型如图 5-12 所示，其中 HiL_models 模块中是整车动力系统键合图模型。用于硬件在环仿真的整车动力系统键合图模型，是在离线仿真模型的基础上将能量管理策略模块的内容放置到真实 VMS 控制器中，同时定义相应的输入输出数据端口，如图 5-13 所示。

表 5-1　数据交互变量定义

ID=0x308	TS-7300→VMS			
字节位数	变量名称	实际范围	比例系数	偏移量
Byte 0	电池 SOC	0～1	0.01	0
Byte 1	氢气剩余量	0～180g	0.01	0
Byte2,3	整车负载需求功率	0～30000W	1	0
byte4,5	电机转矩	−200～200N·m	1	−200
byte6,7	电机转速	−100～100rad/s	1	−100
ID=0x309	TS-7300→VMS			
Byte 0,1	车辆模型实际车速	0～50km/h	0.01	0
ID=0x302	VMS→TS7300			
Byte 0,1	增程器设定功率	0～5000W	1	0
Byte 2,3	等效转矩消耗	0～150	1	0
Byte 4	工况辨识结果编号	0～5	1	0

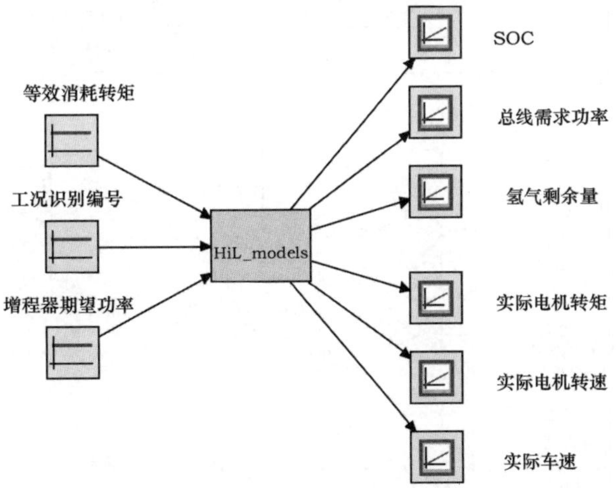

图 5-12　添加数据端口后的键合图模型

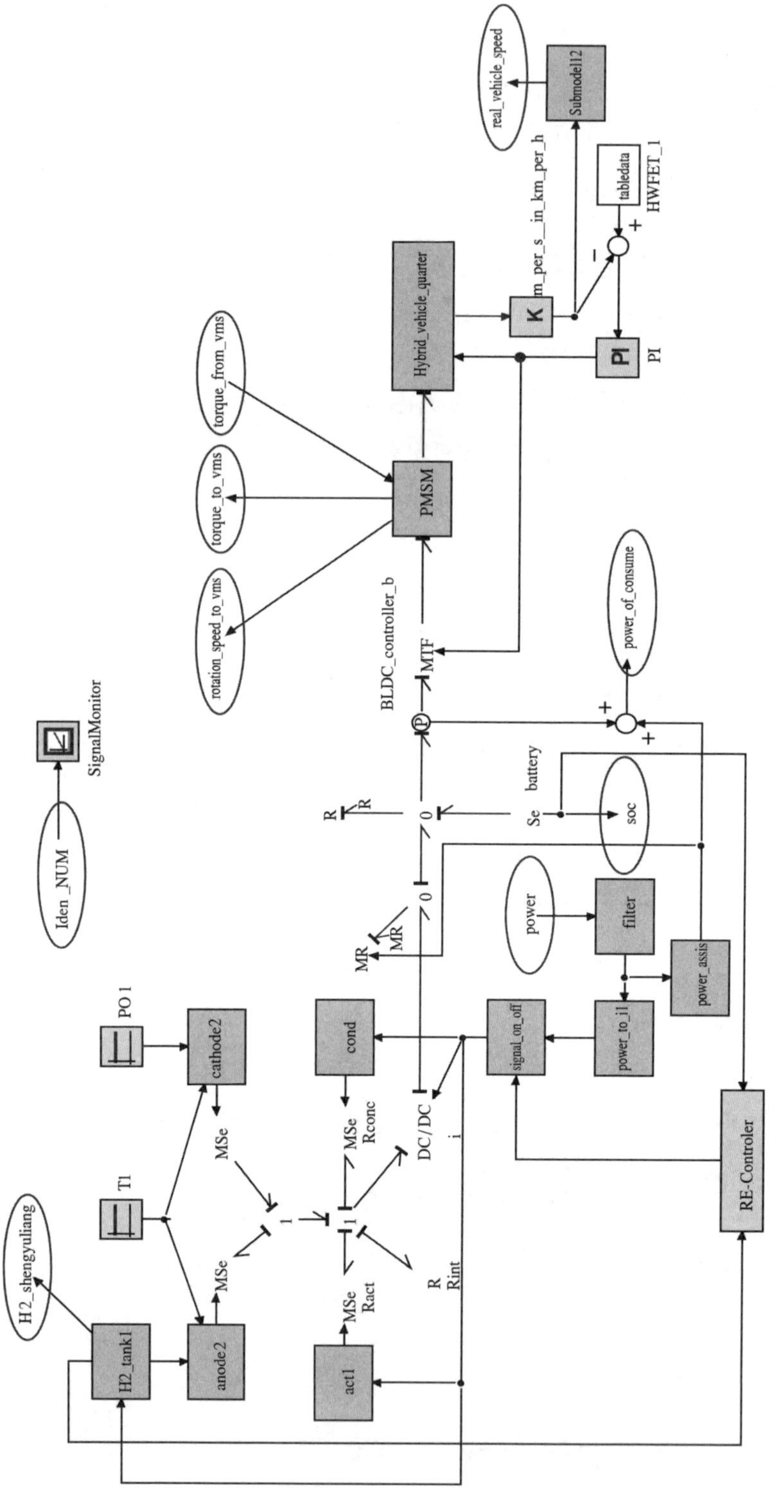

图 5-13　用于硬件在环仿真的燃料电池增程式电动汽车动力系统键合图模型

步骤三:快速原型模型编译

完成以上步骤之后即是将键合图模型自动转换为 C 代码,导入 20-sim 4C 软件环境下。在 20-sim 软件环境中选择 Tools->Real Time Toolbox->C code generation,在弹出的对话框中选择 20-sim 4C,并且选中需要编译导入的键合图模型(如本试验中的 HiL 动力系统模型模块),随后键合图模型就会自动完成 C 代码生成,并将其导入 20-sim 4C 软件环境内。

步骤四:目标硬件加载及仿真参数设置

在 20-sim 4C 界面下选择目标仿真模拟器(本书为 TS-7300)。在 configure 中选择正确的目标配置文件,在 connect 中将模型变量同 CAN 报文的变量对应连接。当连接成功之后,通过编译按钮实现可执行代码从 20-sim 4C 至目标仿真模拟器的编译和导入。

编译完成之后,点击 Command 按钮配置硬件在环的仿真参数,包括起止时间、采样频率、观测变量以及记录变量等。采样频率应根据模型的复杂程度来设定,如果频率过高,也即采样步长过短,会造成仿真失败,长时间内没有反应。通常,采样频率采取和离线模型同样的设置即可。

5.3.2 多种能量管理策略硬件在环仿真测试结果分析

硬件在环仿真测试所用的动力系统模型参数与第 4 章离线仿真模型参数相同。为了反映能量管理策略使用的随机性,选取蓄电池初始 SOC 为 0.6,仿真测试停止条件为当氢气压强降至 2MPa 时增程器停止工作,当 SOC 降至 0.3 时仿真结束。以下选取 HWFET_40 工况仿真测试结果为例进行分析,其他工况测试结果详见本书附录 D。

1. 各能量管理策略有效性分析

图 5-14～图 5-18 为各能量管理策略的硬件在环仿真测试结果。从图中可以看出,各种策略均能严格按照预先设定的控制思想进行工作。

其中,恒温器能量管理策略下的车辆首先以纯蓄电池模式工作,当 SOC 降至 0.4 时,增程器启动,按照预先设定的恒定功率工作。当氢气压强降至 2MPa 后,增程器关闭,车辆再次进入纯蓄电池供能模式工作,直至 SOC 降至 0.3 时仿真停止。

功率跟随能量管理策略优先使用增程器提供负载所需功率,不足功率由动力蓄电池补充。当氢气压强降至 2MPa 时增程器停止工作,车辆进入纯蓄电池供能模式运行。

本书所设计的模糊逻辑能量管理策略和瞬时优化能量管理策略,根据 SOC 状态、总线需求功率大小以及氢气剩余量等情况,按照设定的算法求出增程器期望工作功率。硬件在环仿真结果显示,其动态变化幅度明显低于功率跟随能量管理策略,从而有利于保护燃料电池增程器寿命。

图 5-18 的结果验证了本书所设计的工况识别算法能够有效识别车辆行驶工况,从而实现增程器输出功率设定量的有效切换。其中,辨识结果编号中 1 表示匀速 20km/h 工况,2 表示 30km/h 工况,3 表示 HWFET_40 工况,4 表示 UDDS_40 工况,5 表示其他工况(对应采用瞬时优化能量管理策略)。

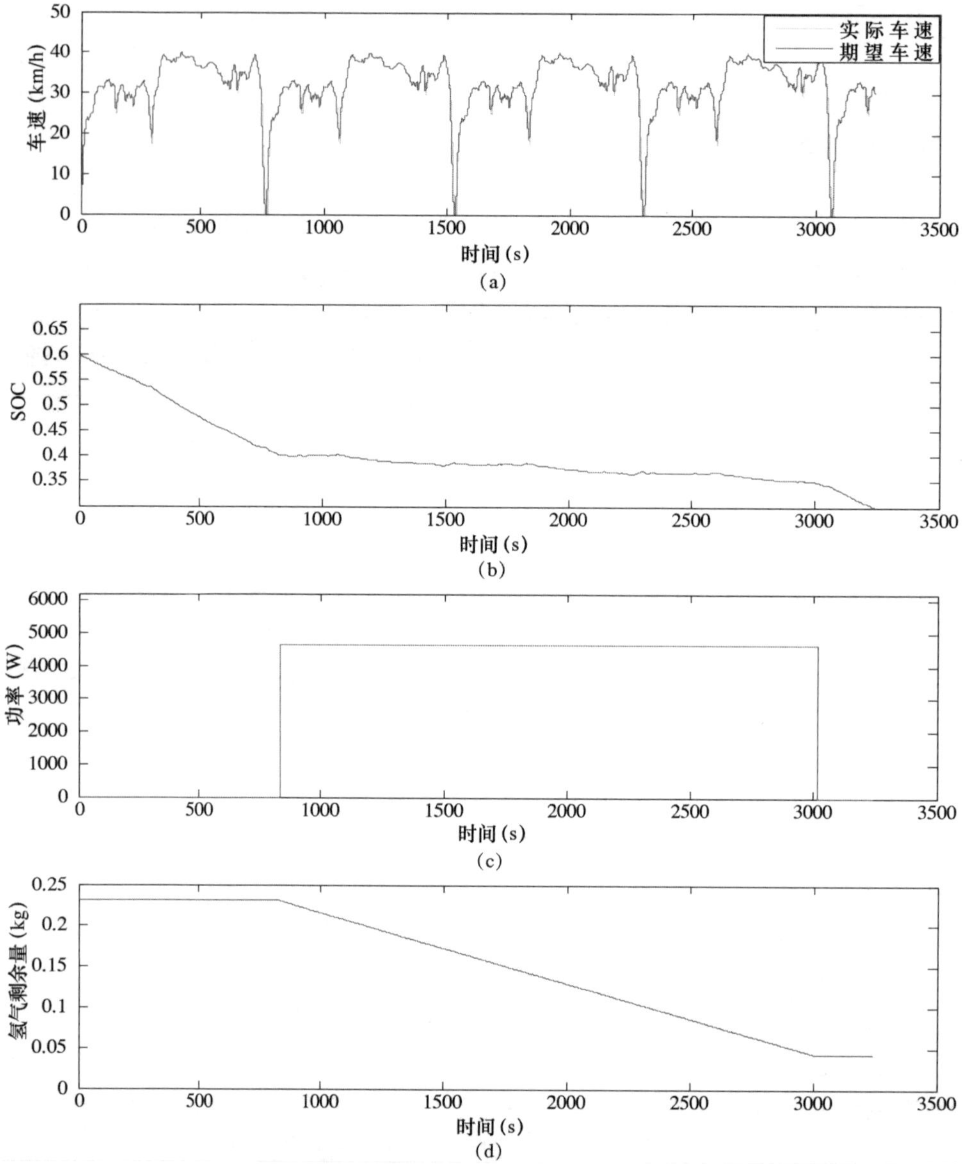

图 5-14　恒温器能量管理策略 HWFET_40 工况 HiL 仿真结果

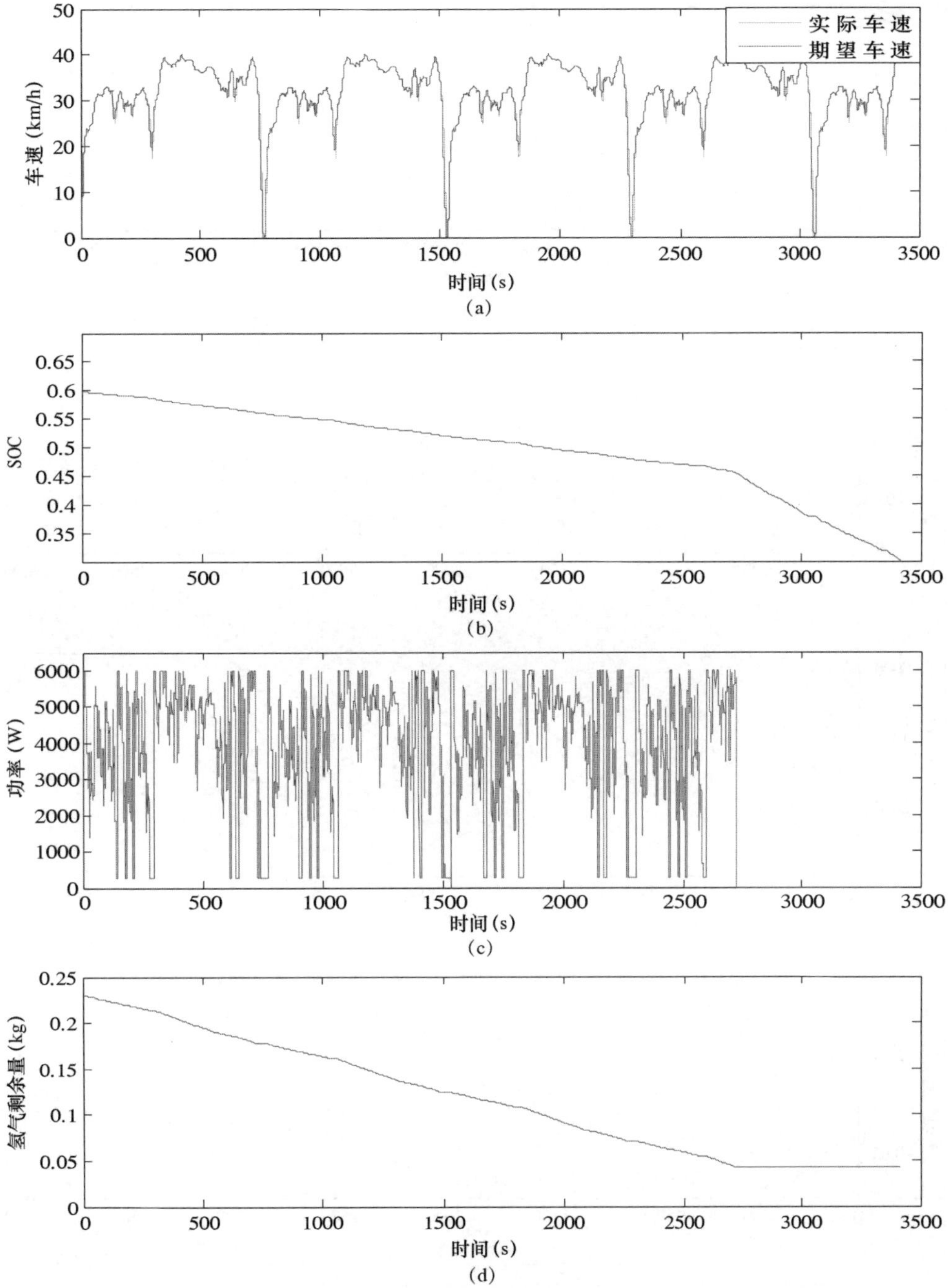

图 5-15　功率跟随能量管理策略 HWFET_40 工况 HiL 仿真结果

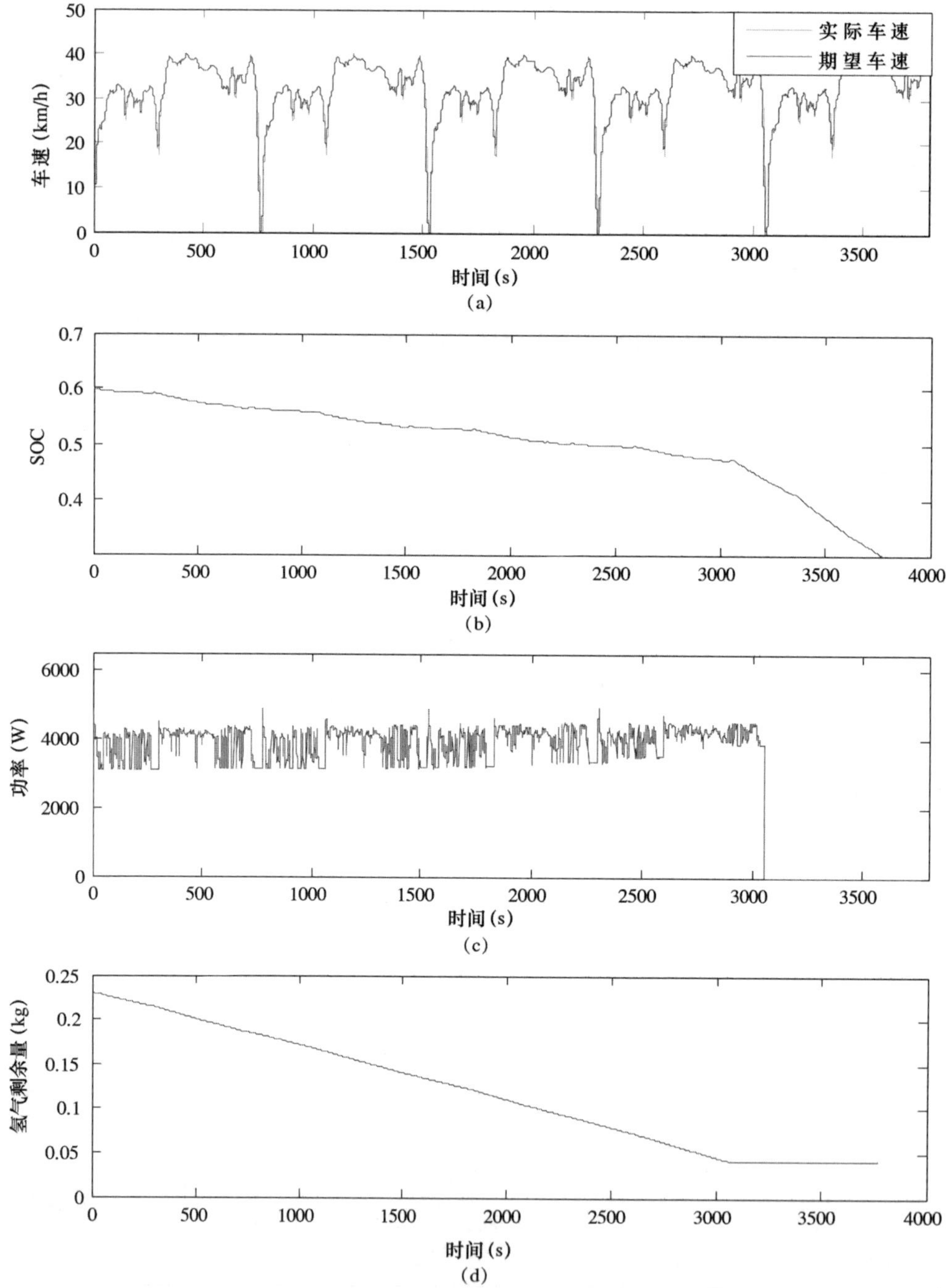

图 5-16　模糊逻辑能量管理策略 HWFET_40 工况 HiL 仿真结果

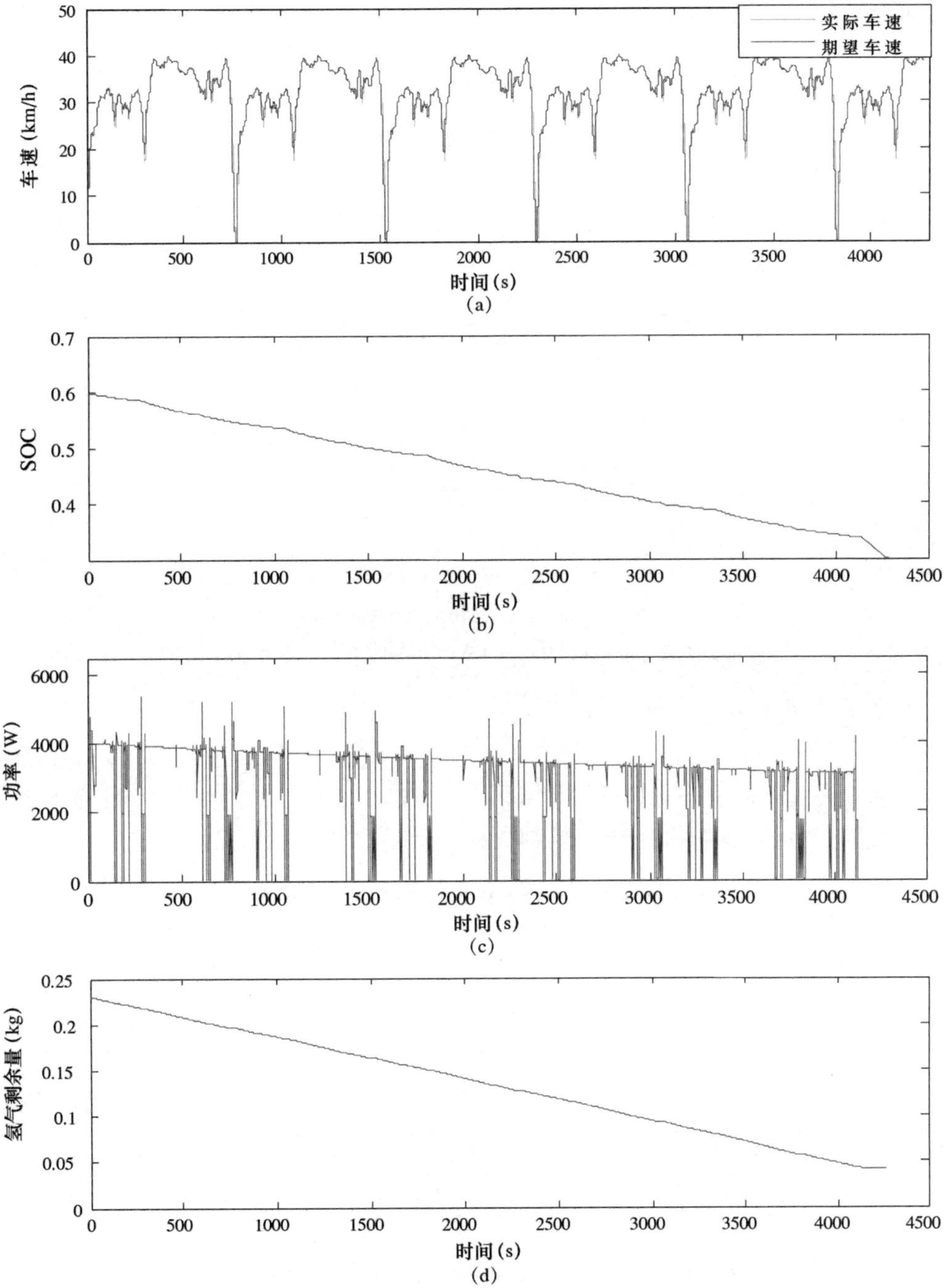

图 5-17　瞬时优化能量管理策略 HWFET_40 工况 HiL 仿真结果

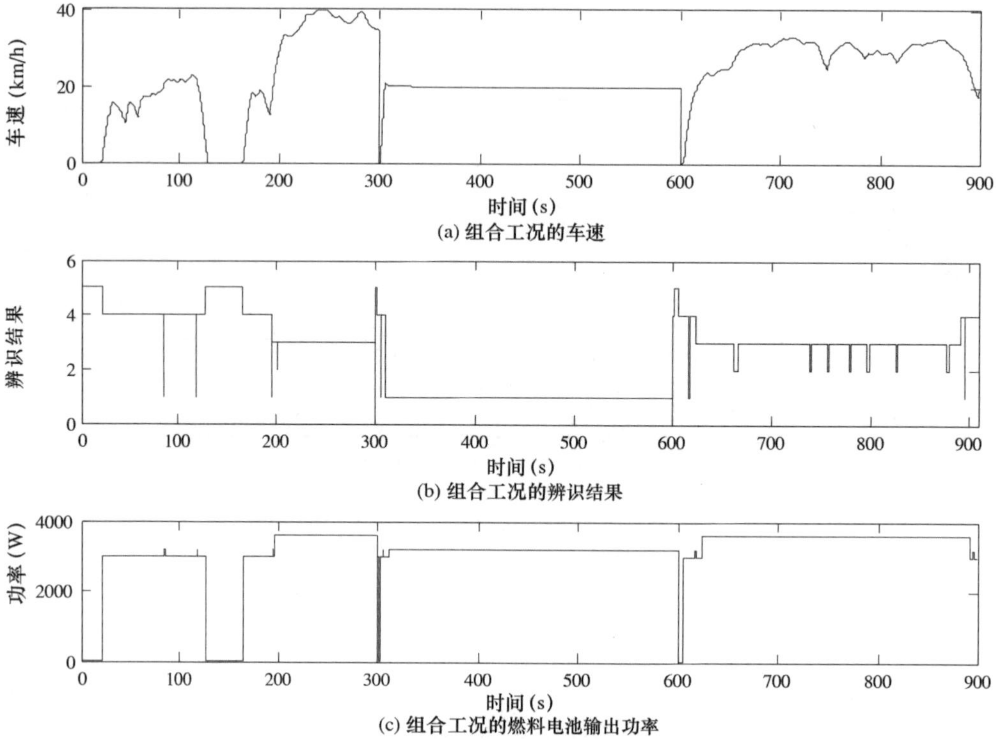

图 5-18　多工况识别 HiL 测试结果(UDDS_40\CONSTANT_20km/h\HWFET_40,各 300s)

2. 各能量管理策略经济性分析

硬件在环仿真过程中记录行驶里程、蓄电池电压电流变化、燃料电池增程器功率输出、氢气剩余量等值,利用公式(4-21)计算不同行驶工况下各能量管理策略的等效氢消耗量,通过该值来评价各策略的经济性控制效果。计算结果如表 5-2 所示。

表 5-2　　各能量管理策略硬件在环仿真测试结果经济性评价

行驶工况	能量管理策略	SOC 初始	SOC 结束	耗氢量 (g)	等效耗氢量 (g)	行驶里程 (km)	等效百公里耗氢量 (g/100km)	排序
UDDS_40	TH	0.6	0.3	188.7	300.7	17.9	1679.0	4
	Power Follow	0.6	0.3	188.7	282.5	20.9	1354.6	3
	FUZZY	0.6	0.3	188.7	274.5	21.7	1263.2	2
	NN	0.6	0.3	161.4	244.9	22.3	1098.7	1
HWFET_40	TH	0.6	0.3	188.7	291.5	28.8	1014.4	4
	Power Follow	0.6	0.3	188.7	288.7	30.2	954.9	3
	FUZZY	0.6	0.3	188.7	259..7	33.8	767.9	2
	NN	0.6	0.3	188.7	272.7	38.1	716.3	1

续表

行驶工况	能量管理策略	SOC		耗氢量 (g)	等效耗氢量 (g)	行驶里程 (km)	等效百公里耗氢量 (g/100km)	排序
		初始	结束					
ECE_40	TH	0.6	0.3	188.7	289.5	15.2	1907.3	4
	Power Follow	0.6	0.3	132.0	228.1	13.6	1682.2	3
	FUZZY	0.6	0.3	188.7	277.0	18.4	1506.1	2
	NN	0.6	0.3	80.6	164.8	13.1	1262	1
CONSTANT_30	TH	0.6	0.3	188.7	289.6	28.9	1001.7	4
	Power Follow	0.6	0.3	188.7	271.8	39.5	688.7	1
	FUZZY	0.6	0.3	188.7	273.3	36.9	740.9	3
	NN	0.6	0.3	188.7	272.7	38	718.5	2

从表 5-2 中的结果可以看出：

(1) 功率跟随能量管理策略在匀速行驶工况下能获得很好的经济性，因为此时燃料电池增程器根据负载大小需求稳定工作在效率较高点，不存在多余电量给蓄电池充电的情况(避免电能多次充放的不必要损失)，氢气有效利用率高。

(2) 恒温器能量管理策略在 CONSTANT_30 工况下经济性最差，原因在于此工况下实际负载需求功率大约是 3.2kW，而燃料电池堆恒定工作点接近 5kW，系统效率较低。其余 3 种能量管理策略在匀速工况下的燃料电池增程器工作点会跟随 SOC 及负载大小而变化，工作效率高于恒温器能量管理策略，因而燃料经济性更优。

(3) 对于车速动态变化大的工况，功率跟随能量管理策略的燃料经济性最差，因为燃料电池堆的工作点会随车速(负载功率)变化而变化，而其中低功率区段的燃料电池堆工作效率很低，导致燃料经济性不佳。

(4) 本书所设计的瞬时优化能量管理策略(NN)以系统损失功率最小为目标，综合考虑氢气剩余量、蓄电池 SOC 状态、负载需求功率大小等因素，实时计算燃料电池增程器期望功率，在各工况下均能取得较好的燃料经济性，对实际车速变化频繁的工况适应能力很强。

(5) 模糊逻辑能量管理策略在所选行驶工况下的仿真测试结果位居中列，匀速工况下优于 4kW 恒温器能量管理策略，其他行驶工况下略差于恒温器能量管理策略。原因在于以上硬件在环仿真测试蓄电池初始 SOC 为 0.6，随着 SOC 的降低，燃料电池增程器工作点功率呈上升趋势，系统效率降低。因而，低 SOC 状态下启用模糊逻辑能量管理策略在燃料经济性方面不存在优势，主要优点在于燃料电池工作范围变动小，有利于燃料电池寿命，同时蓄电池 SOC 下降平缓，后备功率充足。

(6) 表 5-2 中的测试结果与表 4-15 和表 4-16 中的仿真及转鼓试验结果相吻合(经济性排序一致),验证了模型仿真结果的正确性及所制定能量管理策略的有效性。

5.4 本章小结

为验证所设计燃料电池增程式电动汽车能量管理策略实时状态下的控制效果,并将键合图理论在建立复杂系统模型方面的优势,延伸到控制器快速原型及硬件在环的开发中,丰富基于键合图模型的电动汽车能量管理策略开发方法的工具链,本章主要开展了以下工作。

(1) 基于 20-sim 和 20-sim 4C 软件平台,搭建了适用于键合图建模理论的增程式电动汽车动力系统能量管理策略硬件在环仿真平台。在现有软硬件设备基础上进行二次开发,实现了仿真模拟器与控制器硬件之间基于 RTAI-Linux 系统的 CAN 通信架构。目前国内研究者仅将键合图理论用于建模离线仿真,而国外研究者仅在小型控制器上实现了基于键合图模型的控制器硬件在环开发,鲜有直接基于键合图模型并采用 CAN 通信的新能源汽车能量管理策略硬件在环开发的报道。因而,本章内容丰富了直接基于键合图理论进行现代电动汽车控制系统软硬件开发的方法体系,在国内外相关领域具有一定的创新性。

(2) 基于所搭建的键合图硬件在环仿真平台,对第 4 章设计的多种面向应用的燃料电池增程式电动汽车能量管理策略进行验证评价。半实物实时仿真结果验证了:各能量管理策略在实时情况下均能按照设定的控制规则正常工作,本书提出的基于损失功率最小瞬时优化能量管理策略,在 5 种测试工况下均具有很好的燃料经济性,优于其他几种常规能量管理策略。

第 6 章　增程式电动汽车动力系统开发系统、流程及方法

随着能源及环境问题的日益严峻，各主要汽车企业均加快了电动汽车以及混合动力汽车的开发与生产。与传统内燃机汽车相比，现代电驱动汽车的拓扑结构形式多样，除了传统的纯电动汽车以及串联、并联、混联混合动力汽车以外，目前又出现了插电式混合动力汽车以及增程式电动汽车等多种新形式。这些电驱动汽车的动力系统是机械、电力、电子、液压、通信、控制等多学科领域强耦合的复杂机电一体化系统。开发出符合用户使用要求的电驱动汽车将是一项复杂的系统工程。现代电驱动汽车的开发历史较短，电驱动动力系统的开发流程和方法远未成熟。本章在前述章节动力系统开发工作基础上进行提炼，分别从开发对象、流程及方法三个方面，阐述增程式电动汽车动力系统开发的主要内容及一般步骤，提出一套较完整的增程式电动汽车动力系统开发流程及方法。

6.1　增程式电动汽车动力系统开发要素

从系统工程的角度出发，动力系统开发包括以下三个要素：待开发系统（对象）、开发流程以及开发方法，如表 6-1 所示。

表 6-1　　动力系统开发三要素

待开发系统（对象）	开发流程	开发方法
高层级系统 例如：增程式电动汽车动力系统 动力系统的子系统 例如：燃料电池增程器	系统总体开发流程 针对某专业对象的开发流程 例如：能量管理策略开发流程 解决具体技术问题的流程 例如：控制参数优化设计流程	系统层面的开发方法 例如：Lil 方法 针对具体问题的开发方法 例如：用于参数优化的遗传算法
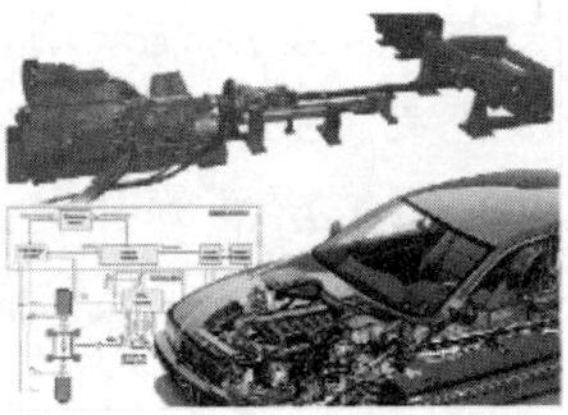	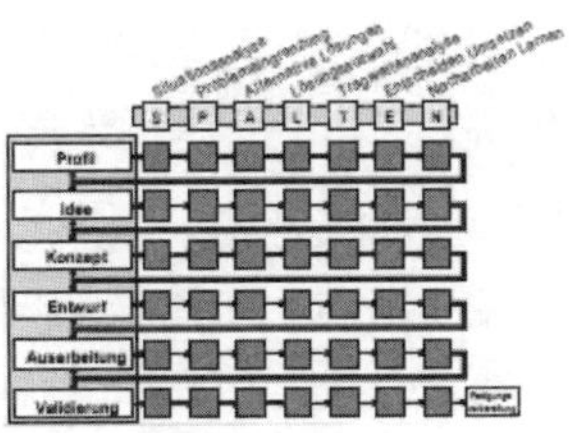	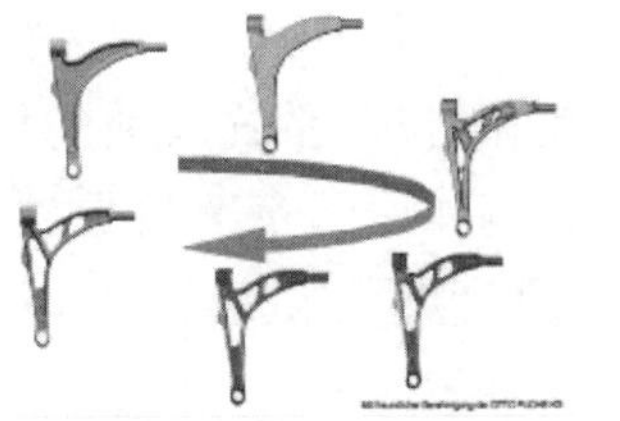

1. 待开发系统(对象)

所谓系统,是指由多个彼此影响的部件或子系统组成,并产生一定功能的体系。通过系统的观点可以对各种技术问题、管理问题、经济现象等进行抽象化描述。随着各种新技术的发展,在向用户提供便利和舒适的同时,汽车动力系统变得越来越复杂,将复杂系统进行抽象和拆分可以帮助系统工程师对复杂系统进行理解。同时,不同领域工程师之间可以通过抽象细分后的子系统进行沟通交流。系统的复杂化导致传统的将预先独立设计的部件进行简单组装的自下而上的设计方法(bottom-up-design)不再能满足设计需要,进而需要采用能够首先将产品功能需求按不同方式进行拆分,从设计之初就综合考虑各部件之间的功能关系、几何关系的自上而下的设计方法(top-down-design)。而自上而下设计方法的基础是对复杂系统进行合理分解。图 6-1 是自上而下设计方法示意图,主要包含两方面内容,即系统问题分解和问题解决方案。系统问题分解是自上而下将系统问题分为多个子系统问题,进而分解为更低层级的多个部件问题;问题解决方案的达成,则与前述步骤相反,首先从部件问题入手,逐级向上解决各级问题,最终完成系统层面的设计。

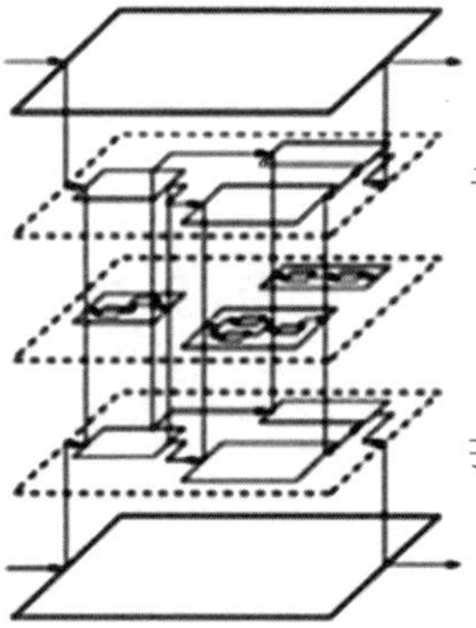

图 6-1　自上而下的系统设计方法

2. 开发流程

产品开发流程由众多彼此关联的资源及活动组成,而产品开发设计系统由输入产生特定输出的过程即为产品开发的流程,如图 6-2 所示。产品开发流程的特征要素有两点:①流程存在输入和输出;②为得到预期的开发结果,各个资源和活动之间按照一定的顺序连接。合理的开发流程能够为重复进行的开发过程提供方法指导,但是每个具体产品的开发过程又具有其唯一性,是独一无二的。增程式电动汽车动力系统的开发流程表现出层级性,既包括系统层面的整体开发流程,也包括针对某一具体子系统或专业问题的开发流程。例如后面章节将提到的增程式电动汽车动力系统开发流程就是系统层面的开发流程,而设计增程式电动汽车能量管理策略时对具体控制参数的优化过程则是较低层级的子系统开发流程。

3. 开发方法

方法是开发过程中行事方式的指南,这些指南描述了为达到预期目标而按计划执行的操作方法和步骤。而关于各种方法本身的论述和理论则具有科学性和一般性，进而属于方法学的范畴。在增程式电动汽车动力系统开发过程中涉及的方法可以概括为两类，即系统级的开发方法（例如硬件在环仿真试验方法）和针对某一具体技术问题所采用的方法（例如为提高燃料经济性而应用于控制参数优化的遗传算法）。

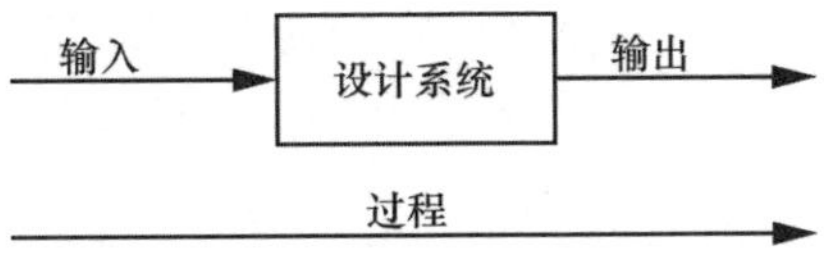

图 6-2　产品开发的简化流程

6.2　增程式电动汽车动力系统开发系统

欧洲经济委员会规范 ECE Regulation No. 101 中关于车辆动力系统的定义为：动力系统指由储能装置、能量转换器和变速器构成的系统，其将储存的能量转换为输送到车轮处的机械能，以推进汽车。由此可见，增程式电动汽车动力系统本身是多物理领域强耦合复杂机电一体化系统。开发这样的复杂系统产品时，首先要对待开发产品进行界定，即明确开发对象。增程式电动汽车动力系统这一大的系统开发对象又可以划分为多个子系统对象和技术范畴，例如蓄电池及其管理系统、电机及电机控制器系统、增程器及增程器控制系统、动力系统的控制系统软硬件开发、动力系统总布置等，如图 6-3 所示。这些子系统和技术范畴共同构成了增程式电动汽车动力系统开发的对象。而最终开发目的即是要使得这些子对象能够协同工作，满足既定的车辆开发目标。将增程式电动汽车动力系统这一大的系统对象划分为多个待研究子系统即是将系统问题分解为多个子问题，在一定程度上有利于对系统功能与结构关系的理解，降低开发难度。

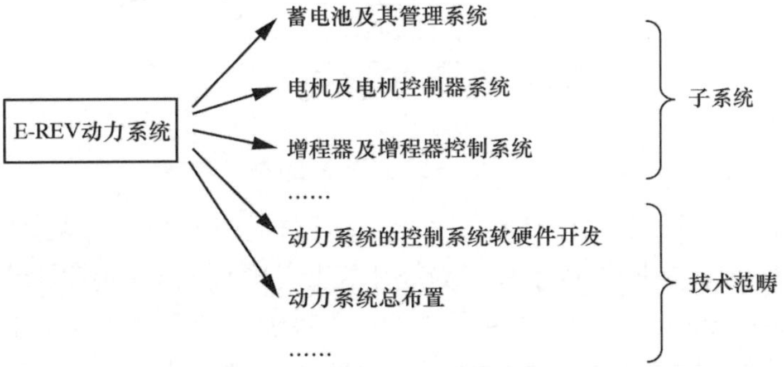

图 6-3　增程式电动汽车动力系统层级划分

6.3 增程式电动汽车动力系统开发流程

6.3.1 系统总体开发流程

VDI 2206 建议将原本用于软件开发的 V-模型开发流程，视为机电一体化复杂系统的通用开发流程，如图 6-4 所示。其中，“开发要求”明确具体的开发任务，这些开发要求同时可作为产品评价的指标；“系统设计”阶段的目的是设计出满足系统性能、结构要求的方案，设计过程中通过自上而下的设计方法将总的系统功能拆分为多个子功能模块，需要充分考虑子功能模块集成后能否实现系统总体功能；“分领域设计”是将前一阶段得出的设计方案划分到各个专业领域进行细化设计；“系统集成”阶段的工作是将各个细分领域的设计结果进行整合，验证分析集成后的系统能否满足功能需要；“性能验证”表示在开发过程中，要确保每一个子系统设计方案满足设计需要之后，才能进行下一步设计；V-模型外围的“建模与仿真分析”表示，现代机电一体化产品设计需借助计算机辅助设计技术，通过建模和基于模型的系统性能分析来缩短开发周期；“产品”是一个完整的 V-模型开发流程的结果，此处“产品”并非最终面向市场的成熟产品，而仅仅是代表一定成熟度的阶段性成果。

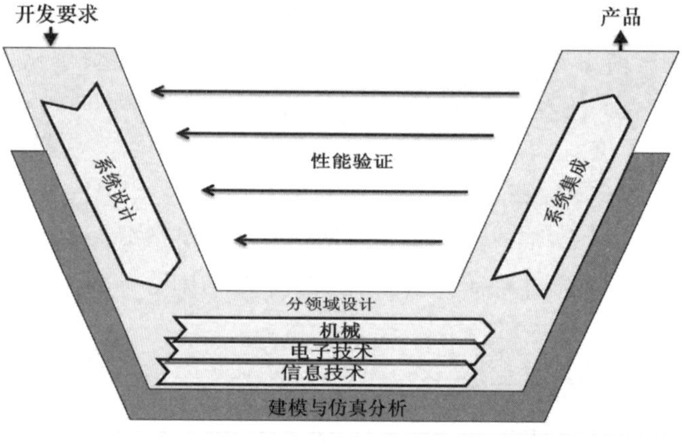

图 6-4 机电一体化产品开发的 V-模型

V-模型仅仅是一个通用的系统级开发模型，根据不同的开发对象，设计者需要根据实际情况对其进行修正。本书提出针对不同技术范畴，增程式电动汽车动力系统总体开发可以按照图 6-5 所示流程进行。其中框图左侧的“基于设计要求的部件选型”“基于设计要求的参数匹配”“系统建模”三个环节即所谓的开发方案细化与拆分阶段，其目的是将总体设计目标按照系统工程的观点，划分为各个小的子系统便于设计开发。其中，第一步是根据各种设计要求、指标和实际零部件特点，初步选定关键部件类型，紧接着针对部件类型进行参数匹配设计。而“系统建模”在增程式电动汽车动力系统开发过程中已经成为标准一环，基于模型的研究方法对于开发的深度和精度都有极大的提升作用。框图右侧的“基于模型的硬件在环仿真试验”“系统转鼓台架试验”“实车验证”是对前面拆分后设计的子系统进行集成验证。自下而上各个环节的实物集成度不断提高，与最终目标对象的逼近程度也越来越高。框图中间的“基于模型的离线仿真分析”环节是左右部分联系的纽带，在这一环节中，将利用模型仿真技术对设计方案进行分析研究，并根据仿真结果与设计预期的差异来对设计方案进行调整。图 6-5 给出的增程式电动汽车动力系统设计流程，与其他设计流程相比，主要特点如下：

(1) 给出了增程式电动汽车动力系统各技术范畴通用开发流程。

(2) 给出了各关键环节的设计开发内容。

(3) 给出了各关键环节之间的开发顺序。

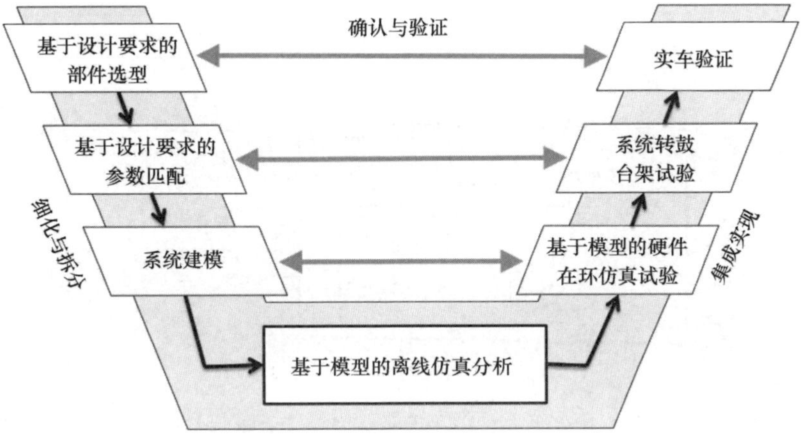

图 6-5 增程式电动汽车动力系统开发通用流程

在实际车辆动力系统开发过程中，待开发的技术范畴可能存在不同，例如侧重于动力系统底盘技术的开发、动力系统电气/电子系统的开发(Electric/Electronic System)，同时有些验证环节也可能因为试验条件的限制而有所取舍，但以上开发流程模型是通用的。本书针对动力性、经济性的增程式电动汽车动力系统开发项目的成功实施，验证了图 6-5 开发流程模型的正确性与有效性，整个开发流程具体可以分解为以下几个环节：

(1) 基于设计指标的动力系统关键部件选型与参数匹配。

(2) 关键部件及动力系统建模。

(3) 基于模型的能量管理策略离线设计及仿真。

(4) 基于模型的能量管理策略硬件在环仿真试验。

(5) 能量管理策略实车验证。

6.3.2 针对子系统的开发流程

在本书所研究的侧重于动力性、经济性的增程式电动汽车动力系统开发过程中，能量管理策略被看作是动力系统的一个子系统，即针对某一专业领域的研究对象。增程式电动汽车能量管理策略子系统存在的载体是动力系统部件的集合，其作用是使得动力系统各关键部件协调工作，在满足车辆动力性需求的前提下尽可能提高车辆经济性和可靠性。其技术特征决定了它的开发会同时涉及软硬件系统，具体开发流程如图 6-6 所示。

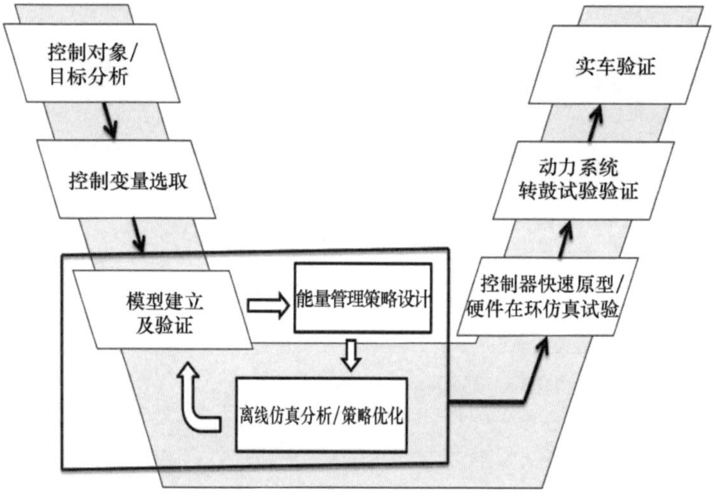

图 6-6　增程式电动汽车能量管理策略子系统开发流程

“控制对象/目标分析”是分析能量管理策略作用对象的动态特性，在燃料电池增程式电动汽车动力系统策略开发过程中，即是分析燃料电池发动机和动力蓄电池这两种车载能量源的功率响应特性以及工作效率特性。“控制变量选取”取决于所采用的具体控制规则，不同能量管理策略所选取的控制变量会存在差异，但考虑到蓄电池输出功率无法直接控制，因而燃料电池增程器输出功率是必选控制变量。另外，蓄电池剩余电量和母线负载功率需求也是常常选择的控制变量。先进能量管理策略的开发，通常会基于动力系统仿真模型来完成，在此过程中为了获得更好的控制效果，往往又需要不断改进模型质量，同时采用优化设计方法对控制参数进行优化设计。因此，“模型建立及验证”“能量策略管理设计”和“离线仿真分析/策略优化”三者是联系紧密的有机整体。简言之，模型是基础载体，离线仿真和优化算法是手段，而高效的能量管理策略是结果。由于仿真模型是真实部件的抽象与简化，仿真结果与试验结果之间不可避免地存在一定的误差。而对于能量管理策略依附的嵌入式系统，控制器的实时计算能力对策略的设计有很大影响。往往逻辑合理、仿真有效的能量管理策略控制程序，通过程序自动代码生成并下载至实际控制器中后，也可能由于实际控制器计算能力有限而无法正常运行。严格意义上的能量管理策略开发,需要通过图 6-6 右侧三个层级的试验进行验证,自下而上验证的效果与最终实际情况越接近,但能量管理策略本身所受到的外部影响因素也越多,控制效果的分析会变得更难。因而,只有将能量管理策略在低一级的验证平台上进行充分验证,深入研究并掌握其控制效果之后,才适合进入下一更高层级的验证平台。

6.3.3 解决具体技术问题的开发流程

不同于 6.3.1 和 6.3.2 小节,此处的技术问题主要指子系统开发过程中某一个技术部件或技术参数的设计与优化。从层级的角度看,此处技术问题的开发流程层级低于子系统开发流程,即包含于 6.3.2 小节开发流程的过程之中。以增程式电动汽车能量管理策略开发为例(图 6-6),能量管理策略中控制变量的取值至关重要,通常控制对象最终会落实到增程器输出功率的大小。增程器输出功率的取值需要满足以下几点要求:①增程器输出功率与其他动力电源输出功率之和能满足车辆负载功率需求;②在满足动力性前提下使得车载燃料经济性最优;③设定的增程器输出功率变化规律符合增程器本身的物理动态特性,避免功率输出大幅度波动,减缓增程器发动机性能衰减。一般基于设计者主观经验判断采用的控制参数量无法满足设计要求,因而需要采用优化设计方法,利用计算机辅助手段完成控制参数的取值设计。增程式电动汽车能量管理策略控制参数优化设计的流程如图 6-7 所示。该流程核心组成部分包括仿真模型和优化算法两部分,仿真模型在获得控制参数量后进行计算仿真,给出相应仿真结果;优化算法对仿真结果进行评价,考察优化目标函数是否达标,如果目标函数值未达标,则通过一定算法规则修改控制参数量再次输入仿真模型进行仿真;如果目标函数值达标则结束优化迭代,输出优化结果。

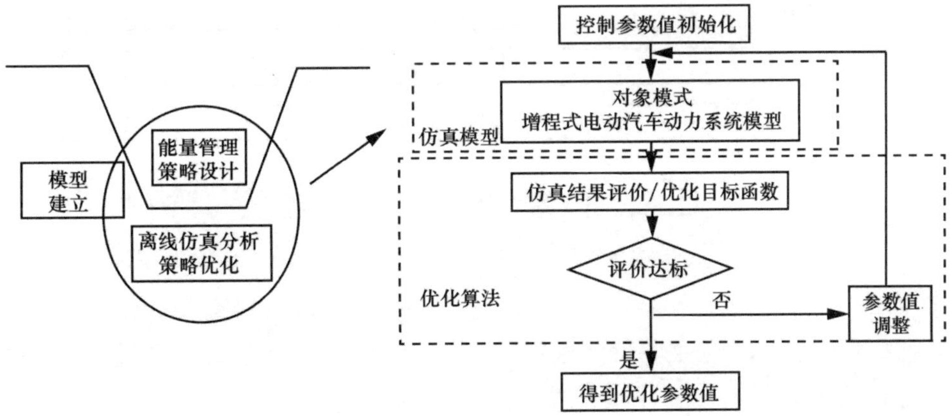

图 6-7 增程式电动汽车能量管理策略控制参数优化设计流程

6.4 增程式电动汽车动力系统开发方法

6.4.1 系统层面的动力系统开发方法——基于模型的动力系统开发

从系统层面出发，增程式电动汽车动力系统开发主要采用基于模型的开发方法。基于模型的开发方法通过使用仿真模型和计算机仿真分析，大大降低了整个动力系统的开发周期和成本。在整个系统开发过程中，该方法的应用从横向和纵向两个方面得到体现，如图6-8所示。所谓横向应用体现，表示动力系统各组成子系统（技术范畴）的开发均普遍采用基于模型的开发方法，例如动力系统控制软硬件系统开发、动力系统底盘布置、主电源子系统等；而纵向应用体现，是指针对某具体子系统或技术范畴开发时，自始至终或多个环节上会采用借助计算机模型来辅助开发。例如本书所研究的增程式电动汽车能量管理策略的开发，在离线仿真阶段，所有分析均具有动力系统模型；而在硬件在环开发阶段，则将能量管理策略下载到真实的整车控制器中，动力系统仍然以计算机仿真模型的形式存在。

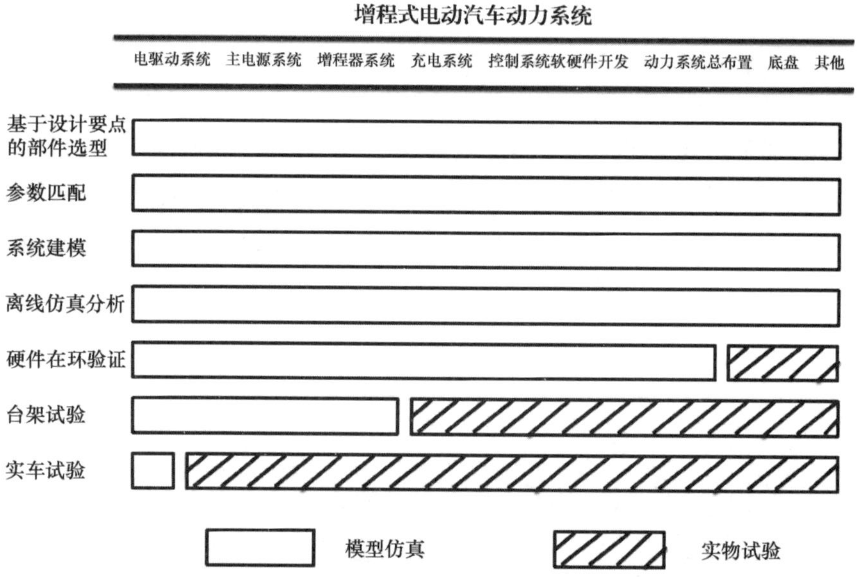

图 6-8　基于模型的增程式电动汽车动力系统开发方法框图

基于模型开发方法的通用执行流程可以按以下步骤进行，如图 6-9 所示。

(1) 目标分析。这一步主要确定建模研究的目的和任务，分析模型需要具备的特征，以便能选择合适的建模方法和建模精度。

(2) 建立模型。这一步是基于模型开发方法的主要工作内容。按照建立对象拓扑模型（对系统的初步结构性抽象）、物理模型（赋予模型物理含义）、数学模型（确定模型的数学本构关系）、数值仿真模型（将数学模型转化为能够用于计算机仿真的模型）的顺序，建立建模对象的模型，确定模型参数以及对模型正确性进行验证。

(3) 模型分析。基于模型对建模对象的相关特性进行仿真分析,所获得的信息为后续系统开发提供基础。

(4) 系统集成。将基于模型仿真计算得到的结果(信息)与其他子系统(部件)进行交互,通过系统集成对相关系统参数进行优化设计。

(5) 系统分析。完成步骤(4)中的参数设计后,分析待开发系统的相关性能。分析过程中可以对相关参数量进行调整和重新设置,以便满足系统开发目标。

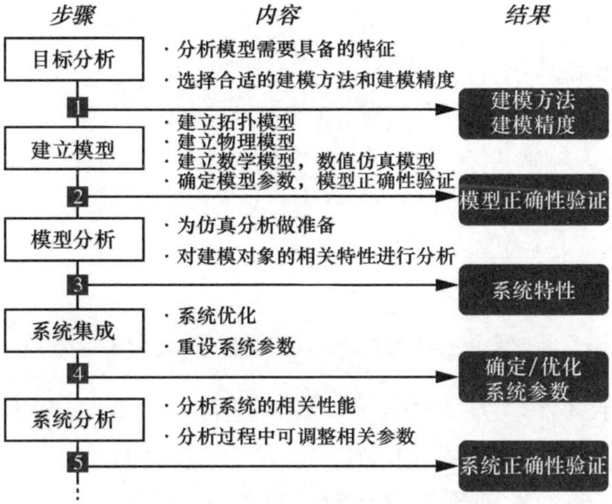

图 6-9　基于模型的系统设计流程

6.4.2　针对具体技术问题的开发方法

针对增程式电动汽车动力系统这样一个复杂的机电一体化系统,要使得系统各部分协调工作,实现系统性能最优,需要解决很多具体的技术问题。与系统层面的开发方法相对的是具体技术点的解决方法。处理具体技术问题的根本方法是利用所处专业领域的专业方法和流程,例如电动汽车动力系统各部件之间的通信,会基于各种通信协议实现分布式控制器之间的信息交互,而为了实现动力系统某一目标性能的最优化设计,需要运用到优化设计方法。

每种方法本身即是一套流程。以动力系统能量管理策略参数优化设计为例,优化设计方法在增程式电动汽车动力系统开发中的应用,同样可以参见图 6-7 所示的增程式电动汽车能量管理策略控制参数优化设计流程,以及 4.3.1.2 和 4.3.3.2 小节中的基于遗传算法的能量管理策略控制参数优化设计实例。采用优化设计方法所得到的系统性能通常会优于未使用优化方法的设计结果。

增程式电动汽车动力系统开发过程中,各个环节所采用的解决具体技术问题的方法与具体开发流程相关联,归纳起来有以下几类(以针对动力性、经济性开发为例),如图 6-10 所示。

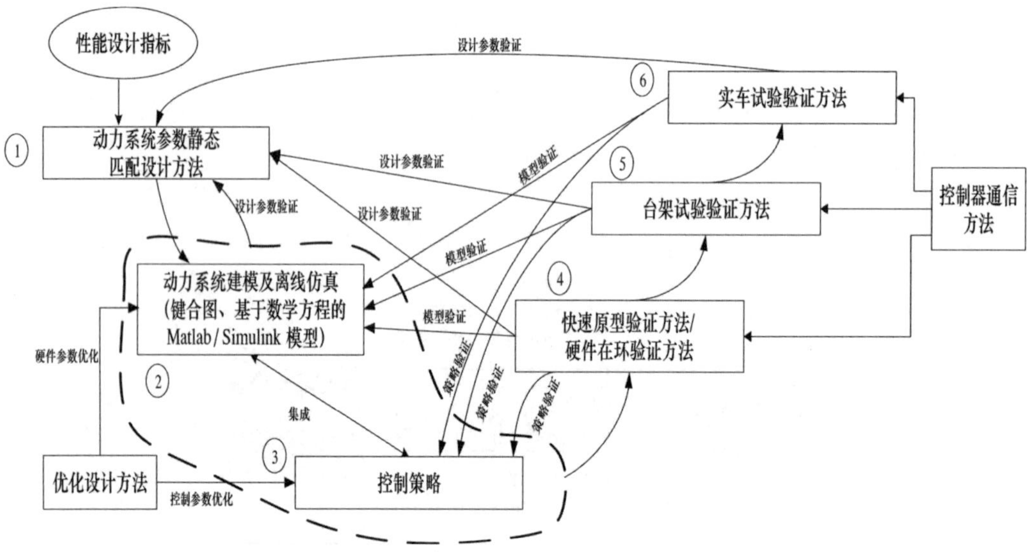

图 6-10　增程式电动汽车动力系统开发关键技术方法及相互关系

图中数字编号表示各步骤方法的执行顺序,而各种对应的开发方法是实现每一步环节开发目标的手段。各种技术方法之间的关系可以理解为:

(1) 运用基于汽车动力学理论的参数静态匹配方法,可以初步确定动力系统各关键部件的硬件参数规格。该部分参数设计效果,可以通过后续的基于计算机仿真模型的离线仿真(基于计算机模型的动态、准动态仿真校核),以及图中步骤④,⑤,⑥的半实物或实物试验开发环节来进行验证。

(2) 动力系统建模方法有很多种,每种建模方法都拥有其自身的优缺点,例如键合图法以及基于信号流的 Matlab/Simulink 建模方法。建立动力系统模型的目的,主要是基于模型校核步骤①中静态设计方法的有效性,同时基于模型开发适用的动力系统控制策略。在此过程中,引入优化设计方法一方面可以优化硬件参数,另一方面可以优化设计策略的控制参数。值得注意的是,优化设计方法作用的对象是包含具体控制策略的动力系统模型,即步骤②中的模型与步骤③中的策略所构成的整体,脱离控制策略的动力系统优化设计是不合理的。步骤②和③为后续的半实物、实物验证提供了操作对象,例如快速原型技术即需要将控制策略自动生成代码,并下载到原型控制器中;而硬件在环仿真试验则需要部分或全部利用到建立的动力系统模型。与此同时,动力系统模型的正确性、控制策略的有效性及控制效果,反过来需要步骤④,⑤,⑥进行验证和评价。

(3) 从步骤④到步骤⑥的一系列验证操作中,验证平台的集成度不断提高,所能够得到的对象验证可信度也相应提高,但由于影响因素增加,因此对于策略控制效果的分析会变得更加复杂困难。与此同时,在增程式电动汽车动力系统开发的验证环节,计算机实时仿真技术、控制器通信技术、先进传感器技术、数据记录及处理技术等的应用十分广泛。

6.5　本章小结

基于前述章节的研究内容,本章对增程式电动汽车动力系统开发流程及涉及的方法进行了理论总结与升华,主要研究内容及结果如下。

(1) 结合燃料电池增程式电动汽车动力系统开发项目的实际工作,从开发系统、开发流程、开发方法三方面对增程式电动汽车动力系统开发的主要内容和流程、方法进行了深入研究与论述。

(2) 研究发现,采用自上而下系统拆分的方法,将增程式电动汽车动力系统拆分为多个子系统和技术范畴,将有利于对系统功能与结构的理解,在一定程度上降低了开发难度。

(3) 基于实际燃料电池增程式电动汽车动力系统开发工作,提出了增程式电动汽车动力系统总体开发通用流程、增程式电动汽车能量管理策略子系统开发流程,以及增程式电动汽车能量管理策略控制参数优化设计流程。其中,总体开发流程适用于增程式电动汽车动力系统不同技术范畴的开发工作。

(4) 基于实际燃料电池增程式电动汽车动力系统的开发工作,研究总结了系统层面的基于模型开发方法在增程式电动汽车动力系统开发过程中的使用特点。进而,以针对动力性、经济性的增程式电动汽车动力系统设计开发为例,总结提炼出开发过程中所涉及的主要技术方法框图,阐述了各方法彼此之间的顺序关系以及相互作用关系。

附录 A　PMSM 电机相关测试数据

表 A-1　　电机转速/转矩及相应效率测试数据

转速 (r/min)	转矩设定 (N·m)	电机转速 (r/min)	控制器效率 (%)	电机效率 (%)	总效率 (%)
30	15.0	32.4	62.4	66.4	41.4
	45.0	32.7	74.9	48.5	36.3
	75.0	32.5	79.9	36.1	28.8
	105.0	33.6	82.3	29.3	24.1
	135.0	33.5	85.0	21.5	18.3
	165.0	**33.0**	**86.8**	**16.3**	**14.1**
50	15.0	52.7	72.4	65.2	47.2
	45.0	53.1	80.0	55.2	44.2
	75.0	52.9	83.3	45.6	38.0
	105.0	53.7	85.4	39.2	33.4
	135.0	53.4	86.2	28.6	24.7
	165.0	**54.2**	**86.8**	**25.7**	**22.3**
100	15.0	100.0	83.4	78.7	65.6
	45.0	102.0	86.1	73.9	63.6
	75.0	103.0	87.4	66.0	57.6
	105.0	101.0	88.8	52.9	46.9
	135.0	100.0	89.4	45.0	40.2
	165.0	**101.0**	**89.2**	**36.9**	**32.9**
159	15.0	159.0	85.6	84.8	72.6
	45.0	160.0	89.0	78.2	69.6
	75.0	161.0	90.1	69.9	63.0
	105.0	162.0	90.1	62.9	56.6
	135.0	160.0	90.5	53.6	48.5
	165.0	**159.0**	**91.1**	**47.9**	**43.6**
200	15.0	199.0	87.2	89.1	77.7
	45.0	200.0	89.8	80.7	72.4
	75.0	199.0	91.6	72.8	66.6
	105.0	202.0	92.2	66.2	61.0
	123.0	**201.0**	**91.8**	**62.4**	**57.2**

续表

转速 (r/min)	转矩设定 (N·m)	电机转速 (r/min)	控制器效率 (%)	电机效率 (%)	总效率 (%)
290	15.0	289.0	88.3	84.9	74.9
	45.0	289.0	93.6	81.6	76.3
	75.0	291.0	92.5	78.2	72.3
	92.0	**289.0**	**93.1**	**73.4**	**68.3**
400	15.0	399.0	90.9	88.7	80.6
	30.0	399.0	92.6	85.4	79.1
	45.0	399.0	94.0	83.8	78.7
	69.0	**399.0**	**94.5**	**82.0**	**77.6**
500	15.0	500.0	91.7	72.6	66.6
	30.0	500.0	93.5	87.1	81.5
	45.0	500.0	94.9	84.0	79.7
	58.0	**503.0**	**95.1**	**85.7**	**81.6**
580	15.0	580.0	93.1	58.2	54.2
	35.0	**579.0**	**93.9**	**71.8**	**67.4**

表 A-2　　电机转速/转矩外特性曲线

转速(r/min)	33	54.2	101	159	201	289	399	503	579
转矩(N·m)	165	165	165	165	123	92	69	58	35

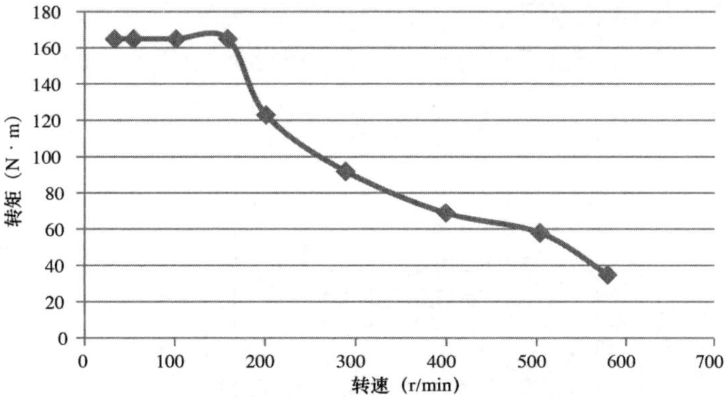

图 A-1　电机转速/转矩特性曲线

表 A-3 电机转速/转矩效率表

转速 (r/min) \ 转矩 (N·m)	−165	−135	−120	−105	−90	−75	−60	−45	−30	−15	0	15	30	45	60	75	90	105	120	135	165
0	5.90	11.90	13.35	14.80	17.20	19.60	24.00	28.40	32.00	35.60	39.20	35.60	32.00	28.40	24.00	19.60	17.20	14.80	13.35	11.90	5.90
30	14.10	18.30	21.20	24.10	26.45	28.80	32.55	36.30	38.85	41.40	43.95	41.40	38.85	36.30	32.55	28.80	26.45	24.10	21.20	18.30	14.10
50	22.30	24.70	29.05	33.40	35.70	38.00	41.10	44.20	45.70	47.20	48.70	47.20	45.70	44.20	41.10	38.00	35.70	33.40	29.05	24.70	22.30
100	32.90	40.20	43.55	46.90	52.25	57.60	60.60	63.60	64.60	65.60	66.60	65.60	64.60	63.60	60.60	57.60	52.25	46.90	43.55	40.20	32.90
159	43.60	48.50	52.55	56.60	59.80	63.00	66.30	69.60	71.10	72.60	74.10	72.60	71.10	69.60	66.30	63.00	59.80	56.60	52.55	48.50	43.60
200	54.30	54.67	57.83	61.00	63.80	66.60	69.50	72.40	75.05	77.70	80.35	77.70	75.05	72.40	69.50	66.60	63.80	61.00	57.83	54.67	54.30
250	54.84	57.76	62.07	64.65	67.05	69.45	71.90	74.35	75.33	76.30	77.28	76.30	75.33	74.35	71.90	69.45	67.05	64.65	62.07	57.76	54.84
290	55.38	60.84	66.30	68.30	70.30	72.30	74.30	76.30	75.60	74.90	74.20	74.90	75.60	76.30	74.30	72.30	70.30	68.30	66.30	60.84	55.38
400	59.54	67.01	74.48	75.60	76.72	77.38	78.04	78.70	79.10	80.60	82.10	80.60	79.10	78.70	78.04	77.38	76.72	75.60	74.48	67.01	59.54
500	66.83	73.18	79.53	82.90	86.27	84.08	81.89	79.70	81.50	66.60	51.70	66.60	81.50	79.70	81.89	84.08	86.27	82.90	79.53	73.18	66.83
580	74.12	79.35	84.58	90.20	95.82	90.78	85.74	74.00	64.10	54.20	44.30	54.20	64.10	74.00	85.74	90.78	95.82	90.20	84.58	79.35	74.12

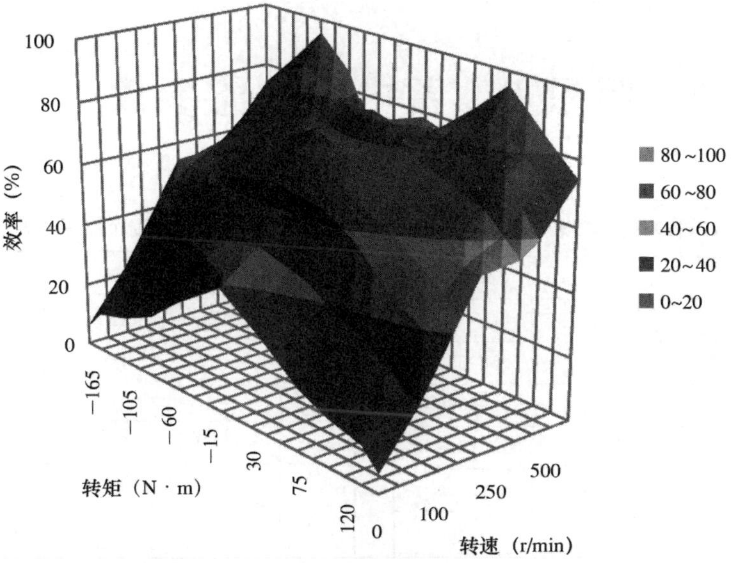
100
80
60
40
20
0
效率（%）
80~100
60~80
40~60
20~40
0~20
−165
−105
−60
−15
30
75
120
转矩（N · m）
0
100
250
500
转速（r/min）

图 A-2　电机效率图

附录 B 蓄电池性能参数

表 B-1 SOC 与开路电压对应关系

2#		3#	
SOC	OCV(V)	SOC	OCV(V)
100	3.358215	100	3.409547
95.57	3.337312	94.51	3.336996
91.02	3.334046	88.95	3.331768
86.46	3.319675	83.39	3.319349
81.91	3.307264	77.82	3.305623
77.35	3.303344	72.26	3.300394
72.8	3.299425	66.7	3.299087
68.25	3.298118	61.14	3.297126
63.7	3.295506	55.58	3.295165
59.14	3.295506	50.02	3.292551
54.59	3.292893	44.46	3.285361
50.04	3.288973	38.9	3.277518
45.49	3.281788	33.34	3.269021
40.94	3.273296	27.78	3.259217
36.39	3.266764	22.22	3.247452
31.84	3.259578	16.66	3.233726
27.29	3.251087	11.11	3.218039
22.75	3.240635	5.55	3.206928
18.2	3.228224	0	3.170979
13.65	3.216466		
9.1	3.207974		
4.55	3.189684		
0	3.142652		

表 B-2 SOC 与充放电内阻关系

2#		
SOC	DCH-R(mΩ) 放电内阻	CHA-R(mΩ) 充电内阻
0	2.699608	3.438185
4.55	2.828114	3.567913
9.1	2.559248	3.624731
13.65	2.627853	3.628755
18.2	2.705713	3.697665
22.75	2.84414	3.644943
27.29	2.781121	3.844486
31.84	2.721098	3.661277
36.39	2.853819	3.796298
40.94	2.781145	3.657179
45.49	2.857068	3.735029
50.04	2.850577	3.861756
54.59	2.7273	3.735029
59.14	2.863613	3.88351
63.7	2.80662	3.835008
68.25	2.950413	3.989836
72.8	2.964035	3.870061
77.35	3.059897	3.813406
81.91	2.863613	3.813382
86.46	2.803386	3.768883
91.02	3.01053	4.03336
95.57	3.070396	4.231712

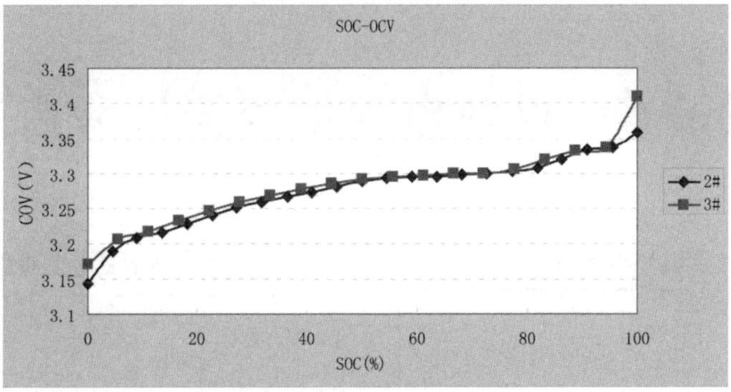

图 B-1 SOC 与开路电压关系

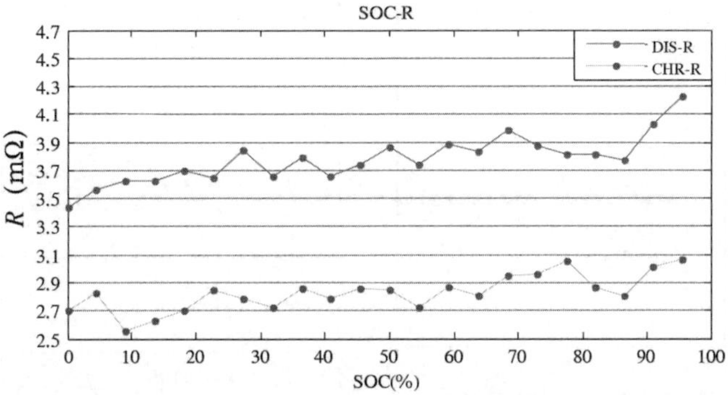

图 B-2 SOC 与充放电内阻关系

附录C 燃料电池增程器试验数据

表 C-1 燃料电池堆输出功率与效率关系

燃料电池堆功率(W)	效率(%)
618	53.97
1182	58.25
1781	59.43
2386	58.39
2974	57.92
3583	57.01
4191	56.09
5380	52.98
5985	51.66
5986	51.67
6583	50.95

表 C-2 燃料电池发动机净功率与辅助系统功率关系

燃料电池发动机净功率(W)	辅助系统功率(W)
350	268
914	268
1513	268
2118	268
2668	306
3226	355
3756	435
4110	675
4559	821
5101	885
5100	885
5482	1101

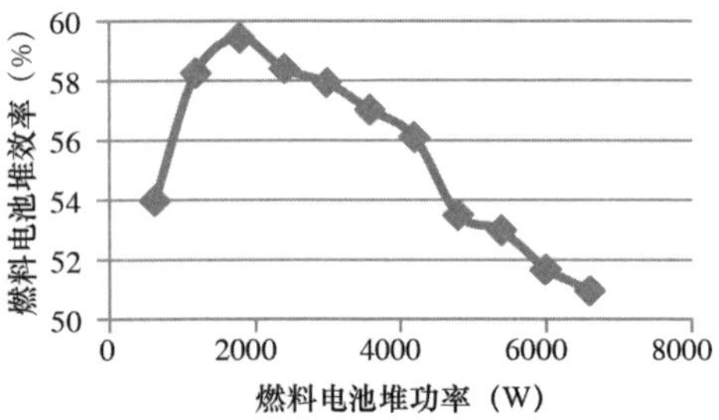

图 C-1 燃料电池堆功率与效率关系

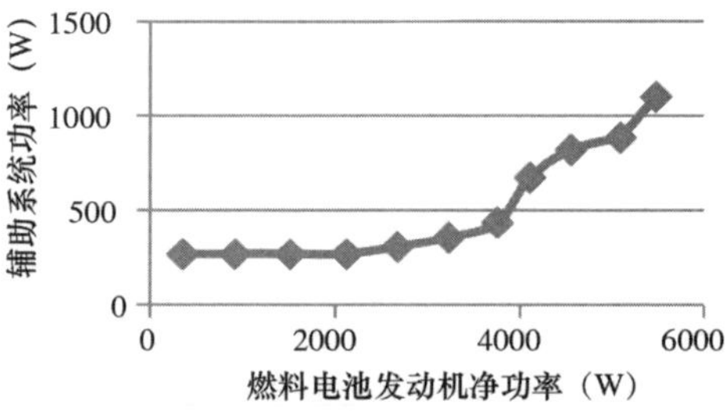

图 C-2 燃料电池发动机净功率与辅助系统功率关系

附录 D　各能量管理策略硬件在环仿真试验结果

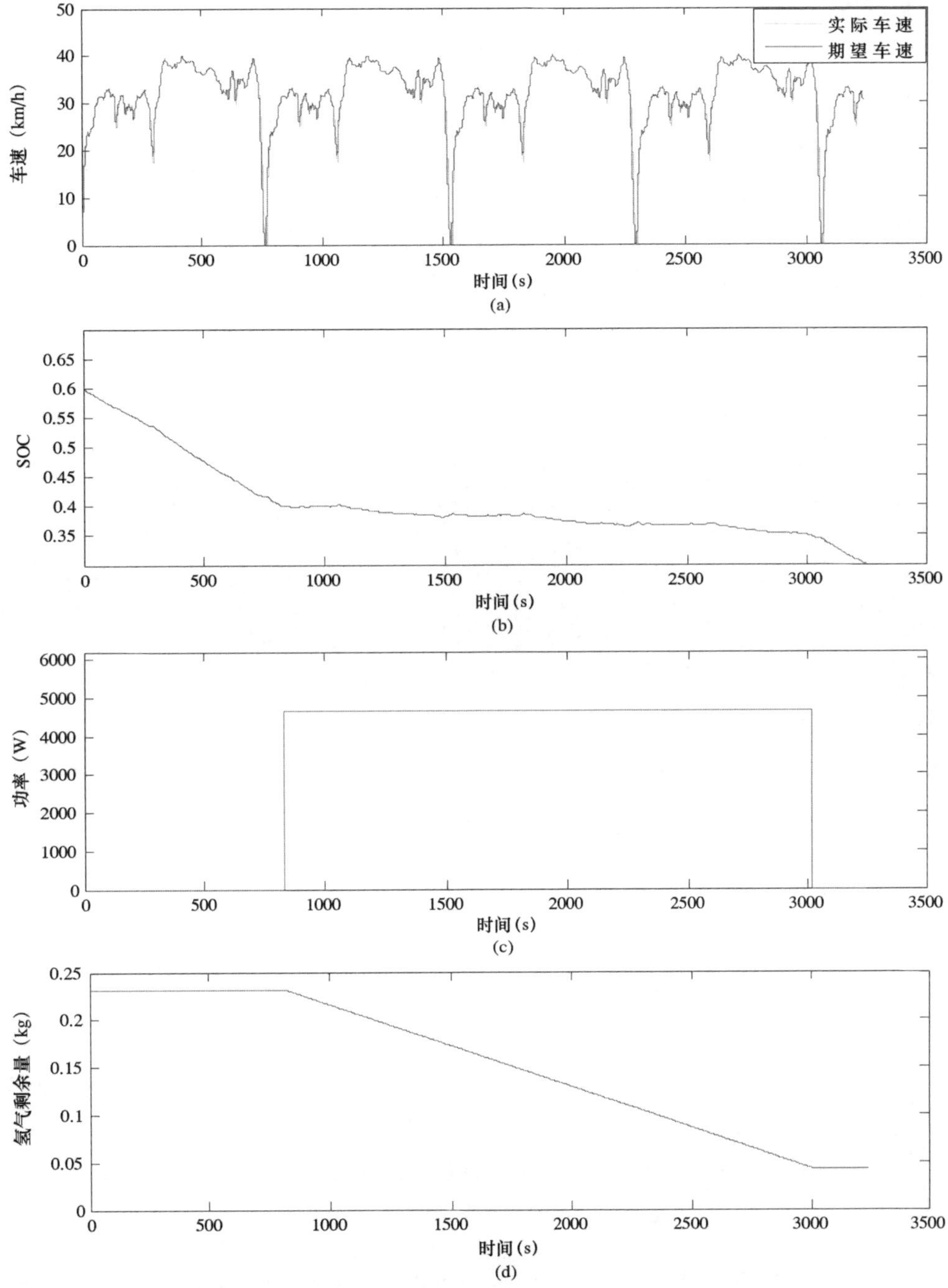

图 D-1　恒温器能量管理策略 HWFET_40 仿真结果

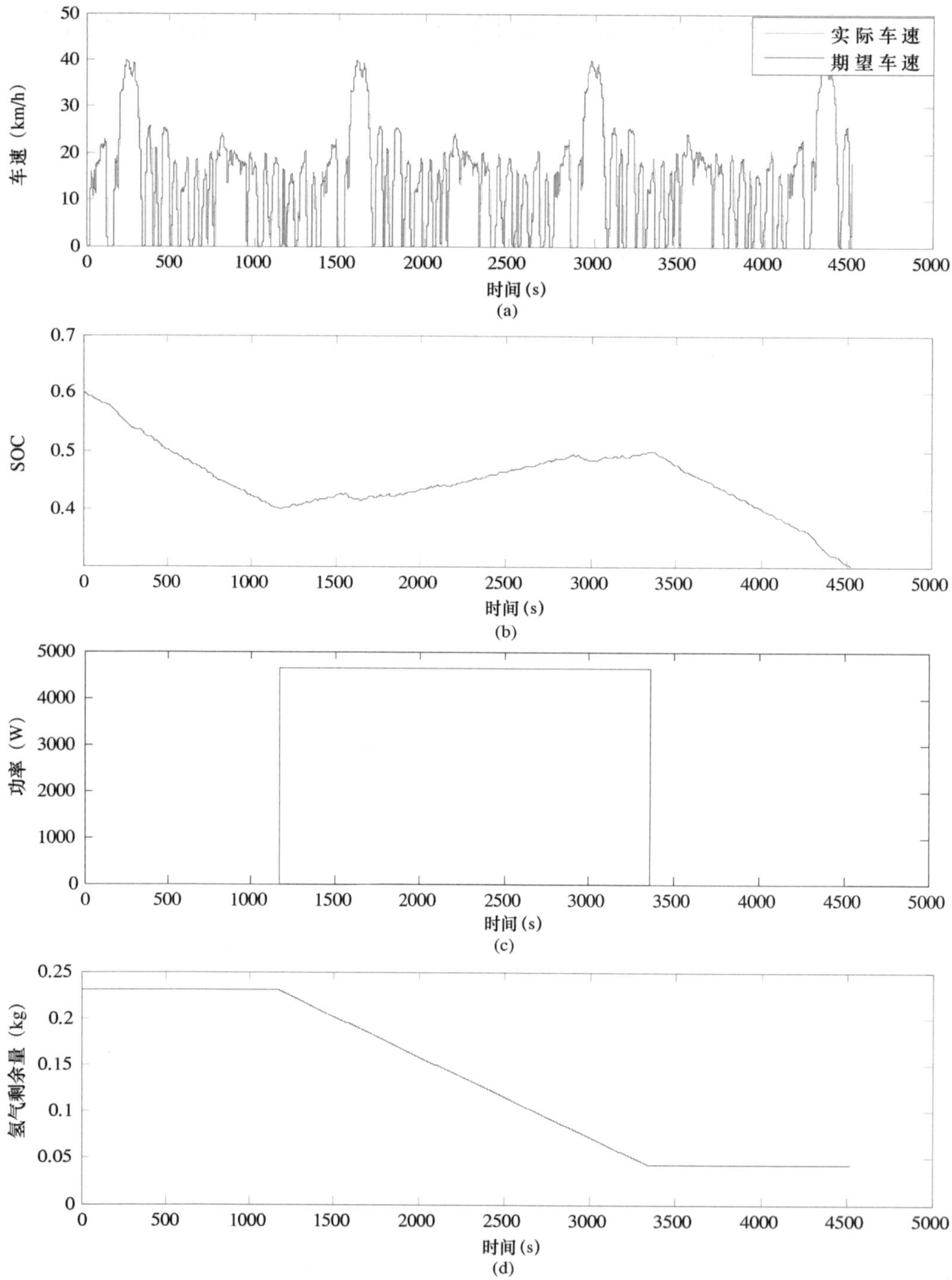

图 D-2　恒温器能量管理策略 UDDS_40 工况 HiL 仿真结果

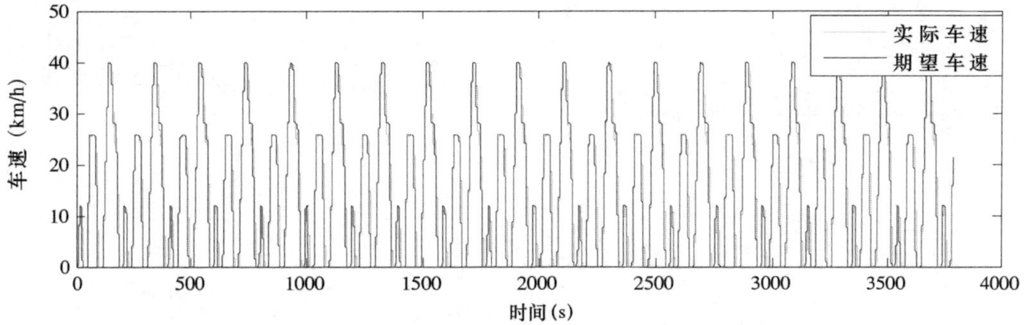

(a)

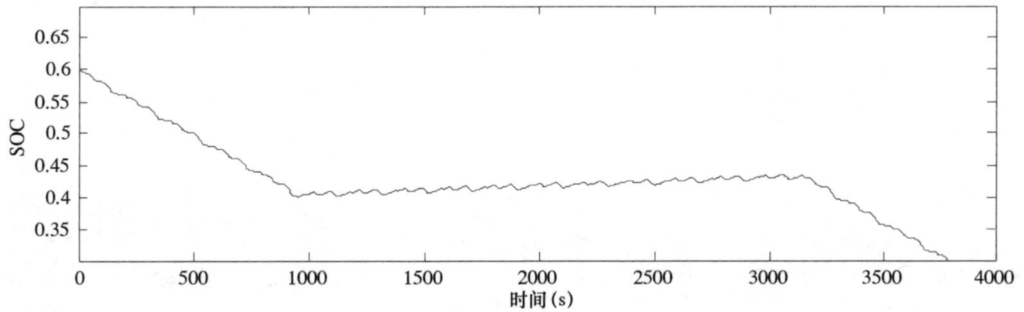

(b)

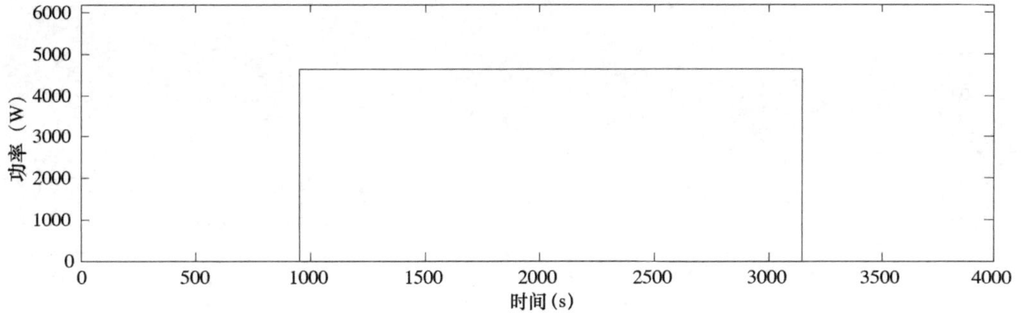

(c)

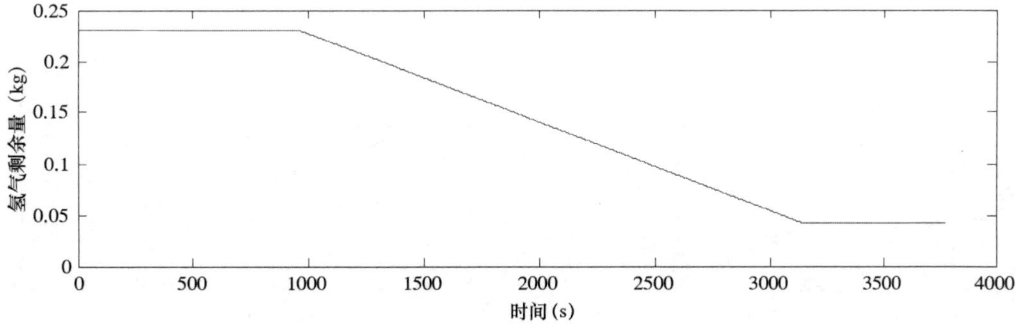

(d)

图 D-3 恒温器能量管理策略 ECE_40 工况 HiL 仿真结果

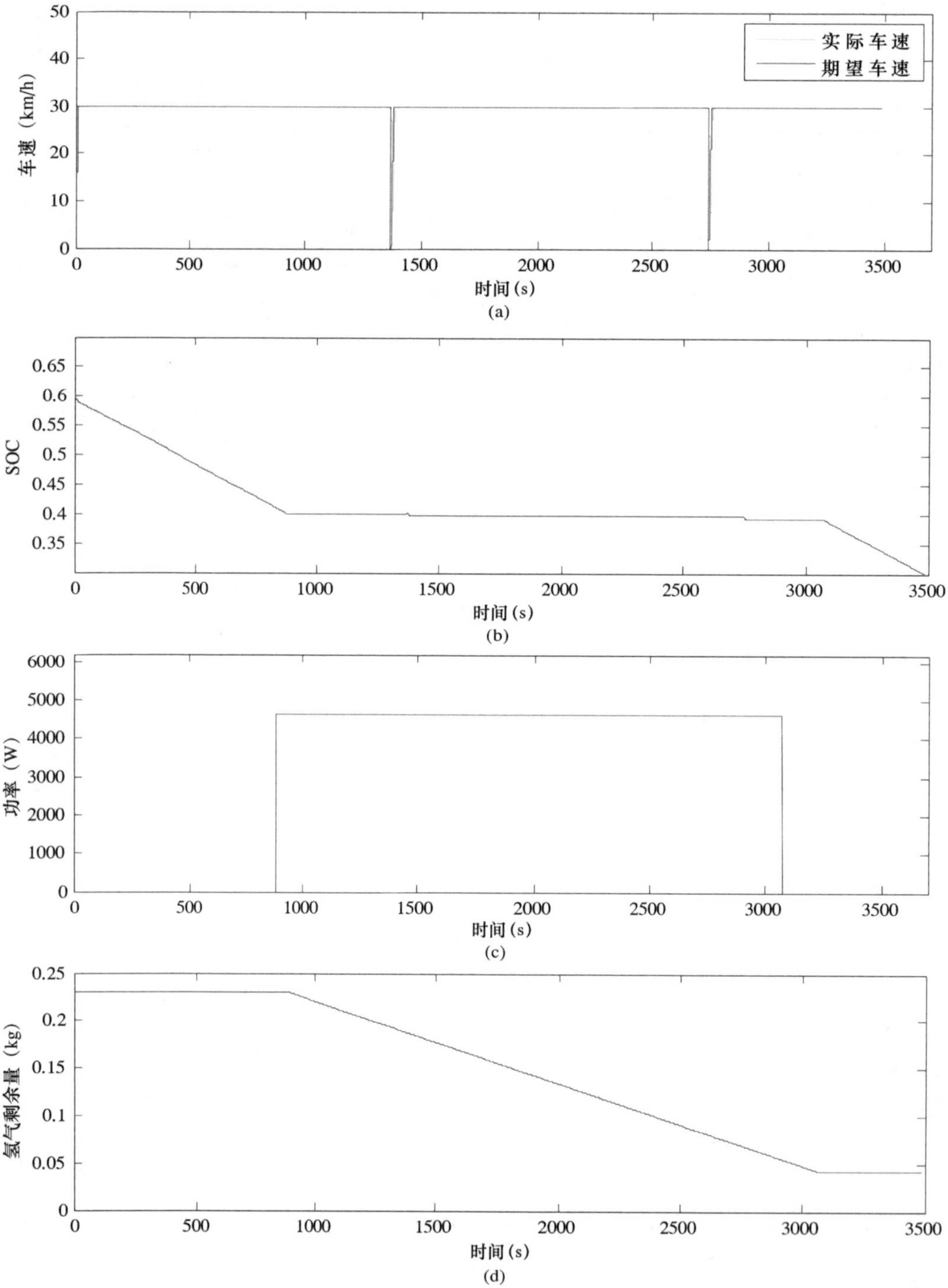

图 D-4　恒温器能量管理策略 CONSTANT_30 工况 HiL 仿真结果

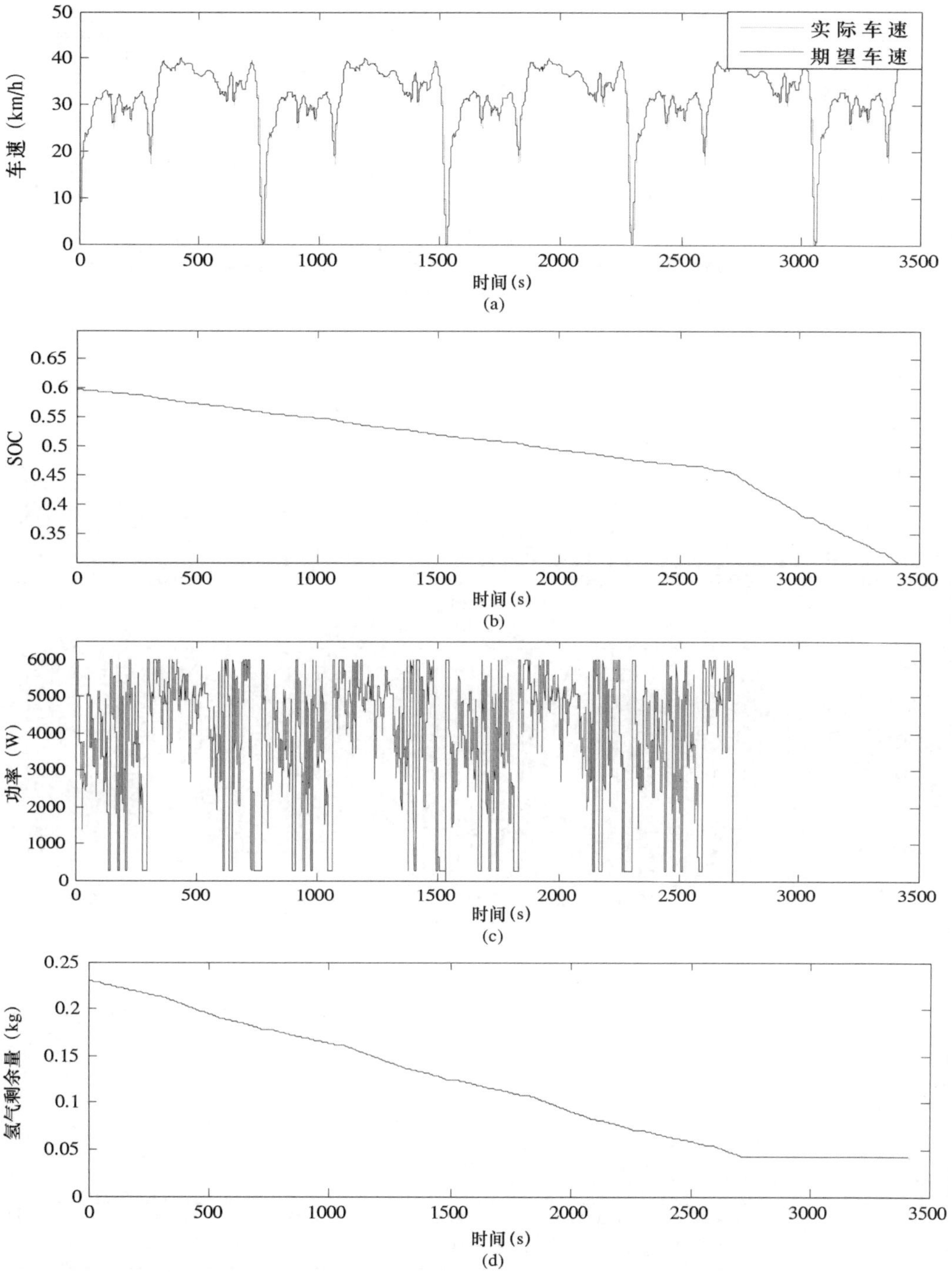

图 D-5　功率跟随能量管理策略 HWFET_40 工况 HiL 仿真结果

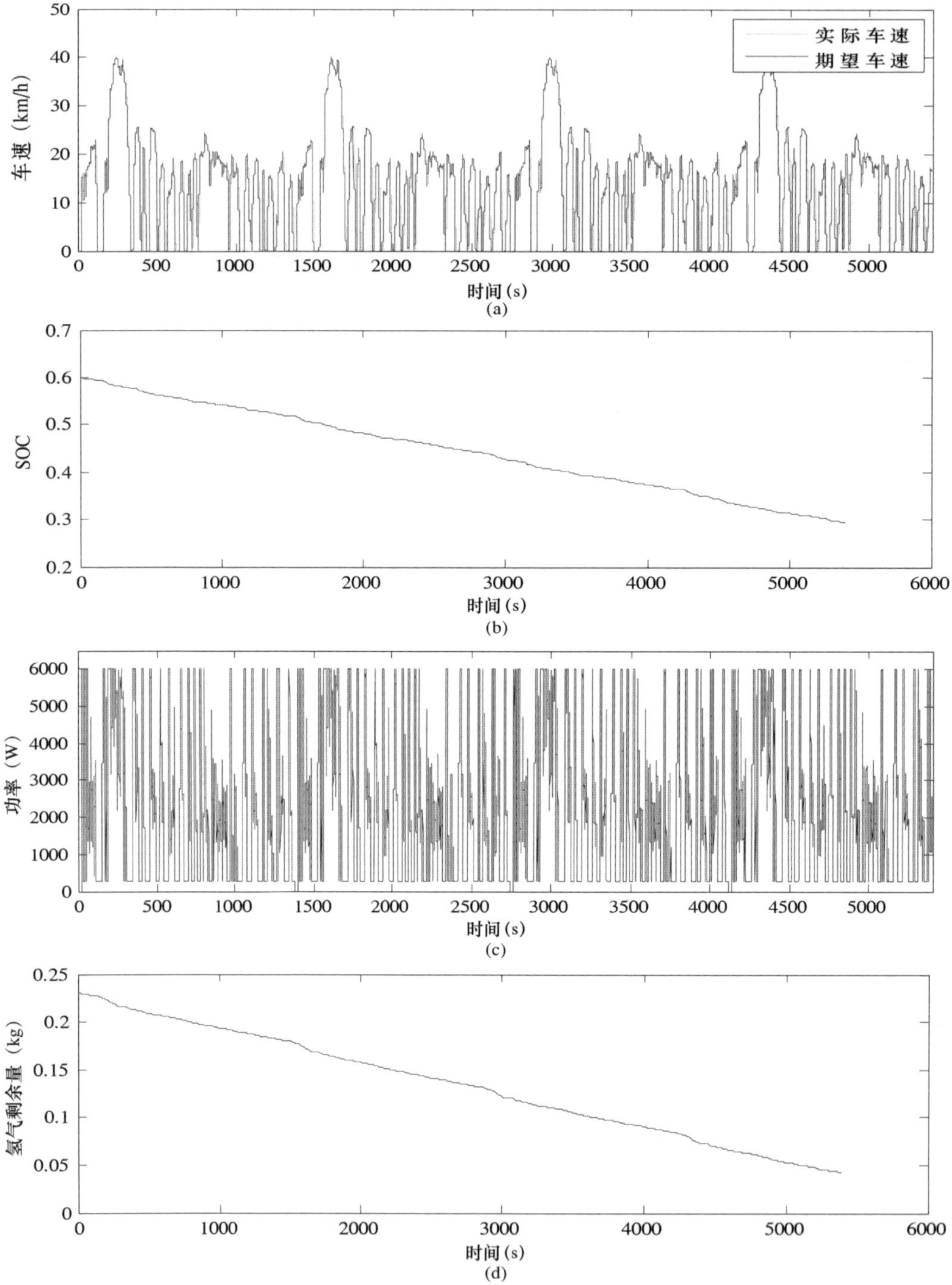

图 D-6　功率跟随能量管理策略 UDDS_40 工况 HiL 仿真结果

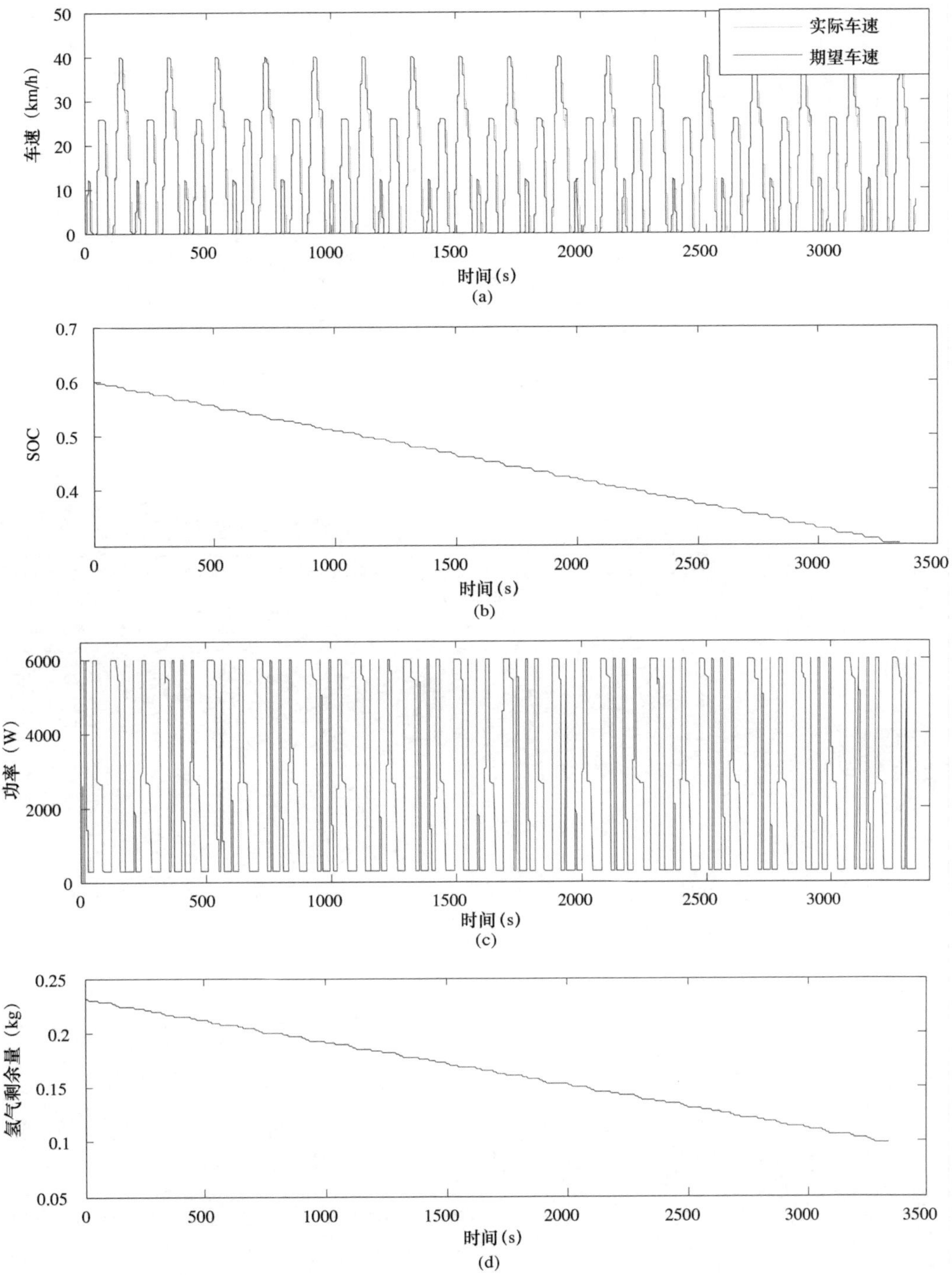

图 D-7　功率跟随能量管理策略 ECE_40 工况 HiL 仿真结果

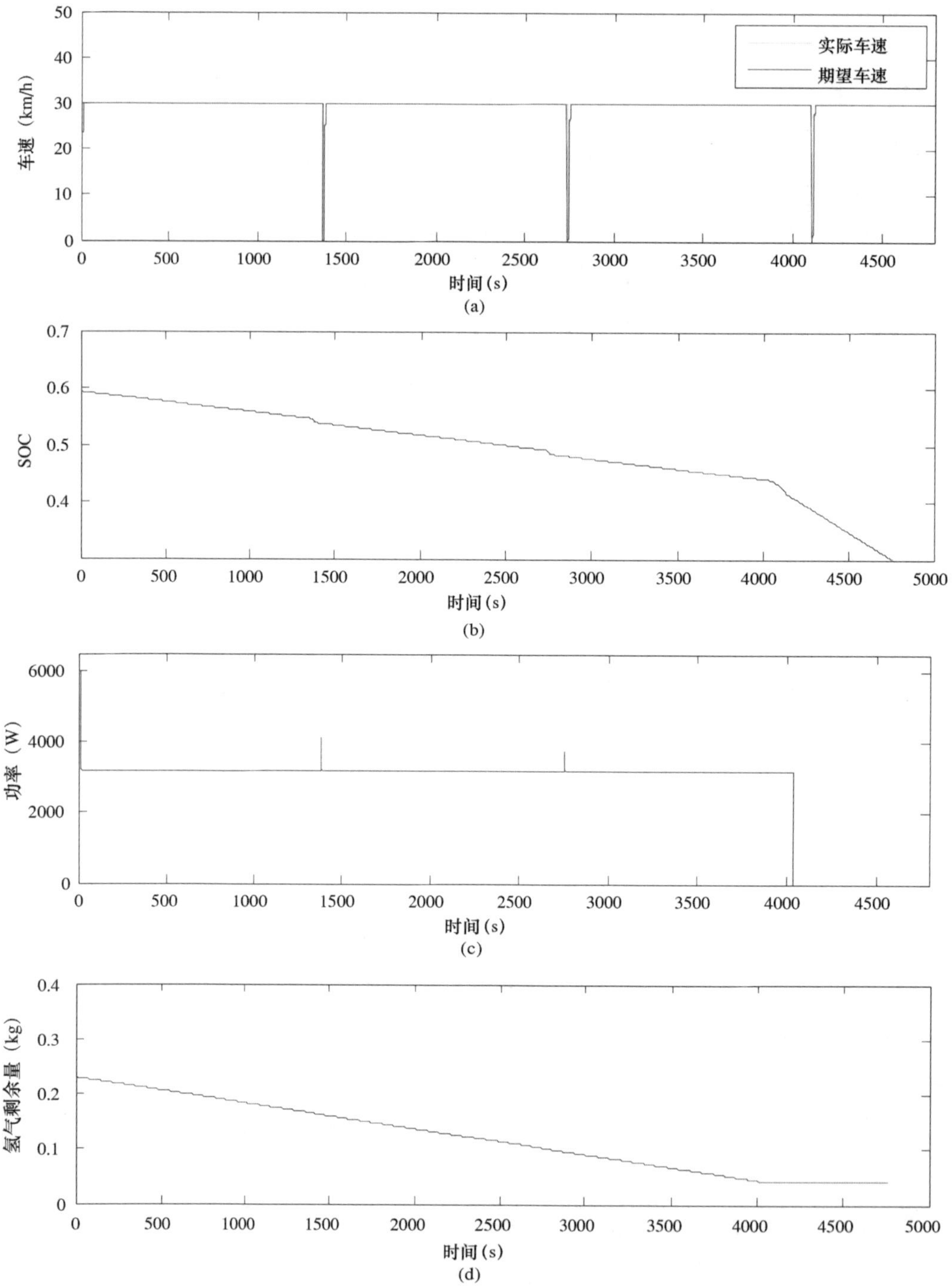

图 D-8　功率跟随能量管理策略 CONSTANT_30 工况 HiL 仿真结果

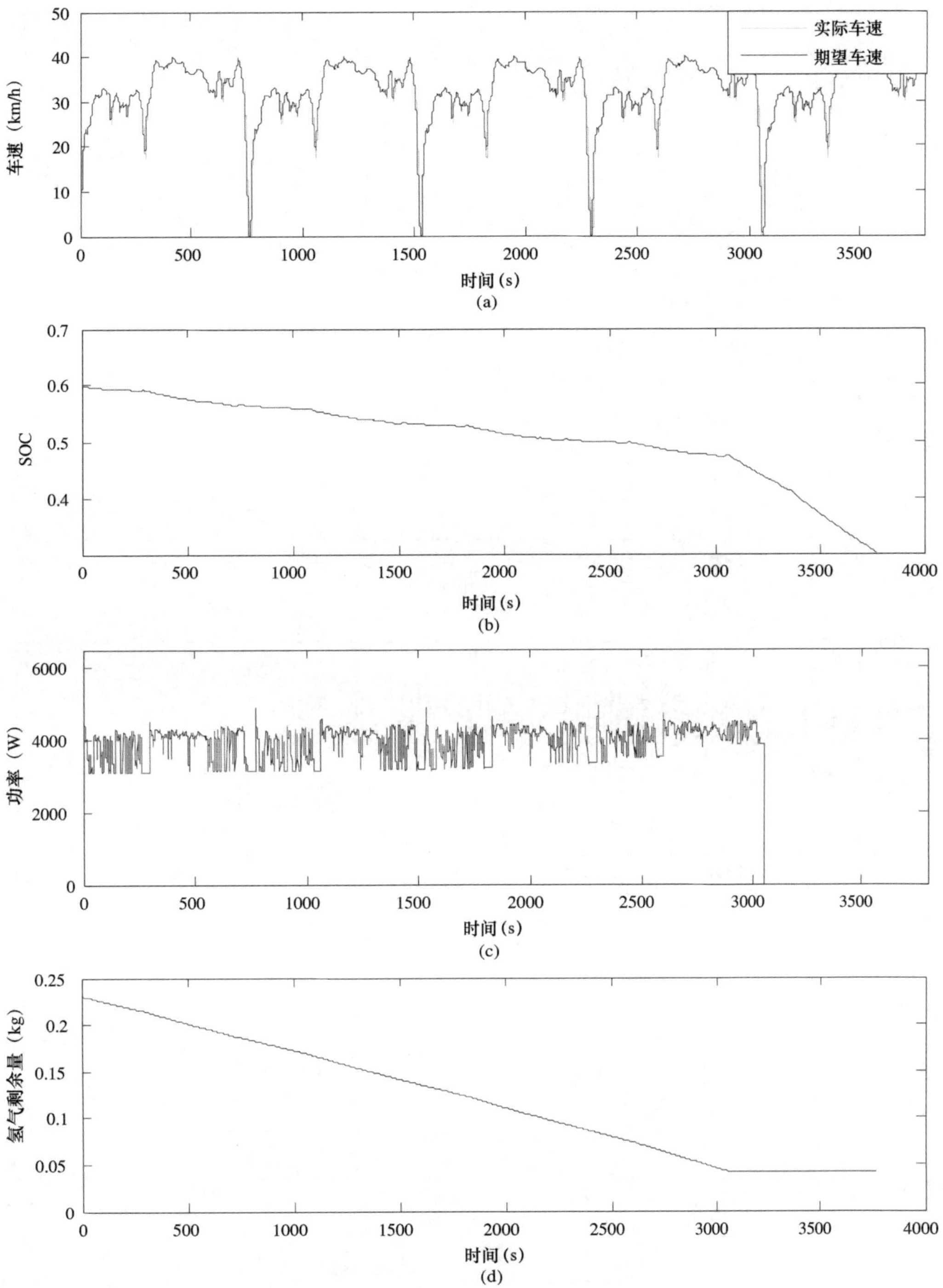

图 D-9　模糊逻辑能量管理策略 HWFET_40 工况 HiL 仿真结果

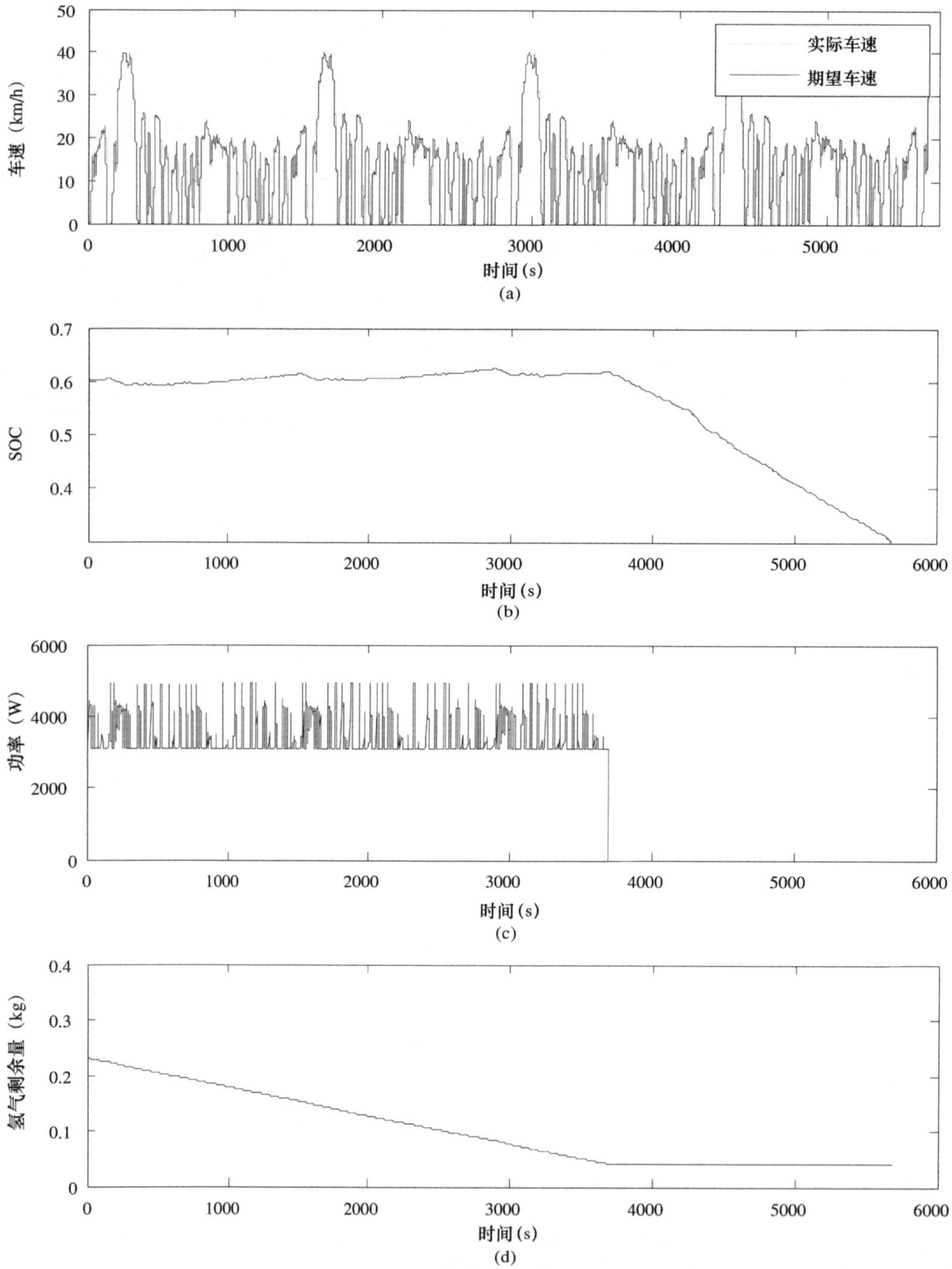

图 D-10　模糊逻辑能量管理策略 UDDS_40 工况 HiL 仿真结果

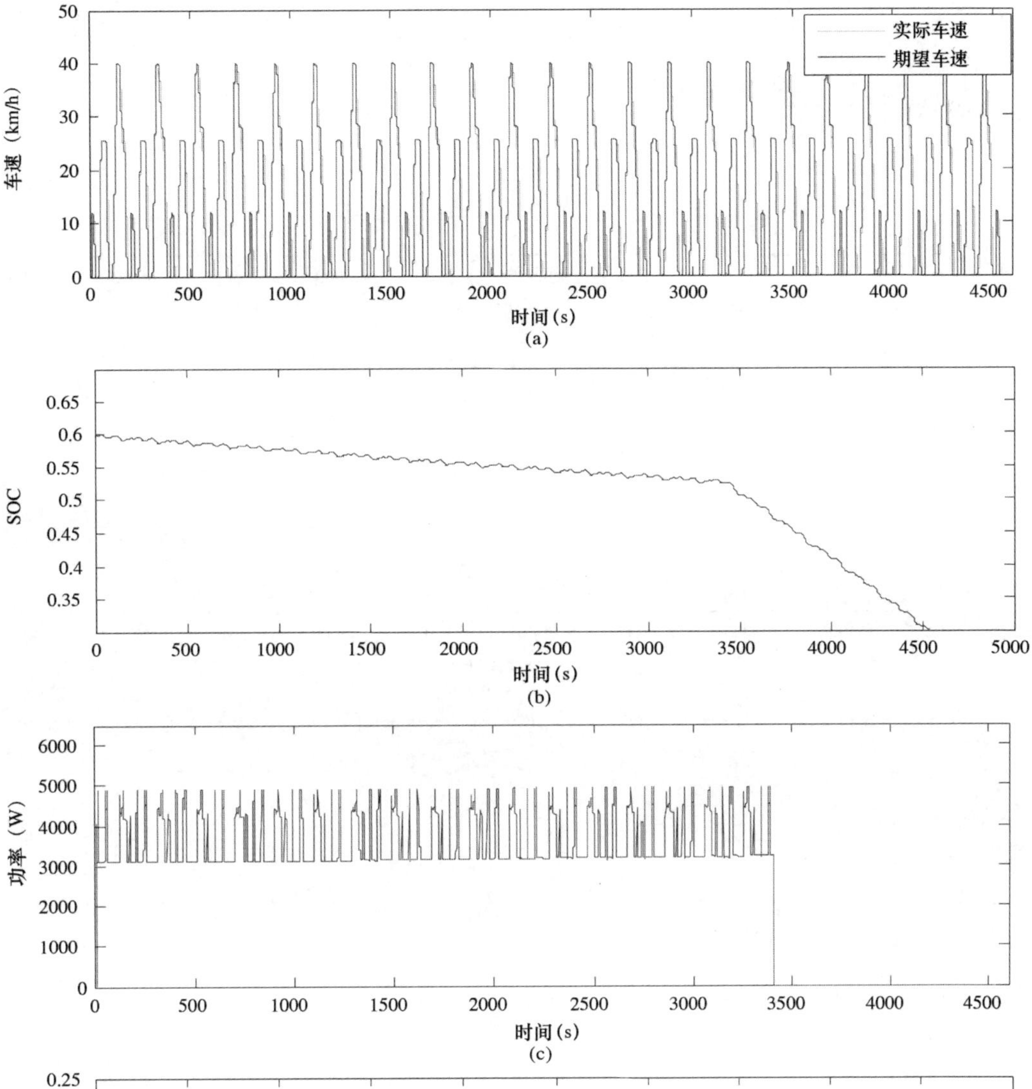

图 D-11　模糊逻辑能量管理策略 ECE_40 工况 HiL 仿真结果

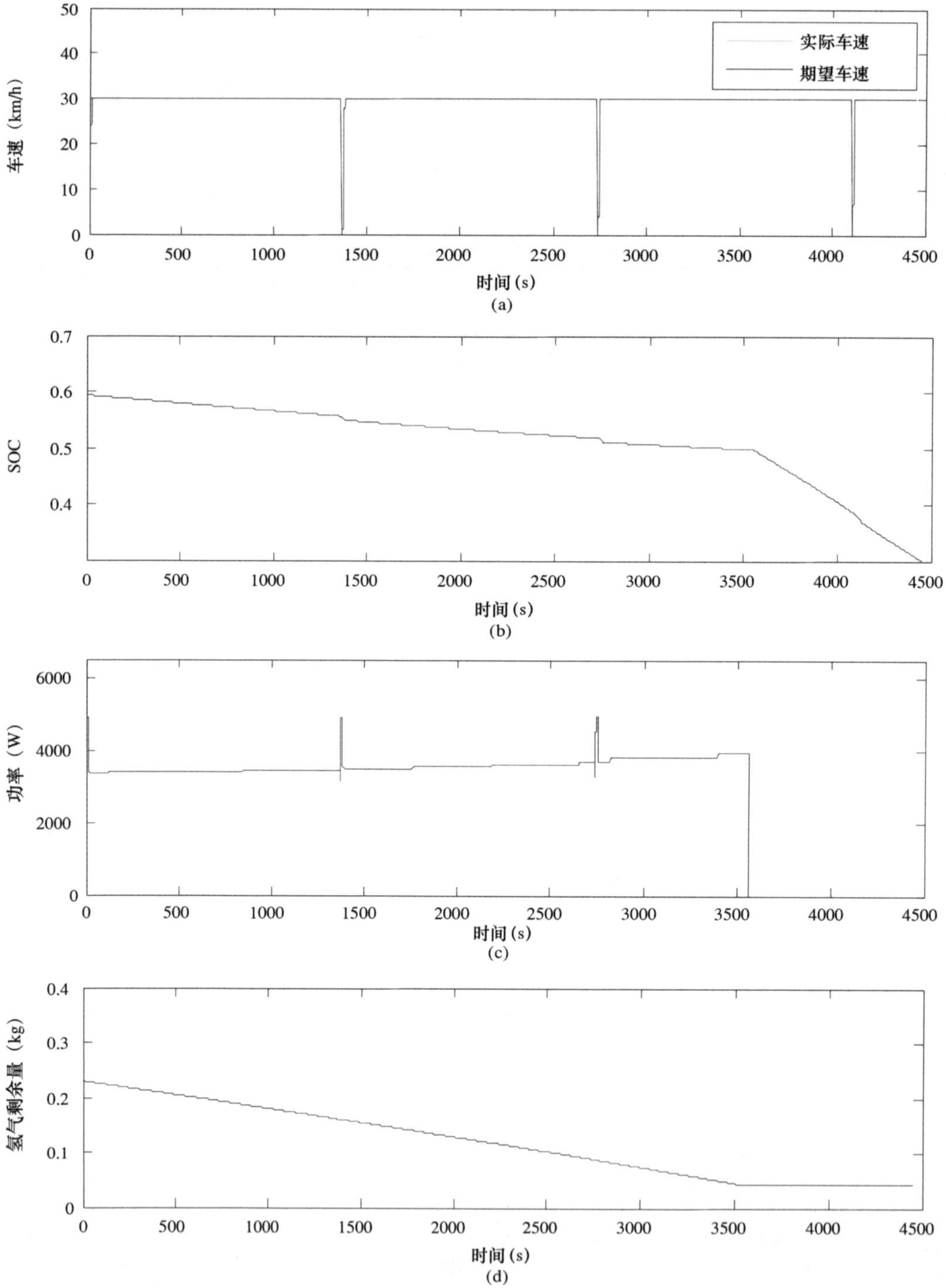

图 D-12　模糊逻辑能量管理策略 CONSTANT_30 工况 HiL 仿真结果

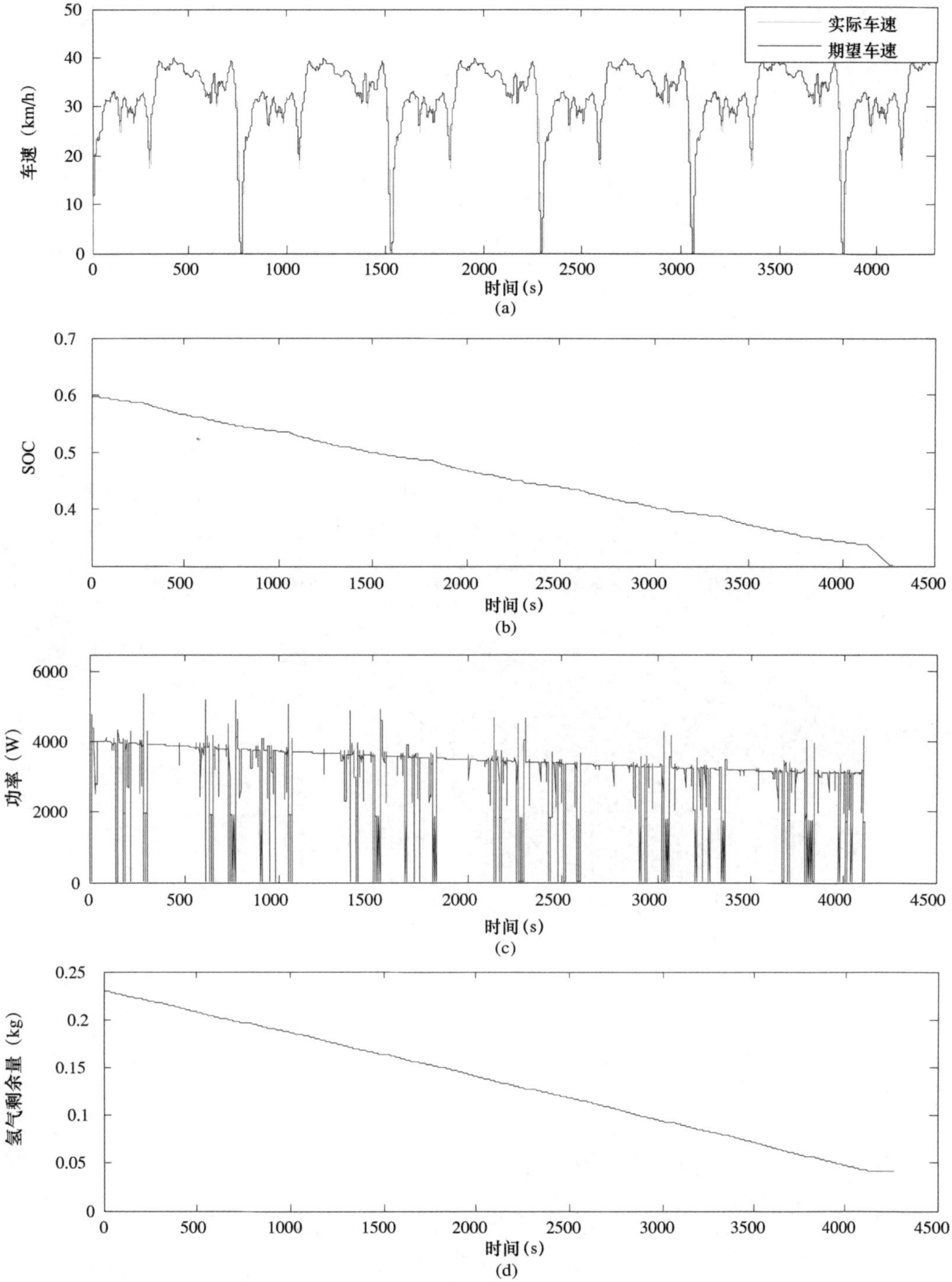

图 D-13　瞬时优化能量管理策略 HWFET_40 工况 HiL 仿真结果

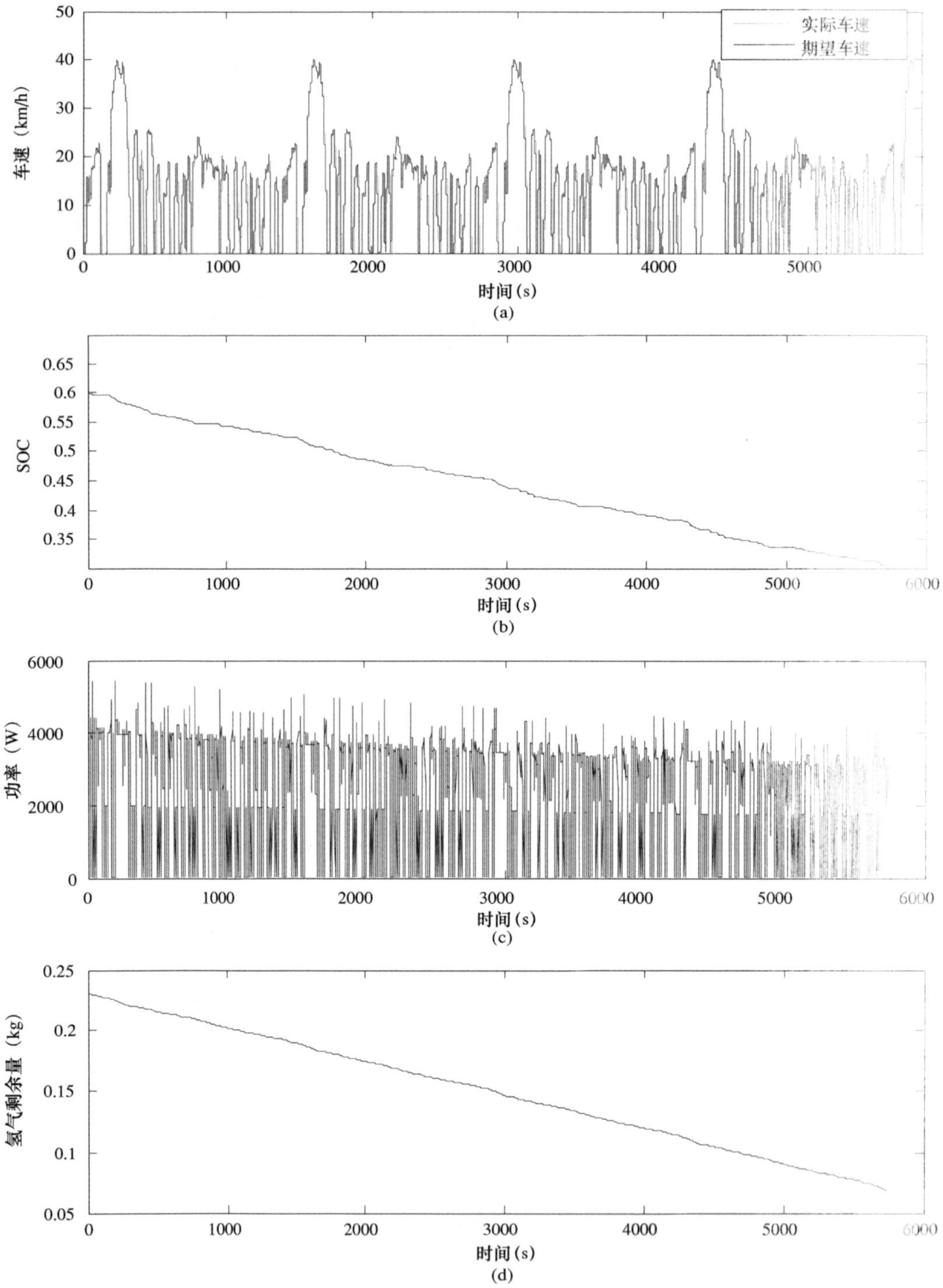

图 D-14　瞬时优化能量管理策略 UDDS_40 工况 HiL 仿真结果

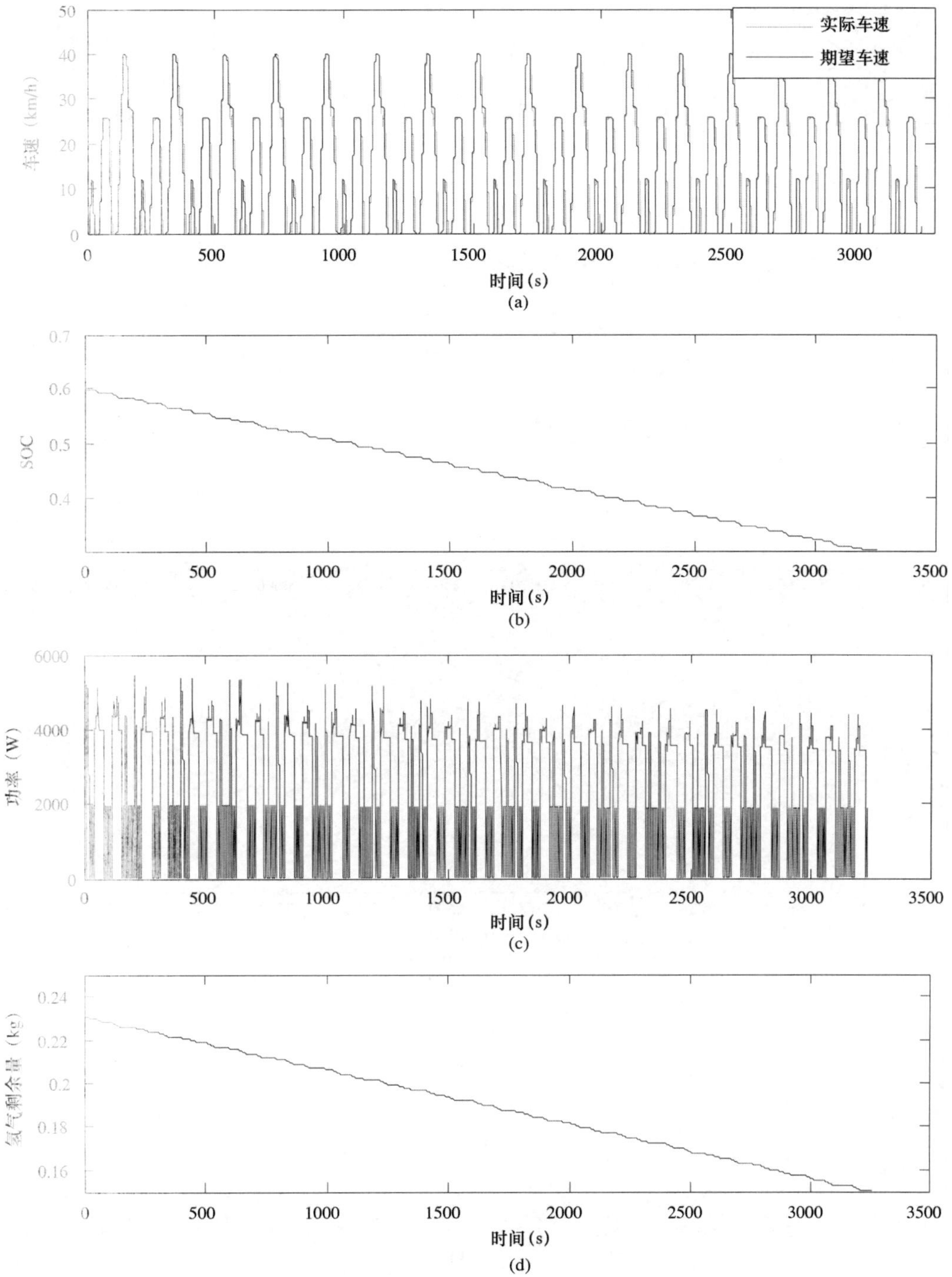

图 D-15　瞬时优化能量管理策略 ECE_40 工况 HiL 仿真结果

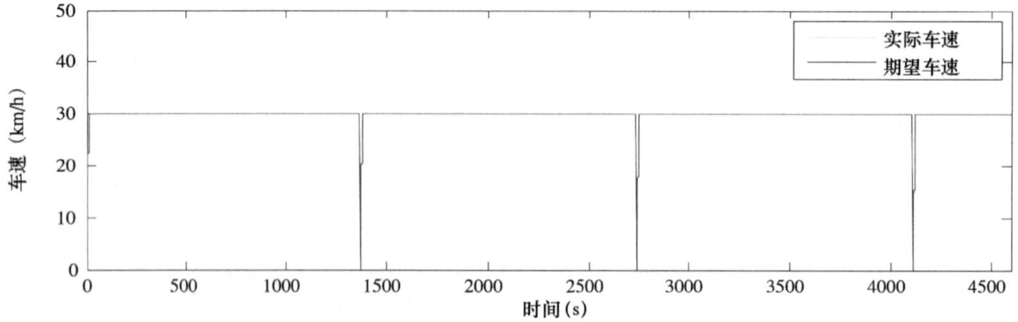

(a)

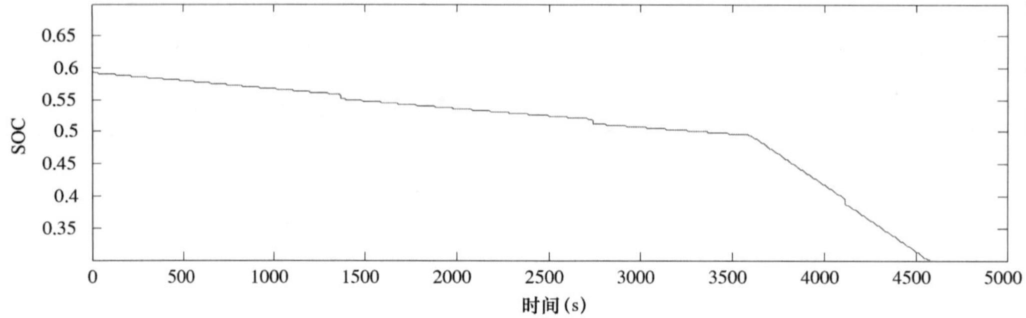

(b)

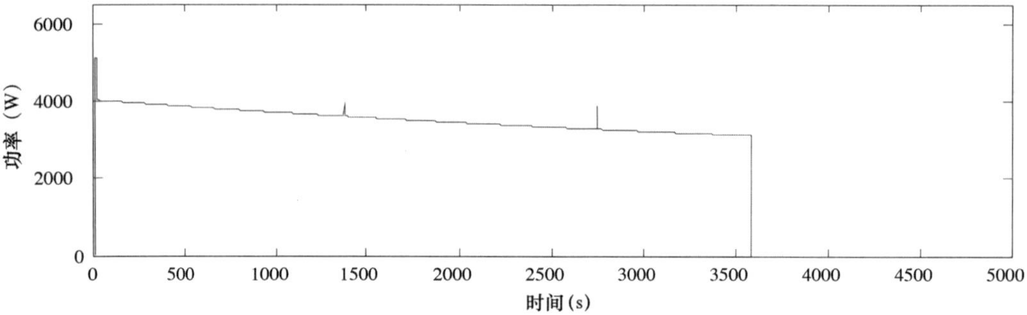

(c)

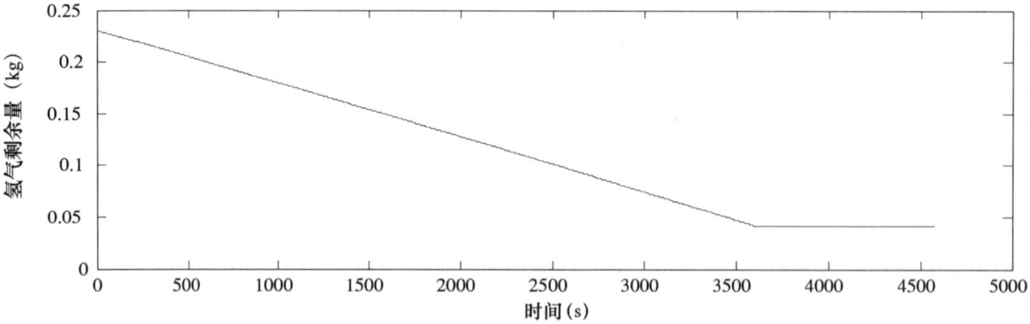

(d)

图 D-16　瞬时优化能量管理策略 CONSTANT_30 工况 HiL 仿真结果

主要参考文献

[1] Ke Song, Xiaodi Wang, Feiqiang Li, et al. Pontryagin's minimum principle-based real-time energy management strategy for fuel cell hybrid electric vehicle considering both fuel economy and power source durability[J]. Energy,205(2020) 118604.

[2] Ke Song,Huan Chen,Peimin Wen,et al. A comprehensive evaluation framework to evaluate energy management strategies of fuel cell electric vehicles [J]. Electrochimica Acta,292(2018) 960-973.

[3] Ke Song,Feiqiang Li,Xiao Hu,et al. Multi-mode energy management strategy for fuel cell electric vehicles based on driving pattern identification using learning vector quantization neural network algorithm[J]. Journal of Power Sources,2018,389: 230-239.

[4] Xiao Hu, Ke Song, WenxuNiu, et al. Powertrain System Durability in Proton Exchange Membrane Fuel Cell Electric Vehicles: A Review,SAE Technical Paper 2018-01-1303,2018,https://doi. org/10. 4271/2018-01-1303.

[5] Xu Han, Feiqiang Li, Tao Zhang, et al. Economic energy management strategy design and simulation for a dual-stack fuel cell electric vehicle[J]. Int. J. of Hydrogen Energy,2017,42(16):11584-11595.

[6] Wenxu Niu,Ke Song,Tong Zhang. Analysis of Geographically Distributed Vehicle Powertrain System Validation Platform Based on X-in-the-Loop Theory[C]. SAE Technical Paper:2017-01-1674.

[7] 宋珂,张涛,牛文旭,等.燃料电池汽车能量管理动态规划算法的误差累积问题及解决方法[J].汽车工程,2017,39(3):249-255.

[8] Wenxu Niu,Ke Song,Yucheng He,et al. Time Delay Predictive and Compensation Method in the Theory of X-in-the-Loop[C]. SAE Technical Paper:2016-01-0031.

[9] Albert Albers, Yin You, Simon Klingler, et al. Supporting globally distributed product development with a new validation concept [C]. 24th CIRP Design Conference,2014:461-466.

[10] 宋珂,章桐.纯电动和串联式混合动力汽车电机传动系参数匹配[J].汽车工程,2013,35(6):559-564.

[11] Ke Song, Tong Zhang. Instantaneous Optimization Energy Management for Extended-Range Electric Vehicle Based on Minimum Loss Power Algorithm[C]. SAE Technical Paper:2013-24-0073.